HACKERS TOEFL
READING BASIC 200%활용법

토플 보카 외우기

이용방법 고우해커스(goHackers.com) 접속 ▶
상단 메뉴 [TOEFL → 토플보카외우기] 클릭하여 이용하기

토플 스피킹/라이팅 첨삭 게시판

이용방법 고우해커스(goHackers.com) 접속 ▶
상단 메뉴 [TOEFL → 스피킹게시판/라이팅게시판] 클릭하여 이용하기

토플 공부전략 강의

이용방법 고우해커스(goHackers.com) 접속 ▶
상단 메뉴 [TOEFL → 토플공부전략] 클릭하여 이용하기

토플 자료 및 유학 정보

이용방법 유학 커뮤니티 고우해커스(goHackers.com)에 접속하여
다양한 토플 자료 및 유학 정보 이용하기

고우해커스 바로 가기 ▶

지문녹음 MP3

이용방법 해커스인강(HackersIngang.com) 접속 ▶
상단 메뉴 [토플 → MP3/자료 → 무료 MP3/자료] 클릭하여 이용하기

MP3/자료 바로 가기 ▶

단어암기장 및 단어암기 MP3

이용방법 해커스인강(HackersIngang.com) 접속 ▶
상단 메뉴 [토플 → MP3/자료 → 무료 MP3/자료] 클릭하여 이용하기

MP3/자료 바로 가기 ▶

HACKERS
TOEFL
READING
BASIC

해커스 어학연구소

해커스 토플은 토플 시험 준비와 함께 여러분의 영어 실력 향상에 도움이 되고자 하는 마음에서 시작되었습니다. 해커스 토플을 처음 출간하던 때와 달리, 이제는 많은 토플 책들을 서점에서 볼 수 있지만, 그럼에도 해커스 토플이 여전히 독보적인 베스트셀러의 자리를 지킬 수 있는 것은 늘 처음과 같은 마음으로 더 좋은 책을 만들기 위해 고민하고, 최신 경향을 반영하기 위해 끊임없이 노력하기 때문입니다.

이러한 노력의 결실로, 새롭게 변경된 토플 시험에서도 학습자들이 영어 실력을 향상하고 토플 고득점을 달성하는 데 도움을 주고자 최신 토플 경향을 반영한 『Hackers TOEFL Reading Basic (iBT)』을 출간하게 되었습니다.

영어 독해의 기본을 확실히 잡습니다!
『Hackers TOEFL Reading Basic (iBT)』은 영어 독해를 위한 기본서로, 단순히 문장 해석과 문제 풀이에서 그치지 않고 학습자 스스로 '왜 답이 되는지', '왜 답이 되지 못하는지'에 대한 논리적인 사고를 통해 제대로 된 독해 학습이 가능하도록 하였습니다.

체계적인 4주 학습으로 실전도 문제없습니다!
1주에서 글의 구조와 논리를 정확하게 파악하는 연습을 하고, 2, 3주에 다양한 유형의 문제를 풀어봄으로써 토플 독해 유형에 대한 이해도를 높인 후, 4주의 Progressive Test를 통해 실전 감각까지 익힐 수 있도록 하였습니다.

『Hackers TOEFL Reading Basic (iBT)』이 여러분의 토플 목표 점수 달성에 확실한 해결책이 되고 영어 실력 향상, 나아가 여러분의 꿈을 향한 길에 믿음직한 동반자가 되기를 소망합니다.

David Cho

CONTENTS

1st Week　리딩을 위한 기본 다지기

2nd Week　리딩 문제 유형 공략하기 (1)

3rd Week 리딩 문제 유형 공략하기 (2)

4th Week 리딩 실전 연습하기

해커스 토플 베이직으로
Reading 기초를 잡는다!

01 4주 완성, 리딩 기본서!

▌영어 독해의 기본서

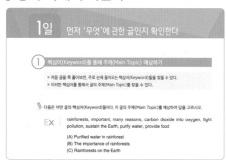

토플 리딩뿐만 아니라 편입, 공무원, 토익, 텝스, 수능 등의 각종 시험을 준비하거나, 일반 영어 독해 실력을 향상시키고자 하는 모든 사람들이 독해의 기본을 다질 수 있도록 하는 데 중점을 두었다. **영어 독해의 기본 전략부터 유형별 문제 풀이 전략까지 이 한 권으로 모두 학습**할 수 있다.

▌맞춤형 학습플랜

학습자들은 자가 진단 테스트를 통해 자신의 실력을 미리 파악하고, 자신에게 가장 잘 맞는 학습플랜을 선택하여 효과적으로 학습할 수 있다.

02 전략부터 실전까지 체계적인 Reading 학습!

▌1주 독해 기본 다지기

> ① **핵심어(Keyword)를 통해 주제(Main Topic) 예상하기**
>
> ● 처음 글을 쭉 훑어보면, 주로 눈에 들어오는 핵심어(Keyword)들을 찾을 수 있다.
> ● 이러한 핵심어를 통해서 글의 주제(Main Topic)를 찾을 수 있다.
>
> 🖊 다음은 어떤 글의 핵심어(Keyword)들이다. 이 글의 주제(Main Topic)를 예상하여 답을
>
> Ex │ rainforests, important, many reasons, carbon dioxide into
> pollution, sustain the Earth, purify water, provide food

1주에서는 간략하지만 필수적인 독해 전략을 다양한 문제들과 함께 수록하여 **독해의 탄탄한 기반을 다질 수 있도록** 하였다. 또한, 토플 맛보기를 통해서 앞에서 학습한 내용이 실전 토플 문제 풀이에 어떻게 적용될 수 있는지 확인할 수 있다.

▌2, 3주 문제 유형별 전략

> # 1일 │ 일치(Fact) 문제
>
> ▶ 일치 문제 살펴보기
>
> 일치 문제를 '재진술(Restatement) 문제'라고도 하는데, 이는 일치 문제가 지문에서 (Restate)하여 질문으로 제시하기 때문이다. 일치 문제는 크게 지문의 일부에서 언급된 일치 여부를 묻는 문제와 지문 전반에 걸친 내용과의 일치 여부를 묻는 문제가 있다. 이 두 가 방식은 기본적으로 같으나, 후자의 경우 지문의 전체 구조를 함께 파악해야 하므로 조금 더

2, 3주에서는 **10가지 토플 리딩 문제 유형에 대해 상세히 학습**한다. 질문의 형태, 선택지의 형태, 오답 분석, 문제 풀이 전략 등을 각 유형별로 살펴본다. 또한, Daily Check-up과 Daily Test를 통해 본문에서 배운 내용을 문제에 적용하여 풀어 볼 수 있다.

▌4주 Progressive Test

> ⬆ 지문을 읽고 물음에 답하시오.
>
> 01 │ In old times, it was normal for women in the U.S. to make dresse
> Occasionally some men learned the rudiments of sewing and men
> women were usually responsible for making dresses. Becau
> dresses cost too much, ordinary women had no choice but to mak
> at home. This job was so time-consuming that sometimes just o
> use at one time. Only when the old one was worn-out would a ne
> Thus, a woman would own just one dress at any given time in he
> fancy dresses captured in portraits, women commonly wore loose
> the house. These clothes were not able to be handed down he

여러 유형의 문제들을 혼합하여 출제한 Progressive Test를 통해 **1~3주 동안 학습해온 내용을 총정리할** 수 있다.

▌Actual Test

> 1. Which of the following can be inferred about the Hawaiian Islands from paragraph 1?
>
>   (A) New species could not have colonized them without human assistance.
>   (B) They had no human inhabitants prior to the arrival of the Polynesians.
>   (C) Immigrants were attracted to them due to their unique plants and animals.
>   (D) They had no nonnative organisms before European and Asian immigration.
>
>   Paragraph 1 is marked with an arrow [➡].
>
> 2. The word "swift" in the passage is closest in meaning to
>
>   (A) prolonged
>   (B) rapid
>   (C) timely
>   (D) gradual

이 책의 최종 마무리 단계로, 한 회분의 실전 테스트를 수록하였다. 실제 iBT TOEFL Reading 시험과 동일한 형식을 갖춘 문제를 풀어봄으로써, 실전에 효과적으로 대비할 수 있다.

O3 정확한 해석과 정답단서로 실력 UP!

▌해석

독해에 어려움을 느끼는 초보 학습자들이 지문의 내용과 문제를 바르게 이해하면서 공부할 수 있도록 **모든 지문, 문제 및 선택지에 대한 정확한 해석**을 실었다.

▌정답단서

교재에 수록된 실전 문제에 대한 정답단서를 해석과 함께 제공하여 **정답과 오답의 근거를 학습자 스스로 파악할 수 있도록** 하였다. 이를 통해, 학습자들은 더욱 능동적이고 효과적인 학습을 할 수 있다.

04 해커스만의 다양한 학습자료!

고우해커스(goHackers.com)

온라인 토론과 정보 공유의 장인 **고우해커스(goHackers.com)** 사이트에서 다른 학습자들과 함께 교재 내용에 관한 문의 사항을 나누고 학습 내용을 토론할 수 있으며, **다양한 무료 학습자료**와 TOEFL 시험 및 유학에 대한 풍부한 정보도 얻을 수 있다.

해커스인강(HackersIngang.com)

해커스인강(HackersIngang.com) 사이트에서 **교재에 수록된 지문과 단어 및 표현이 녹음된 무료 MP3**를 다운로드 받아 학습 효과를 극대화할 수 있다. 또한, 본 교재에 대한 유료 **동영상강의**를 통해, 선생님의 상세한 설명과 함께 영어 독해에 필요한 기본기 및 토플 리딩 문제 유형을 체계적으로 학습할 수 있다.

TOEFL Reading 소개 및 학습전략

■ TOEFL Reading 소개

iBT TOEFL Reading 영역에서는 대학 교재 수준의 학술적인 지문에 대한 학생들의 이해도를 평가한다. 다양한 분야의 지문이 등장하지만, 문제에 답하기 위해 해당 지문에 관한 특별한 전문 지식이 필요하지는 않으며 문제를 푸는 데 필요한 모든 정보는 지문에서 찾을 수 있다. 그러나 짧은 시간 내에 긴 지문을 읽고 많은 문제를 풀어야 하므로 지문을 빨리 읽고 정확하게 이해하며 정리하는 능력이 요구된다.

■ TOEFL Reading 구성

■ 지문 구성

시험은 총 2개의 지문으로 구성되며, 지문당 10문항이 출제된다. 한 지문의 길이는 약 700단어로 이루어져 있다.

■ 문제 형태

문제의 형태는 크게 사지선다, 지문에 문장 삽입하기, 주요 정보를 분류하여 요약표(Summary)나 정보 분류표(Category Chart)에 넣기 등 3가지로 구분할 수 있다.

■ TOEFL Reading 문제 유형 소개

문제 유형	유형 소개	배점	지문당 문항 수
일치(Fact) & 불일치(Negative Fact)	지문의 세부 정보를 찾아 지문과 일치(Fact) 또는 불일치(Negative Fact)하는 내용을 선택하는 문제 유형	1점	2~5개
어휘(Vocabulary)	주어진 표현과 가장 유사한 의미의 어휘를 찾는 문제 유형	1점	1~2개
지시어(Reference)	지시어가 가리키는 대상을 찾는 문제 유형	1점	0~1개
문장 간략화 (Sentence Simplification)	주어진 문장의 핵심 정보를 가장 정확하고 간결하게 바꾸어 쓴 것을 선택하는 문제 유형	1점	0~1개
수사적 의도 (Rhetorical Purpose)	작가의 수사적 의도를 가장 잘 나타내고 있는 것을 선택하는 문제 유형	1점	0~3개
추론(Inference)	지문에 명백하게 드러나 있지는 않지만 제시된 정보로 추론이 가능한 것을 선택하는 문제 유형	1점	0~2개
문장 삽입(Insertion)	지문에 지정되어 있는 4개의 [■] 중에서 주어진 문장을 삽입하기 가장 적절한 곳을 찾는 문제 유형	1점	1개
요약(Summary)	6개의 보기 중, 지문의 주요 내용을 언급하고 있는 3개를 골라 지문 요약을 완성시키는 문제 유형	2점 (부분 점수 있음)	0~1개
정보 분류표 (Category Chart)	지문에서 비교·대조되고 있는 정보들을 각 범주에 맞게 분류하는 문제 유형	3~4점 (부분 점수 있음)	0~1개

■ TOEFL Reading 학습전략

1. 글을 읽을 때 Skimming과 Parsing을 한다.

정확한 독해를 하기 위해서는 글의 큰 그림을 그리는 것과 동시에 세부 사항을 자세히 들여다볼 수 있는 능력
이 필요하다. 각 단락의 주요 내용만 빠르게 훑어 읽는 Skimming을 통해 글의 대략의 주제를 빨리 파악하고,
문장 단위로 구조를 분석하는 Parsing을 통해 글의 세부 사항을 살피도록 한다.

* Skimming과 Parsing의 방법에 관해서는 pp.16~17 '영어 독해 접근법 S&P'에서 자세히 다룬다.

2. 어휘력을 기른다.

어휘력이 풍부하면 글을 읽는 데 막힘이 없으므로 평소에 교재에 수록된 어휘를 비롯해 다양한 어휘를 외워
두도록 한다. 어휘 암기 외에도 글에 사용된 어휘 중 익숙하지 않은 것은 주위 문맥을 이용하여 그 뜻을 추측
해 보는 연습을 병행하는 것이 좋다.

3. 토플에 자주 출제되는 토픽에 관한 배경지식을 쌓는다.

배경지식을 많이 알고 있을수록 글의 내용을 이해하는 것이 수월하므로 시험에 자주 출제되는 토픽과 관련된
내용을 많이 알아 두는 것이 좋다. 교재에 수록된 지문들과 함께 평소에 다양한 분야의 학술 · 시사적인 영어
지문들을 많이 읽어 두도록 한다.

4. Paraphrase 연습을 한다.

시험에 출제되는 거의 모든 문제와 답은 paraphrase되어 있으므로 한 단어부터 시작해 한 문장, 한 단락 전
체를 paraphrase하는 연습을 해보는 것이 좋다. 교재에 수록된 지문들을 활용하여 paraphrase해보되, 단순
히 어휘만 동의어로 바꾸어 쓰는 것이 아니라 문장 구조까지 바꾸어서 표현해 보도록 한다.

5. 요약 연습을 한다.

글을 읽고 글 전체의 내용을 이해한 후 요약(summary)하는 연습을 해보도록 한다. 교재에 수록된 지문들
을 활용하여 중심 정보만을 추려 내어 글의 주제를 정리해 본다. 이때, 글에 사용된 표현을 그대로 쓰지 말고
paraphrase하여 자신의 표현으로 정리해 보는 것이 좋다.

나만의 **학습플랜**

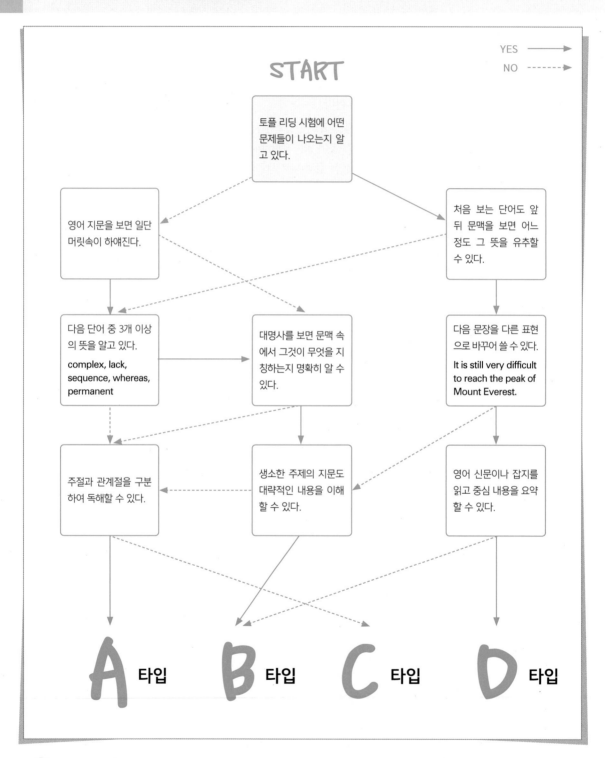

START

토플 리딩 시험에 어떤 문제들이 나오는지 알고 있다.

영어 지문을 보면 일단 머릿속이 하얘진다.

처음 보는 단어도 앞뒤 문맥을 보면 어느 정도 그 뜻을 유추할 수 있다.

다음 단어 중 3개 이상의 뜻을 알고 있다.
complex, lack, sequence, whereas, permanent

대명사를 보면 문맥 속에서 그것이 무엇을 지칭하는지 명확히 알 수 있다.

다음 문장을 다른 표현으로 바꾸어 쓸 수 있다.
It is still very difficult to reach the peak of Mount Everest.

주절과 관계절을 구분하여 독해할 수 있다.

생소한 주제의 지문도 대략적인 내용을 이해할 수 있다.

영어 신문이나 잡지를 읽고 중심 내용을 요약할 수 있다.

A 타입   B 타입   C 타입   D 타입

YES ——→
NO ----→

A 타입 : 독해 실력을 탄탄하게 다져야 하는 당신!

영어가 낯설지는 않지만 정확한 독해에 대한 자신감이 부족한 상황이네요. 지금은 체계적인 접근법을 통해 영어 독해 실력을 키우는 것이 중요합니다. 시간이 좀 걸리더라도 모든 지문과 문제를 정확하게 해석하는 연습을 통해 확실히 내 것으로 만드는 것이 좋겠습니다. 학습플랜에 따라 한 달 동안 공부하세요.

4주 학습플랜

	Day 1	Day 2	Day 3	Day 4	Day 5	Day 6
Week 1	1주 1일	1주 2일	1주 3일	1주 4일	1주 5일	휴식
Week 2	2주 1일	2주 2일	2주 3일	2주 4일	2주 5일	휴식
Week 3	3주 1일	3주 2일	3주 3일	3주 4일	3주 5일	휴식
Week 4	4주 1일	4주 2일	4주 3일	4주 4일	4주 5일	Actual Test

B 타입 : 문제 풀이 능력을 길러야 하는 당신!

기본 독해 실력은 어느 정도 갖추고 있지만, 읽은 영어를 능동적으로 이해하고 활용하는 능력이 아직은 부족하네요. 2, 3주의 독해 문제 유형을 집중적으로 학습하여, 읽은 내용을 정확히 이해하고 문제 풀이에 적용하는 연습을 하는 것이 좋겠습니다. 학습플랜에 따라 3주 동안 공부하되, 책이 쉽게 느껴지면 진도를 조금 빠르게 해도 괜찮습니다.

3주 학습플랜

	Day 1	Day 2	Day 3	Day 4	Day 5	Day 6
Week 1	1주 1~3일	1주 4~5일	2주 1일	2주 2일	2주 3일	2주 4일
Week 2	2주 5일	3주 1일	3주 2일	3주 3일	3주 4일	3주 5일
Week 3	4주 1일	4주 2일	4주 3일	4주 4일	4주 5일	Actual Test

C 타입 : 차근차근 **독해의 기초**부터 다져야 하는 당신!

이제 독해의 첫걸음을 막 떼려 하는군요. 영어와 친숙하지 않은 지금은 무조건 읽고 문제 풀고 채점하는 것은 의미가 없습니다. 학습플랜에 따라 한 달 동안 처음부터 차근차근 공부하고, 2주 동안 같은 내용을 다시 한번 복습하는 것이 좋겠습니다.

6주 학습플랜

	Day 1	Day 2	Day 3	Day 4	Day 5	Day 6
Week 1	1주 1일	1주 2일	1주 3일	1주 4일	1주 5일	휴식
Week 2	2주 1일	2주 2일	2주 3일	2주 4일	2주 5일	휴식
Week 3	3주 1일	3주 2일	3주 3일	3주 4일	3주 5일	휴식
Week 4	4주 1일	4주 2일	4주 3일	4주 4일	4주 5일	Actual Test
Week 5	1주 1~3일 복습	1주 4~5일 2주 1일 복습	2주 2~4일 복습	2주 5일 3주 1~2일 복습	3주 3~5일 복습	휴식
Week 6	4주 1일 복습	4주 2일 복습	4주 3일 복습	4주 4일 복습	4주 5일 복습	Actual Test

D 타입 : iBT 실전 감각을 익혀야 하는 당신!

독해력도, 문제 풀이 능력도 이미 모두 갖추고 있으니, iBT 실전 감각만 키우면 바로 시험에 도전해도 되겠네요. 독해 전략을 간단히 살핀 후, 익숙하지 않은 문제 유형들 위주로 체크해서 공부하는 것이 좋겠습니다. 학습플랜에 따라 2주 만에 끝내세요.

2주 학습플랜

	Day 1	Day 2	Day 3	Day 4	Day 5	Day 6
Week 1	1주	2주 1~2일	2주 3~4일	2주 5일 3주 1일	3주 2~3일	3주 4~5일
Week 2	4주 1일	4주 2일	4주 3일	4주 4일	4주 5일	Actual Test

교재학습 **TIP**

1. 매일 제시되는 전략을 학습한 뒤, 1주에서는 연습 문제를, 2, 3주에서는 Daily Check-up을 풀고 자신이 취약한 부분이 무엇인지 체크해 보세요. 부족한 부분은 전략을 통해 다시 점검해 보고, 2, 3주는 Daily Test로 마무리하세요.

2. 4주의 Progressive Test를 풀면서 1~3주에서 학습했던 내용을 총정리하고, 자신의 실력을 점검해 보세요.

3. Actual Test를 풀 때에는 앞에서 학습한 모든 내용을 종합하여 실전처럼 풀어 보세요. 36분의 시간 제한을 두고 풀면서 실제 시험 시간에 익숙해지도록 하는 것이 중요합니다.

4. 문제를 푼 후에는 단순히 답을 맞추는 데 그치지 말고, '왜 그것이 답이 되는지', 또는 '왜 그것이 답이 안 되는지'를 전략에 비추어 꼼꼼하게 분석하고 확인하세요.

5. 복습을 할 때에는 문장 구조를 분석하면서 정독하는 것이 좋습니다. 완벽하게 문장 분석이 안 되는 부분은 문법 책과 사전 등을 활용하여 확실하게 마무리 짓고 넘어가세요.

6. 자신에게 가장 잘 맞는 학습플랜을 선택하여 학습하고, 하루의 학습 분량을 다 끝내지 못했을 경우에는 반드시 그 주 내로 끝내도록 하세요.

7. 스터디 학습을 할 때에는 각자 문제 유형 및 전략 부분을 충분히 학습한 후, 팀원들과 함께 시간을 정해 놓고 문제를 풀어 보세요. 채점을 하기 전에 답에 대해 먼저 토론하는 것이 좋은데, 이때 전략에 따른 논리적인 문제 풀이 방법을 제시하는 것이 중요합니다. 또한, 매주 학습하는 지문의 단어들에 대해서는 날짜를 정해 시험을 보고, 확실하게 암기했는지 서로 확인해 보세요.

영어 독해 접근법 S&P

수영을 잘하기 위해서는 헤엄치는 동작을 배우기 전에 먼저 익혀야 할 것이 하나 있다. 바로 물에 뜨는 방법이다. 영어 독해도 마찬가지다. 영어 독해를 공략하기 위해서는 '문제를 푸는 방법'을 배우기 전에 '독해를 하는 방법'을 먼저 익혀야 한다. 해커스 토플 리딩 베이직에서는 이러한 영어 독해의 기본 방법을 **S&P(Skimming & Parsing)**라 부르기로 한다.

■ Skimming 큰 그림 그리기

글을 온전히 이해하기 위해서는 글의 세부 구조를 살피기 전에, 이 글이 무엇에 관한 글인지, 이 글이 쓰여진 목적은 무엇인지, 각 단락에서는 어떤 이야기를 하고자 하는지 등을 먼저 파악해야 한다. 이렇게 글 전체를 파악하기 위해서 글의 큰 그림을 그려 보는 것을 Skimming이라 한다.

1. 조금은 멀리서 글을 보아라!
고개를 살며시 들고 조금 떨어져 전체적인 글을 보려고 노력한다.

2. 단어 하나하나에 집착하지 마라!
첫 문장의 첫 단어부터 하나하나 다 해석해야 한다는 강박 관념을 버린다.

3. 적극적인 독자가 되어라!
글을 수동적으로 따라가는 것이 아니라, 글에 들어 있는 중심 생각을 끊임없이 파악하면서 읽는다.

4. 중요한 부분만 읽어라!
주제문, 개괄적인 진술, 결론/요약과 같은 핵심 부분만 읽고 보충 설명이나 예시 등은 과감하게 넘어간다.

> **ex** There are two reasons for the popularity and significance of Henry ⟶ 주제문
> Wadsworth Longfellow's poetry. First, he had the gift of easy rhyme. ⟶ 개괄적인 진술
> After reading or hearing his poems, his rhyme and meter last in the ⟶ (예, 보충 설명)
> mind for a long time. Second, Longfellow wrote on obvious themes ⟶ 개괄적인 진술
> which appeal to all kinds of people. His poems are easily understood. ⟶ (예, 보충 설명)
> Above all, there is a joyousness in them and a spirit of optimism
> and faith. Consequently, Longfellow is regarded as the best loved ⟶ 결론(요약)
> American poet.

■ **Parsing** 세부 구조 파악하기

Skimming이 글 전체의 의미를 파악하기 위한 독해 접근법이라면, Parsing은 개별 문장의 세부 구조를 이해하기 위한 독해 접근법이다. 한 문장의 구조를 뼈대와 거품으로 나누고 다시 주어부와 술어부로 나누어 분석하는 반복적인 연습을 통해, 문장을 의미 단위로 끊어 해석할 수 있는 능력을 기를 수 있다.

1. 문장을 뼈대와 거품으로 나누어라!

한 단어씩 끊어 보지 말고 연결되는 여러 단어를 묶어서 본다. 주된 역할을 하는 부분(뼈대)과 부가적인 역할을 하는 부분(거품)을 나눈다.

> ex Longfellow wrote on obvious themes which appeal to all kinds of people.
>   뼈대(주절)   거품(관계절)

2. 뼈대를 다시 주어부와 술어부로 나누어라!

문장의 뼈대를 주어가 있는 부분(주어부)과 동사를 포함한 부분(술어부)으로 나눈다.

> ex Longfellow / wrote on obvious themes
>   주어부   술어부

3. 정리된 뼈대에 거품 부분을 다시 덧붙여라!

주어부와 술어부로 나눈 뼈대에 거품을 다시 덧붙인다.

> ex Longfellow / wrote on obvious themes + which appeal to all kinds of people.
>   주어부   술어부   거품
>
> (Longfellow는 알기 쉬운 주제에 관해 글을 썼다) + (모든 종류의 사람들의 흥미를 끄는)
>
> Longfellow는 모든 종류의 사람들의 흥미를 끄는 알기 쉬운 주제에 관해 글을 썼다.
>   └─ 거품: 문장의 중요 의미에는 큰 영향을 끼치지 않는다.

1st
Week

리딩을 위한 기본 다지기

1일 먼저 '무엇'에 관한 글인지 확인한다

① 핵심어(Keyword)를 통해 주제(Main Topic) 예상하기

- 처음 글을 쭉 훑어보면, 주로 눈에 들어오는 핵심어(Keyword)들을 찾을 수 있다.
- 이러한 핵심어를 통해서 글의 주제(Main Topic)를 찾을 수 있다.

 다음은 어떤 글의 핵심어(Keyword)들이다. 이 글의 주제(Main Topic)를 예상하여 답을 고르시오.

Ex | rainforests, important, many reasons, carbon dioxide into oxygen, fight pollution, sustain the Earth, purify water, provide food

(A) Purified water in rainforest
(B) The importance of rainforests
(C) Rainforests on the Earth

해석 열대 우림, 중요한, 많은 이유, 이산화탄소를 산소로, 오염과 싸우다, 지구를 유지하다, 물을 정화하다, 식량을 공급하다

(A) 열대 우림의 정화된 물
(B) 열대 우림의 중요성
(C) 지구의 열대 우림

해설 나열된 핵심어들은 크게 [열대 우림, 중요한, 많은 이유]로 나누어 볼 수 있으므로, 이 핵심어들을 포함한 글은 '열대 우림의 중요성'에 관한 내용을 다루고 있을 것이라 생각할 수 있다.

(A)의 '열대 우림의 정화된 물'은 내용의 일부에 불과해 주제가 되기에 모자란다.
(C)의 '지구의 열대 우림'은 열대 우림의 중요성이라는 주제가 되기에 넘친다.

어휘 **carbon dioxide** 이산화탄소
sustain[səstéin] v. 유지하다
purify[pjúərəfài] v. 정화하다

정답 **(B)**

01 | gorillas and humans, primates, similar, two arms and legs, ten fingers and toes, 32 teeth, face, care for their young, complex social structure

(A) Gorillas' complex social structure
(B) Characteristics of primates
(C) The similarities between gorillas and humans

02 | packaging, purity and freshness, guard against elements, protect outside environment, identify contents, distribution

(A) Packaging and protection
(B) The role of packaging
(C) Attributes of packaging

03 | bullfrog, size, six inches, dorsal, dull green, brownish, dark gray, black, ventral surface, white, yellow, habitat, central and eastern United States

(A) Traits of a bullfrog
(B) Colors of a bullfrog
(C) Description of frogs

04 | Middle Ages, simple sundials, fourteenth century, public clocks, regulation difficulties, spring-powered clocks, accurate mechanical clocks, improved accuracy, today, digital clocks

(A) The accuracy of clocks
(B) Various clocks
(C) The development of clocks

1st Week

1일

2일

3일

4일

5일

Hackers TOEFL Reading Basic

정답 p.266

● VOCABULARY ●

01 **primate** [práimeit] n. 영장류   **care for** ~를 돌보다
02 **packaging** [pǽkidʒiŋ] n. 포장   **purity** [pjúərəti] n. 청결   **element** [éləmənt] n. 요소   **distribution** [dìstrəbjúːʃən] n. 배포
03 **dorsal** [dɔ́ːrsəl] a. 등(부분)의   **ventral** [véntrəl] a. 배의   **habitat** [hǽbitæt] n. 서식지
04 **sundial** [sʌ́ndàiəl] n. 해시계   **regulation** [règjuléiʃən] n. 조절

- 주제문(Topic Sentence)은 글의 하위 개념(Supporting Detail)을 아우르는 개념을 제시한다.
- 주제문은 major idea에 해당하며 하위 개념은 minor idea에 해당한다.

 순서와 관계없이 나열된 아래 문장들 중에서 나머지 문장들을 아우르는 주제문으로 가장 적합한 문장을 고르시오.

Ex

(A) A significant percentage of the world's tornadoes occur in the United States.
(B) Tornadoes have been observed on every continent except Antarctica.
(C) Other areas which often experience tornadoes are south-central Canada, northwestern Europe, east-central South America, South Africa, and south-central Asia.

해석　(A) 전 세계 토네이도의 상당한 비율이 미국에서 발생한다.
　　　(B) 토네이도는 남극 대륙을 제외한 모든 대륙에서 관찰되어 왔다.
　　　(C) 토네이도를 자주 겪는 다른 지역으로는 중남부 캐나다, 북서 유럽, 중동부 남아메리카, 남아프리카, 그리고 남부 중앙아시아가 있다.

해설　(B)는 모든 대륙을 언급하며 하위 개념을 아우르는 개념을 제시하므로 주제문으로 적합하다.
　　　(A)는 토네이도가 발생하는 지역 중 일부분인 미국에 대해 언급하고 있으므로 minor idea에 해당한다.
　　　(C)는 토네이도가 발생하는 지역 중 일부분인 미국 외의 다른 지역에 대해 언급하고 있으므로 minor idea에 해당한다.

어휘　significant[signífikənt] a. 상당한
　　　tornado[tɔːrnéidou] n. 토네이도
　　　observe[əbzɔ́ːrv] v. 관찰하다
　　　continent[kάntənənt] n. 대륙

정답　(B)

01 | (A) When tadpoles are kept under herbivorous conditions, their guts become long and spiral.
(B) Under carnivorous conditions, the guts of tadpoles become shortened.
(C) Most tadpoles are herbivorous, but they are able to adapt to a carnivorous lifestyle as well.

02 | (A) A customs union is set up to have many positive effects on member countries.
(B) A customs union is normally established to increase economic efficiency.
(C) A customs union helps establish closer political and cultural ties between the member countries.

03 | (A) The size of passerines ensures that they are able to move quickly enough to thrive in many habitats.
(B) The most common type of bird on the planet is known as passerines, a group that has many interesting traits.
(C) The visual and audio qualities possessed by the passerines have made them a popular species with many people.
(D) The passerines have interesting bird calls that are enjoyed by nature lovers and bird watchers.

04 | (A) In saltwater fish, the kidneys concentrate wastes and return as much water as possible back to the body.
(B) Some fish even have specialized kidneys that change their function, allowing them to move from fresh water to salt water.
(C) Kidneys help fishes control the amount of ammonia in their bodies.
(D) The kidneys of freshwater fish are specially adapted to pump out large amounts of dilute urine.

● VOCABULARY ●

01 tadpole [tǽdpòul] n. 올챙이   herbivorous [həːrbívərəs] a. 초식의   gut [gʌt] n. 내장   spiral [spáiərəl] a. 나선형의
carnivorous [kɑːrnívərəs] a. 육식의   adapt [ədǽpt] v. 적응하다

02 customs union 관세 동맹   positive [pázətiv] a. 긍정적인   establish [istǽbliʃ] v. 설립하다, (관계를) 맺다
economic [èkənámik] a. 경제의   efficiency [ifíʃənsi] n. 효율   political [pəlítikəl] a. 정치적인

03 passerine [pǽsərin] n. 연작류   thrive [θraiv] v. 번성하다   trait [treit] n. 특성   possess [pəzés] v. 지니다, 소유하다
species [spíːʃiːz] n. 종   bird watcher 조류 관찰자

04 kidney [kídni] n. 신장   function [fʌ́ŋkʃən] n. 기능   allow [əláu] v. ~하게 하다   fresh water 민물
ammonia [əmóunjə] n. 암모니아   dilute [dailúːt] a. 묽은   urine [júərin] n. 소변

1주 1일 먼저 '무엇'에 관한 글인지 확인한다   23

글의 요지(Main Idea)를 담은 요약 문장 완성하기

- 글을 읽고 글의 요지(Main Idea)를 제대로 담도록 글의 내용을 요약(Summary)하는 연습을 하자.
- 글의 요약 문장은 내용을 너무 '모자라지도 넘치지도 벗어나지도 않게' 담아야 한다.

 주어진 글의 요약 문장을 가장 잘 완성시키는 보기를 고르시오.

Ex

Even today, with all the technology on Earth, it is still very difficult to reach the peak of Mount Everest. Because the air contains little oxygen on the peak of Mount Everest, people have trouble breathing there, and even thinking is difficult. Thus, it is not surprising that very few people have reached the top.

⇨ Mount Everest is _____ because of the _____.

(A) hard to climb – lack of oxygen
(B) easy to scale – new technology
(C) unpopular with climbers – quality of the air

해석 　심지어 오늘날, 지구상에 있는 그 모든 기술에도 불구하고, 에베레스트 산 정상에 도달하는 것은 여전히 매우 어렵다. 에베레스트 산 정상의 공기에는 산소가 거의 없어, 사람들이 거기서 숨 쉬기 힘들고, 생각하는 것조차도 어렵다. 따라서, 에베레스트의 정상에 오른 사람이 많지 않다는 것은 놀라운 일이 아니다.

　　　⇨ 에베레스트 산은 _____ 때문에 _____.
　　　(A) 오르기 어렵다 – 산소의 부족
　　　(B) 오르기 쉽다 – 새로운 기술
　　　(C) 등산가들 사이에 인기가 없다 – 공기의 질

해설 　오늘날의 모든 기술에도 불구하고 에베레스트 산에 오르는 것이 어렵다고 말한 후, 에베레스트 산에 오르는 것이 어려운 이유로 산소의 부족을 언급하고 있다. 따라서 이 글의 요지를 제대로 담는 요약 문장은 '산소의 부족 때문에 에베레스트 산에 오르는 것은 어렵다'가 될 수 있다.

어휘 　technology[teknáləd ʒi] n. 기술　　reach[riːtʃ] v. 도달하다
　　　peak[piːk] n. 정상　　contain[kəntéin] v. ~을 가지다
　　　oxygen[áksidʒən] n. 산소　　breathe[briːð] v. 숨 쉬다, 호흡하다
　　　scale[skeil] v. (산 등에) 오르다; n. 저울

정답 　(A)

01

Though not all scientists agree with the link between birds and dinosaurs, many scientists are convinced that birds evolved from dinosaurs. Numerous findings in recent years seem to support the claim that birds descended from two-legged, running dinosaurs called theropods. For instance, a fossil discovery in China also gave the distinct impression that theropods had been covered with feathers like birds today.

⇨ Evidence suggests that _____ are the ancestors of _____.

(A) birds – theropods
(B) dinosaurs – birds
(C) dinosaurs – theropods

02

Many people have an incorrect view of deserts. Usually when people think of the word "desert," they think of only hot, dry places. However, cold deserts exist in the basin and range area of Utah and Nevada and in parts of western Asia. Another misunderstanding of deserts is that they are barren, without plant or animal diversity. But deserts are second only to tropical rainforests in the variety of plant and animal species.

⇨ There is a great deal of _____ in the _____ of deserts.

(A) misconception – characteristics
(B) uniformity – animal species
(C) range – geographic area

● VOCABULARY ●

01   dinosaur[dáinəsɔ̀ːr] n. 공룡   convince[kənvíns] v. 확신시키다   evolve[iválv] v. 진화하다
support[səpɔ́ːrt] v. 뒷받침하다, 지지하다   claim[kleim] n. 주장   descend from ~의 후손이다   theropod[θíərəpàd] n. 수각류
fossil[fásəl] n. 화석   distinct[distíŋkt] a. 뚜렷한   impression[impréʃən] n. 흔적   feather[féðər] n. 깃털

02   basin[béisn] n. 분지   range[reindʒ] n. 산맥   misunderstanding[mìsʌndərstǽndiŋ] n. 오해   barren[bǽrən] a. 불모의
diversity[divə́ːrsəti] n. 다양성   tropical[trápikəl] a. 열대의   rainforest[réinfɔ̀ːrist] n. 열대 우림
be second (only) to ~에 버금가다

03 In 1998 a researcher at NASA submitted a paper about greenhouse gases and their effect on global warming. He believed that a high level of greenhouse gases such as carbon dioxide in the atmosphere heated the Earth's surface. Others, however, disagreed. They claimed that although carbon dioxide emissions were increasing, they were doing so too slowly to affect the temperature. In addition, data regarding the effects of carbon dioxide emissions were inconclusive.

⇨ Many scientists _____ about the _____ of greenhouse gases.

(A) concur – influence
(B) agree – dangers
(C) debate – effects

04 In the 1930's, the southern region of the American Great Plains was called the Dust Bowl. This was because of a series of terrible dust storms that swept across the area. At that time, due to a long drought, the soil was very dry. As a result, almost all of the topsoil was carried off by winds, destroying the land. Thousands of families fled the Dust Bowl looking for work.

⇨ The land in the Dust Bowl was devastated by the _____ that resulted from
_____.

(A) dry land – large windstorms
(B) destruction of the plains – movements of the families
(C) removal of the top soil – the lack of rainfall

정답 p.266

● VOCABULARY ●

03 researcher[risə́ːrtʃər] n. 연구원 submit[səbmít] v. 제출하다 greenhouse gas 온실가스 global warming 지구 온난화
carbon dioxide 이산화탄소 atmosphere[ǽtməsfiər] n. 대기 emission[imíʃən] n. 배출 temperature[témpərətʃər] n. 온도
04 storm[stɔːrm] n. 폭풍 sweep[swiːp] v. 쓸어버리다 (sweep-swept-swept) drought[draut] n. 가뭄 topsoil[tápsɔ̀il] n. 표토
destroy[distrɔ́i] v. 파괴하다 flee[fliː] v. 도망가다 (flee-fled-fled)

요지(Main Idea)를 담은 주제문(Topic Sentence) 고르기

- 주제문(Topic Sentence)에는 글 전체를 포함하는 요지(Main Idea)가 담겨 있다.
- 주제문(Topic Sentence)은 요지(Main Idea)를 '모자라지도 넘치지도 벗어나지도 않게' 담아야 한다.

 밑줄 친 부분에 들어갈 요지(Main Idea)를 담은 주제문(Topic Sentence)을 고르시오.

 _____ She wrote about 2,000 poems, but only four were published in her lifetime. No one wanted to publish her work because it was different from what other poets wrote. After Dickinson died, her poems were finally published and she became famous.

(A) Emily Dickinson wrote many books.
(B) Emily Dickinson was the most famous American poet.
(C) Emily Dickinson became more famous after her death.

해석 _____ 그녀는 약 2,000편의 시를 썼지만 단지 네 편의 시만이 그녀의 생전에 출판되었다. 그녀의 작품이 다른 시인이 썼던 것과 달랐기 때문에 아무도 그녀의 작품을 출판하려고 하지 않았던 것이다. Dickinson이 죽고 난 후에야, 그녀의 시가 마침내 출판되었고 그녀는 유명해졌다.

(A) Emily Dickinson은 많은 책을 썼다.
(B) Emily Dickinson은 가장 유명한 미국인 시인이었다.
(C) Emily Dickinson은 죽고 난 후 더욱 유명해졌다.

해설 글의 내용을 통해 Dickinson이 시를 많이 썼으나, 생전이 아닌 죽고 나서야 책이 출판되어 유명해졌다는 것을 알 수 있다. 이러한 요지(Main Idea)를 잘 담은 것은 (C)로서 이 글의 주제문(Topic Sentence)이 될 수 있다.

(A)는 Emily Dickinson이 책을 많이 썼다는 것으로 요지를 담기에 너무 넘친다.
(B)는 Emily Dickinson이 가장 유명한 미국인 시인이었다는 것이므로 요지에서 벗어난다.

어휘 **poem**[póuəm] n. 시
lifetime[làiftáim] n. 생애
poet[póuit] n. 시인

정답 (C)

01 _____ For example, a box of cereal costs three to four dollars. However, the grain costs only about 10 cents, and the packaging costs about 90 cents. In the end, advertising costs can be as high as two or three dollars.

(A) The cost of advertising a product is often higher than the cost of making it.
(B) Advertising costs more than two dollars for a box of cereal.
(C) A box of cereal is not so expensive.

02 _____ They reproduce as a young tree. It is nourished while attached to the parent tree, and then drops and disperses. This young tree eventually takes root in the soil surrounding the parent tree or is carried to distant shorelines. These mangrove trees can disperse over wide areas.

(A) Mangrove trees possess a unique reproductive strategy.
(B) Mangrove trees thrive along the California coast.
(C) There are two main types of mangrove trees.

03 _____ Once, there were many birds called peregrine falcons. The problem began when a pesticide called DDT was sprayed on crops to kill insects. The peregrine falcons ate insects on the crops on which DDT was sprayed. When the birds laid their eggs, the shells of the eggs were very thin. So the shells broke and the babies died before the baby birds were ready to hatch.

(A) The peregrine falcon can be found all around the world.
(B) Pesticides can be used to increase crop production.
(C) Pesticides, a substance used to kill insects, can also kill birds.

● VOCABULARY ●

01 **cereal**[síəriəl] n. 시리얼   **grain**[grein] n. 곡물   **advertising**[ǽdvərtàiziŋ] n. 광고
02 **reproduce**[rì:prədjú:s] v. 번식하다   **nourish**[nə́:riʃ] v. 영양분을 주다   **attach**[ətǽtʃ] v. 붙다
    disperse[dispə́:rs] v. 흩어지다, 퍼지다   **eventually**[ivéntʃuəli] ad. 결국에   **distant**[dístənt] a. 멀리 떨어진
    shoreline[ʃɔ́:rlàin] n. 해안가   **mangrove**[mǽŋgròuv] n. 맹그로브 나무
03 **peregrine falcon** 송골매   **pesticide**[péstəsàid] n. 살충제   **lay**[lei] v. 알을 낳다 (lay-laid-laid)   **shell**[ʃel] n. 껍질
    hatch[hætʃ] v. 부화하다

04 | _____ Because people are so busy these days, they look for more precooked meals. There is a wide selection of precooked dishes in the market such as rice and pasta. These products are growing in popularity, and food-related companies are trying to promote and expand the menu of precooked meals.

(A) The market for precooked meals is determined by a food-related company.
(B) Demand for precooked meals is increasing more and more.
(C) Precooked meals are the most popular meals these days.

05 | _____ It happens after an undersea disturbance, such as an earthquake or volcano eruption. Then, the waves travel in all directions from the area of disturbance, much like the ripples that happen after throwing a rock. As the big waves approach shallow waters along the coast, they grow to a great height and smash into the shore. They can be as high as 100 feet. Hawaii is the state that is especially at the greatest risk for the tsunami.

(A) A tsunami is a series of huge and dangerous ocean waves.
(B) All waves begin far out in the ocean.
(C) A tsunami causes a lot of destruction on the shore.

정답 p.267

● VOCABULARY ●

04 precooked [priːkúkt] a. 반조리된   dish [diʃ] n. 음식   promote [prəmóut] v. 홍보하다

05 disturbance [distə́ːrbəns] n. [지질] 지각 변동, 소란, 소동   eruption [irʌ́pʃən] n. 분출   ripple [rípl] n. 파동, 잔물결
approach [əpróutʃ] v. 다가오다   shallow [ʃǽlou] a. 얕은   smash [smæʃ] v. 때리다   tsunami [tsunáːmi] n. 해일

지금까지 핵심어로 주제 예상하기, 하위 개념을 담은 주제문 찾기, 글의 요지를 담은 요약 문장 완성하기, 요지를 담은 주제문 고르기에 관하여 살펴보았다. 이것은 모두 글을 읽으면서 글의 주제를 파악하고, major idea와 minor idea를 구별하기 위한 연습이었고, 실전 토플에서는 요약(Summary) 문제에 다음과 같이 적용될 수 있다.

Endangered Elephants

In the past, elephants were found throughout the world, including Europe, Asia, and North America. Today, their habitat and numbers have been greatly reduced, as only a few wild elephants can be found outside of Africa, where large herds of these six-ton animals still exist. However, even in Africa, these animals are in danger.

Throughout history, elephants have been hunted for their ivory tusks, which are used to make jewelry and figurines. In addition, the encroachment on their territory by farmers seeking land for cultivation has had a detrimental effect.

In order to prevent the extinction of this species, an international organization has taken action. Specifically, several herds, including about 250,000 elephants, have been targeted for protection. It is hoped that these measures will allow herds to grow and the future of African elephants will be secure.

herd[həːrd] n. 무리　ivory tusk 상아　jewelry[dʒúːəlri] n. 장신구
figurine[fìgjuríːn] n. 작은 입상　encroachment[inkróutʃmənt] n. 침범
territory[térətɔ̀ːri] n. 영역　cultivation[kÀltəvéiʃən] n. 경작
detrimental[dètrəméntl] a. 해로운　extinction[ikstíŋkʃən] n. 멸종
international[ìntərnǽʃənl] a. 국제적인　organization[ɔ̀ːrɡənizéiʃən] n. 기구
target[táːrɡit] v. ~을 대상으로 정하다　measures[méʒərz] n. 조치
secure[sikjúər] a. 안전한

멸종 위기에 처한 코끼리

과거에 코끼리는 유럽, 아시아, 북아메리카를 포함한 전세계에 걸쳐 발견되었다. 오늘날, 코끼리의 서식지와 개체 수는 크게 감소하였으며, 6톤에 달하는 이들 야생 코끼리의 큰 무리가 여전히 존재하는 아프리카 이외의 지역에서는 극히 적은 수가 발견된다. 하지만, 아프리카에서도, 이런 코끼리들은 위험에 처해 있다.

역사적으로, 코끼리는 그들의 상아 때문에 사냥되어 왔는데, 상아는 장신구와 작은 입상(장식품)을 만드는 데 사용된다. 게다가, 경작을 위해 땅을 찾는 농민의 코끼리 영역으로의 침범은 해로운 영향을 불러 일으켰다.

이런 코끼리 종의 멸종을 막기 위하여, 국제 기구는 조치를 강구해왔다. 특히, 약 250,000 코끼리를 포함한 몇 개의 무리가 보호의 대상이 되어 왔다. 이러한 조치가 코끼리 무리를 증대시키고 아프리카 코끼리의 미래가 안전해질 거라고 기대되고 있다.

요약(Summary) 문제

Directions: An introductory sentence for a brief summary of the passage is provided below. Complete the summary by selecting the THREE answer choices that express the most important ideas in the passage. Some sentences do not belong in the summary because they express ideas that are not presented in the passage or are minor ideas in the passage. **This question is worth 2 points.**

> Drag your answer choices to the spaces where they belong. To remove an answer choice, click on it. To review the passage, click on **View Text**.

Elephants are threatened by the activities of humans.

-
-
-

Answer Choices

(A) Efforts are underway to ensure the survival of African elephants.

(B) Ivory is a material commonly used to create decorative objects.

(C) Fewer elephants with a smaller range exist now than in the past.

(D) Agriculture and poaching have taken their toll on African elephants.

(E) Right now, only 250,000 elephants remain in Africa.

(F) Elephants that live outside of Africa do not face the same dangers.

해설 핵심어를 통해 주제를 예상한다 (① 적용)

핵심어 elephants, their habitat and numbers, reduced, elephants have been hunted, encroachment on their territory, detrimental effect, to prevent the extinction을 통해 주제가 코끼리의 위기임을 알 수 있다.

각 단락의 주제문을 바탕으로 요지를 파악한다 (② & ③ 적용)

각 문단의 요지는 오늘날 코끼리의 서식지와 개체 수가 감소하였는데(1단락), 이는 인간의 코끼리 서식지로의 침투, 상아 획득을 위한 코끼리 밀렵과 관련이 있으며(2단락), 현재 개체 수가 감소하는 코끼리를 보호하기 위한 노력이 이루어지고 있다(3단락)가 된다.

각 단락의 요지를 담은 선택지를 고른다 (④ 적용)

(B)는 요약문에 들어가기에는 minor idea이다.
(E)는 요약문에 들어가기에는 minor idea이다.
(F)는 본문의 내용과 일치하지 않는다.

정답 (A), (C), (D)

2일 글의 구조와 흐름을 파악한다

① 문장과 문장을 자연스럽게 연결하기

- 문장과 문장, 단락과 단락을 연결하는 기능을 하는 것을 '연결어'라고 한다.
- '연결어'는 글의 흐름을 자연스럽게 해주어, 글의 구조에 응집력(Coherence)을 준다.

 문장을 해석하여 세 개의 연결어 중 두 문장을 가장 자연스럽게 연결하는 것을 선택하시오.

Ex | Animals that live in the Arctic year-round have developed special adaptations for enduring the cold. **Whereas/Also/For instance**, the musk ox has two layers of protective fur.

해석   북극에 일 년 내내 사는 동물들은 추위를 견디기 위한 특별한 적응 수단을 발전시켜 왔다. (반면에/또한/예를 들어), 사향소는 두 겹으로 된 보호해 주는 털을 가지고 있다.

해설   일반적인 북극 동물에 대해 이야기한 후 구체적으로 사향소를 들어 설명하고 있으므로 For instance(예를 들어)로 연결하는 것이 가장 자연스럽다.

어휘   **the Arctic** 북극
       adaptation[æ̀dəptéiʃən] n. 적응
       endure[indʒúər] v. 견디다
       musk ox 사향소
       protective[prətéktiv] a. 보호해 주는

정답   For instance

01 | John F. Kennedy always used less power than he had, in dealing with Congress and with the public. **For example/In contrast/After that**, Lyndon Johnson always used slightly more power than he had.

02 | On August 6, 1945, an American bomber dropped an atomic bomb over the southwestern Japanese port of Hiroshima. **Afterwards/However/As a result**, the United States dropped a second atomic bomb on Nagasaki on August 9, 1945.

03 | Saccharin is an artificial sweetener used in toothpaste, mouthwash, and sugarless gum. **Finally/In addition/Second**, it is used in many diet foods.

04 | Rapid industrial growth has resulted in positive economic and social gains for developing countries. **For this reason/Later/Nevertheless**, this rapid industrial growth has caused much environmental waste.

05 | Cities were established at the beginning of civilization. **Furthermore/Meanwhile/Thus**, to learn the history of civilization is to study the history of cities.

06 | Deer in the United States destroy habitats of smaller animals and damage forests. **Consequently/On the contrary/Besides**, the government must find ways to control the deer population.

07 | The roots of a new plant take in water and minerals that the plant uses to grow. **Therefore/Likewise/Next**, as the stems grow upward, leaves appear.

08 | Some educators believe students who learn English as a second language should be educated in their native language as well. **On the other hand/In conclusion/Then**, some say they should study only in English.

정답 p.268

● VOCABULARY ●

01 deal with ~을 다루다   slightly [sláitli] ad. 약간
02 bomber [bámər] n. 폭격기   atomic [ətámik] a. 원자의   port [pɔːrt] n. 항구
03 artificial [àːrtəfíʃəl] a. 인공의   sweetener [swíːtnər] n. 감미료   mouthwash [máuθwɑ̀ʃ] n. 구강 청정제
04 gain [gein] n. 이익   developing country 개발 도상국   environmental waste 산업 폐기물
05 civilization [sìvəlizéiʃən] n. 문명
06 habitat [hǽbitæt] n. 서식지   control [kəntróul] v. 억제하다   population [pàpjuléiʃən] n. 개체 수
07 mineral [mínərəl] n. 무기물, 광물   stem [stem] n. 줄기   upward [ʌ́pwərd] ad. 위를 향해
08 educator [édʒukèitər] n. 교육자   as well ~도

● 전체 흐름에 어울리지 않아 글의 짜임새 있는 구조를 깨뜨리는 문장을 찾아봄으로써 문장의 구조와
흐름을 정확하게 이해했는지 다시 점검한다.

 다음 문장 중 구조와 흐름을 깨는 문장을 고르시오.

Ex In ocean depths of greater than 800 feet there is generally no deviation in temperature. (A) The temperature remains constant in both summer and winter. (B) In some land areas the temperature can be very hot. (C) In shallow tidal pools, however, the water temperature varies greatly.

해석   800피트보다 더 깊은 바닷속에는 일반적으로 기온의 편차가 없다. (A) 여름과 겨울에 기온이 일정하다. (B) 육지의 어떤 지역들에서는 기온이 매우 높아질 수 있다. (C) 그러나, 얕은 썰물 웅덩이에서는 물의 온도가 크게 변한다.

해설   첫 문장인 주제문(Topic Sentence)에서는 깊은 바닷속의 온도 변화에 대해 언급하고, (A)는 이에 대한 부연 설명을 하고 있다. (C)는 깊은 바닷속과는 대조적인 얕은 바다인 썰물 웅덩이의 온도 변화에 대해 언급하고 있다. 그러나 (B)의 문장은 주제문(Topic Sentence)에서 벗어나, 육지의 온도가 높아질 수 있음을 언급하고 있다.

어휘   deviation[dìːviéiʃən] n. 편차
constant[kánstənt] a. 일정한
shallow[ʃǽlou] a. 얕은
tidal pool 썰물 웅덩이
vary[vέəri] v. 변하다

정답   (B)

01 | Today, the number of people who travel to their place of work is decreasing in the United States. (A) They often use public transportation to go to work. (B) They have not lost their jobs, but rather have become a new type of employee known as a telecommuter. (C) This phenomenon has resulted from the popularization of computers and the spread of Internet use.

02 | A human brain has a greater capacity than a computer. (A) It has the ability to create, to exercise initiative, to deduce, to reach a conclusion, to doubt, and to reason logically. (B) In contrast, a computer can only compute; it can multiply, divide, add, subtract, and extract roots. (C) In fact, a human brain consists of trillions upon trillions of nerve cells.

03 | Many mushrooms are edible, but some are deadly to eat. (A) People should be able to choose the types of mushrooms they want to eat. (B) The Amanita mushroom closely resembles an edible mushroom. (C) However, its poison is almost certain to cause death if it is consumed.

04 | The Chinese used the observation of nature to predict earthquakes. (A) Chinese scientists later used modern scientific methods and equipment. (B) Rural Chinese claimed to know when something was wrong because their animals acted strangely before an earthquake. (C) They also noticed changes in the level and smell of water in wells.

05 | Thousands of different words can be made by altering the letters. (A) For example, changing one letter in the word "house" results in something totally different: "mouse." (B) Changing the order of letters also results in different words: "pin" to "nip" and "last" to "salt" or "slat." (C) In addition, changing the orders of letters can result in many spelling mistakes.

정답 p.268

● VOCABULARY ●

01 public transportation 대중교통   telecommuter[tèlikəmjú:tər] n. 재택근무자
02 deduce[didʒú:s] v. 연역하다   doubt[daut] v. 의심하다   reason[rí:zn] v. 추론하다   logically[ládʒikəli] ad. 논리적으로
   compute[kəmpjú:t] v. 연산하다   subtract[səbtrǽkt] v. 빼다   extract[ikstrǽkt] v. (원리, 해석 등을) 끌어내다
03 mushroom[mʌ́ʃru:m] n. 버섯   edible[édəbl] a. 먹을 수 있는   deadly[dédli] a. 치명적인
04 observation[àbzərvéiʃən] n. 관찰   predict[pridíkt] v. 예측하다   well[wel] n. 우물
05 nip[nip] v. 꼬집다   slat[slæt] n. 널빤지; v. 강타하다   spelling[spéliŋ] n. 철자

● 글의 구조와 흐름을 파악하기 위해서는 글 전체의 중요 내용이 어떤 식으로 전개되는지 살펴본다.
● 글에서 비교되는 항목들에 대한 중요 정보를 찾아 분류하는 연습을 통해 글의 구조와 흐름을 이해할 수 있다.

다음 글을 읽고 글에서 설명하는 항목 두 가지를 알맞게 짝지은 것을 고르시오.

Gasoline cars cause too much pollution. This is because they run on ignited fuel, which releases harmful chemicals into the air. Consequently, scientists and engineers are trying to develop electric cars. Electric vehicles don't burn gasoline in an engine. They use electricity stored in batteries on the car, and have zero emissions.

(A) Gasoline – Electricity
(B) Gasoline cars – Electric cars
(C) Ignited fuel – Batteries

해석　가솔린 자동차는 너무 많은 오염을 유발한다. 이것은 가솔린 자동차가 연소된 연료를 이용하기 때문인데, 그로 인해 해로운 화학물질을 공기 중에 방출한다. 결과적으로, 과학자들과 기술자들은 전기 자동차를 개발하려고 노력하고 있다. 전기 자동차는 엔진에서 가솔린을 연소하지 않는다. 그것들은 자동차 배터리에 저장된 전기를 이용하며 엔진 배출물이 없다.

(A) 가솔린 – 전기
(B) 가솔린 자동차 – 전기 자동차
(C) 연소된 연료 – 배터리

해설　Consequently를 중심으로 앞에서는 gasoline cars에 대해서, 뒤에서는 electric vehicles(cars)에 대해서 비교 설명하고 있다.

어휘　pollution[pəlúːʃən] n. 오염
　　　ignited[ignáitid] a. 연소된
　　　release[rilíːs] v. 방출하다
　　　consequently[kánsəkwèntli] ad. 결과적으로
　　　electric car 전기 자동차
　　　emission[imíʃən] n. 배출물

정답　(B)

01 | A spoken language is a communication system in which the words are pronounced through the mouth. It is made up of vowel and consonant sounds. Vowels are open sounds and consonants are relatively closed. The former is any sound with no audible noise produced by constriction in the vocal tract, and in contrast, the latter is a sound with audible noise produced by constriction.

(A) Vowels – Consonants
(B) Spoken language – Body language
(C) Open sounds – Closed sounds

02 | Most dreams occur during REM sleep. People who are awakened during REM sleep almost always remember what they were dreaming. Conversely, those awakened during non-REM sleep have around a 15% chance of remembering their dreams. The types of dreams experienced are also different in two stages. Those reported by people who are awakened from REM sleep are often illogical and bizarre. On the other hand, in the non-REM state, people often have dreams that are more like normal thinking. Dreams during non-REM state are not nearly as emotionally or visually charged.

(A) Illogical dreams in REM sleep – Normal dreams in REM sleep
(B) Types of REM sleep – Types of non-REM sleep
(C) Dreams during REM sleep – Dreams during non-REM sleep

03 | There can be serious problems in speaking when the left hemisphere of the brain is damaged. It seems to specialize in controlling certain movements for communication. In people who are born deaf and communicate using hand movements, damage to the brain's left half can badly affect their signing ability. The right hemisphere, by comparison, appears to be involved much in receiving and analyzing information from the outside world. Therefore, damage to the right half may result in the inability to tell the difference between melodies or difficulty in identifying a face.

(A) The structure of the left hemisphere – The structure of the right hemisphere
(B) Reactions of the left hemisphere – Reactions of the right hemisphere
(C) The function of the left hemisphere – The function of the right hemisphere

정답 p.268

● VOCABULARY ●

01 audible [ɔ́:dəbl] a. 들리는   constriction [kənstríkʃən] n. 수축   vocal tract 성도
02 REM(Rapid Eye Movement) 급속 안구 운동   conversely [kənvə́:rsli] ad. 반대로   bizarre [bizá:r] a. 기괴한
03 hemisphere [hémisfiər] n. (뇌의) 반구   specialize in ~을 전문적으로 다루다   signing [sáiniŋ] n. 수화

● 주제와 관련하여 지문 속에서 설명되는 몇 개의 범주를 파악하고 그것들에 대한 세부 정보를 지문에서 찾아내어 정리하는 것이 핵심이다.

글 아래의 표는 주어진 글의 정보를 분류하여 정리한 것이다. 다음 글과 표를 읽고 빈칸에 들어갈 범주가 알맞게 짝지어진 것을 고르시오.

Ex

Orchids can be generally divided into two distinct categories. It is based on the way they grow. Monopodial orchids continuously grow from the tip of a central stem. The flower buds develop along this stem. On the other hand, Sympodial orchids send out a shoot from an underground stem. This eventually produces leaves and buds which are protected by a cover.

(1)	(2)
• Grow a twig from below the ground • Have the exterior covering to guard sprouts	• Develop constantly from the head of a middle stem

(A) Monopodial orchids – Sympodial orchids
(B) Sympodial orchids – Monopodial orchids
(C) Monopodial growth – Sympodial growth

해석 난초는 일반적으로 두 가지 뚜렷한 카테고리로 구분된다. 그것은 그들이 자라는 방식에 근거한다. Monopodial 난초는 중앙 줄기의 끝에서부터 계속 자란다. 꽃봉오리가 이 줄기를 따라 자라난다. 반면에, Sympodial 난초는 지하 줄기로부터 가지를 뻗는다. 이것이 결국 잎, 그리고 엽초로 보호되는 꽃봉오리를 틔운다.

(1)	(2)
• 지하에서부터 가지가 자라난다 • 움을 보호하기 위한 외부 덮개가 있다	• 중앙 줄기의 끝에서부터 계속 자란다

해설 표의 왼쪽은 Sympodial orchids에 대한 정보로 send out a shoot from an underground stem과 buds which are protected by a cover를 재진술한 것이고, 표의 오른쪽은 Monopodial orchids에 대한 정보로 continuously grow from the tip of a central stem을 재진술한 것이다.

단어 **orchid**[ɔ́ːrkid] n. 난초   **distinct**[distíŋkt] a. 뚜렷한
stem[stem] n. 줄기   **bud**[bʌd] n. 꽃봉오리
shoot[ʃuːt] n. 가지, 싹

정답 **(B)**

01 | At the heart of most American cities is a central business district, which includes public buildings, banks, department stores, skyscrapers, hotels, and so on. In addition, it is marked by a high density of people. Usually surrounding this core is an area of poorer, less attractive business establishments and a variety of old, ruined living quarters. This declined part of the city is called a slum. The lowest-income population lives here.

(1)	(2)
• Encircles the city center • Is home to the economically disadvantaged	• Contains a lot of business constructions • Is heavily populated

(A) Suburban neighborhood – City center
(B) Slum – Central business district
(C) City center – Downtown

02 | Pottery can be classified into different types of wares. Earthenware, which has been produced with the same technique since ancient times, is one of the more popular examples. It is made of blended clay and then baked until hardened. The degree of hardness is dependent on the time it is exposed to heat, and at what temperatures. Another example, stoneware, evolved after the invention of glaze, a special coat that was applied to the wet clay for decorative purposes. Potters found that a glazed pot or bowl, when fired, became non-porous and waterproof.

(1)	(2)
• Was decorated with special coating • Lost its many tiny holes and formed a resistance to humidity after baking	• Is produced with a mixture of clays • Has been made the same way for thousands of years

(A) Stoneware – Earthenware
(B) Blended clay – Stoneware
(C) Pottery – Glazed vessel

정답 p.269

● VOCABULARY ●

01 business district 상업지   skyscraper[skáiskrèipər] n. 고층 빌딩   mark[mɑːrk] v. 특징짓다   core[kɔːr] n. 중심지
    establishment[istǽbliʃmənt] n. 시설   living quarter 주거지   declined[dikláind] a. 퇴색한   slum[slʌm] n. 슬럼(빈민가)

02 classify[klǽsəfài] v. 분류하다   ware[wɛər] n. 제품   earthenware[ɔ́ːrθənwɛ̀ər] n. 질그릇
    stoneware[stóunwɛ̀ər] n. 석기   evolve[ivɑ́lv] v. 발달하다   glaze[gleiz] n. 유약; v. 유약을 칠하다
    apply[əplái] v. 바르다   decorative[dékərətiv] a. 장식적인   porous[pɔ́ːrəs] a. 작은 구멍이 있는

지금까지 문장을 자연스럽게 연결하기, 글의 구조와 흐름 점검하기, 정보를 정확하게 파악하여 분류하고 정리하기에 관하여 살펴보았다. 이것은 모두 글 속의 연결어와 구조를 이용해 글의 흐름 및 전개 방식을 이해하고, 글 속에 담긴 자세한 정보까지 파악하고 분류하기 위한 연습이었고, 실전 토플에서는 문장 삽입(Insertion) 문제와 정보 분류표(Category Chart) 문제에 다음과 같이 적용될 수 있다.

Spatial Orientation

The difference in how men and women orient themselves could be attributed to physiological causes. ■ For example, the otolith structures found in the inner ear, which are sensitive to inertial forces such as gravity, tend to be larger in men than in women. ■ Also, it may allow males to adjust themselves more accurately than females in some environments. ■ According to some research, women are more likely than males to misjudge what is horizontal when performing tasks in sensory-deprived environments. ■ This could be because women act more cautiously due to the way they interpret the sensory input, while men tend to take risks.

orient oneself 자신의 위치를 알다　attribute to ~에 기인하다
physiological[fìziəládʒikəl] a. 생리적인　otolith[óutəlìθ] n. 평형석
inner ear 내이　inertial force 관성　adjust[ədʒʌ́st] v. 적응하다
misjudge[misdʒʌ́dʒ] v. 잘못 판단하다　horizontal[hɔ̀ːrəzántl] a. 수평의
sensory-deprived[sénsəridipràivd] a. 감각이 상실된
interpret[intə́ːrprit] v. 해석하다　input[ínpùt] n. 자극

공간적 방위

자신의 위치를 아는 데에 있어서 남녀의 차이는 생리적인 요소에 기인할 수 있다. 예를 들어, 중력과 같은 관성에 민감한 내이에서 발견되는 평형석의 구조는 여성보다 남성에게서 더 큰 영향이 있다. 또한, 이것은 어떤 환경에서는 여성보다 남성이 더 정확하게 적응할 수 있게 해준다. 어떤 조사에 따르면, 감각을 사용할 수 없는 환경에서 작업을 수행할 때 여성은 무엇이 수평인지에 대해 남성보다 더 잘못된 판단을 내릴 수 있다. 반면에, 차를 운전하는 것과 같이 다른 감각을 사용해서 일을 할 때는 여성이 남성에 비해 이점이 있다. 이것은 그들이 감각적 자극을 해석하는 방식 때문에 더 주의 깊게 행동하는 반면, 남성은 위험을 무릅쓰기 때문일 수 있다.

문장 삽입(Insertion) 문제

Look at the four squares [■] that indicate where the following sentence could be added to the passage.

On the other hand, they may have an advantage over men while performing tasks under other sensory conditions such as driving a car.

Where would the sentence best fit?

Click on a square [■] to add the sentence to the passage.

해설 **연결어에 주의하며 흐름을 점검한다 (① & ② 적용)**
　　For example은 앞 문장의 physiological causes에 대한 예시를 이끌고, Also는 For example ~ 문장에 이어서 여성과 대조되는 남성의 이점을 부연하므로 흐름이 자연스럽다. According to ~ 문장에서는 여성의 불리한 점을 설명하고, 제시된 On the other hand ~ 문장에서는 여성의 이점을 설명하므로 네 번째 자리에 제시문을 넣어서 전체 흐름에 맞도록 자연스럽게 대조시킬 수 있다.

정답 **4th**

정보 분류표(Category Chart) 문제

Directions: Select the appropriate phrases from the answer choices and match them to the type of gender to which they relate. **This question is worth 3 points.**

> Drag your answer choices to the spaces where they belong. To remove an answer choice, click on it. To review the passage, click on **View Text**.

Answer Choices

(A) Often behave in an unsafe way
(B) Are capable of perceiving external pressure
(C) Have variation in spatial orientation
(D) Can adapt better to changes in natural pressures on the body
(E) Have difficulty determining flat lines
(F) Have a larger structure in the inner ear that responds to gravity
(G) Are less likely to make hasty decisions

Men
　•
　•
　•

Women
　•
　•

해설 **두 가지 범주를 확인한다 (③ 적용)**
　　제시된 분류표에서 men, women이 두 가지 범주로 등장하므로 글에서도 men과 women을 비교 설명하고 있음을 알 수 있다.

세부 정보를 확인한다 (④ 적용)
　　본문에서 두 개의 범주에 대한 세부 정보를 점검한 후 보기와 비교하라. 보기는 재진술(Paraphrase)되어 있으므로 자신이 점검한 세부 정보와 같은 뜻을 나타내는지 꼼꼼하게 확인한다.

정답 Men - (A), (D), (F)
　　Women - (E), (G)

3일 정확한 정보를 머릿속에 정리한다

① 정보 재확인하기

● 독해를 통해서 얻어진 정보가 다른 문장으로 재진술(Paraphrase)되었을 때 재진술된 문장이 원래 문장의 정보를 정확히 담고 있는지를 판단할 수 있어야 한다.

 주어진 문장의 의미를 그대로 담도록 재진술된 문장을 고르시오.

 Although jet engine power is used mostly for airplanes, it can also be used in high-speed boats.

(A) Jet engine power can be utilized in both airplanes and high-speed boats.

(B) Jet engine power can be used for airplanes but not high-speed boats.

해석　비록 제트엔진 파워가 대부분 비행기에 쓰이지만, 그것은 또한 빠른 속도를 내는 배에도 쓰인다.
　　　(A) 제트엔진 파워는 비행기와 빠른 속도를 내는 배에 이용된다.
　　　(B) 제트엔진 파워는 비행기에 이용되지만, 빠른 속도를 내는 배에는 쓰이지 않는다.

해설　(A)에서는 both A and B라는 구문을 이용해 주어진 문장을 정확히 옮기고 있다.
　　　(B)에서는 A but not B라는 구문을 이용해 주어진 문장을 잘못 옮기고 있다.

어휘　**utilize**[júːtəlàiz] v. 이용하다

정답　**(A)**

---

01 John Wesley Powell, an American geologist, conducted surveys of the Rocky Mountain region.

(A) The Rocky Mountain region was not discovered until John Wesley Powell, an American geologist, researched the area.

(B) An American geologist, John Wesley Powell was involved in surveys of the Rocky Mountain region.

02 The decrease in the Earth's natural resources has been due mainly to the rise in human population.

(A) The increase in human population has resulted in a reduction of the Earth's natural resources.

(B) Because of the rise in human population, there will be no natural resources in the future.

03 The Manhattan Project was the code name for the United States' program to develop an atomic bomb during World War II.

(A) The United States' program to develop an atomic bomb during World War II was referred to as the Manhattan Project.

(B) After the development of the atomic bomb during World War II, the United States decided on the code name the Manhattan Project.

● VOCABULARY ●

01 geologist [dʒiálədʒist] n. 지질학자   conduct [kəndʌ́kt] v. 수행하다   survey [sə́ːrvei] n. 조사   region [ríːdʒən] n. 지역, 일대

02 natural resource 천연자원   reduction [ridʌ́kʃən] n. 감소   population [pàpjuléiʃən] n. 인구

03 code name 암호명   atomic bomb 원자 폭탄   refer to ~라고 부르다

04 President Harry Truman proposed a government-run system of health insurance for all Americans in 1945, but the proposal died in Congress.

(A) President Harry Truman and Congress agreed to veto the proposed government-run system of health insurance for all Americans in 1945.

(B) Congress rejected Truman's plan for a national health insurance system run by government in 1945.

05 Carnegie Hall, a historic concert hall, has hosted many famous musicians since Russian composer Peter Ilich Tchaikovsky conducted its opening night concert on May 5, 1891.

(A) Among the renowned musicians that have performed at Carnegie Hall, Peter Ilich Tchaikovsky was the first to conduct a concert there.

(B) Every important musician has performed a concert at the historic concert hall, Carnegie Hall, beginning with a performance of Russian composer Peter Ilich Tchaikovsky.

정답 p.269

● VOCABULARY ●

04 propose [prəpóuz] v. 제안하다   government-run [gʌ́vərnməntrʌ̀n] a. 정부가 운영하는   health insurance 건강 보험
congress [káŋgris] n. 의회

05 historic [histɔ́:rik] a. 역사적인   host [houst] v. 유치하다   composer [kəmpóuzər] n. 작곡가   perform [pərfɔ́:rm] v. 공연하다

② 정보의 그림화하기

- 정보를 정확하게 이해하면 머리에 그림이 그려진다!
- 정보의 그림화는 Mapping이라 하며, 독해의 좋은 기본이 된다.
- 정보의 그림화 문제는 토플을 포함한 여러 가지 시험의 독해 문제 형태로 응용된다.

 다음의 글을 읽고 음영된 단어에 부합하는 그림을 고르시오.

Ex | Brunelleschi's work on the cathedral of Florence made him famous. The cathedral featured a dome, measuring 130 feet (40 meters) in diameter. This dome usually looks like a large hemisphere which has eight supporting ribs on the exterior. The cathedral's decorative elements include circular windows and a beautifully proportioned cupola.

(A)

(B)

(C)

해석　Brunelleschi의 Florence 성당 작업이 그를 유명하게 만들었다. 그 성당은 직경 130피트(40미터)에 이르는 둥근 지붕을 특징으로 한다. 이 둥근 지붕은 대개 외부에 8개의 지지대를 갖고 있는 큰 반구 모양이다. 그 성당의 장식 요소는 원형 창문과 아름답게 균형 잡힌 둥근 지붕을 포함한다.

해설　(A)는 둥근 지붕을 가지고 있지 않으며, 네모난 창문을 가지고 있으므로 답이 될 수 없다.
　　　(B)는 둥근 지붕을 가지고 있지 않으며, 원형 창문도 없으므로 답이 될 수 없다.
　　　(C)는 윗글에서 나타난 특징들을 가지고 있으므로 답이다.

어휘　**cathedral**[kəθíːdrəl] n. 성당
　　　dome[doum] n. 둥근 지붕
　　　diameter[daiǽmətər] n. 직경
　　　hemisphere[hémisfiər] n. 반구
　　　proportioned[prəpɔ́ːrʃənd] a. 균형 잡힌
　　　cupola[kjúːpələ] n. 둥근 지붕(의 꼭대기 탑)

정답　(C)

01 The viper is a poisonous snake. It is characterized by a pair of fangs, which are long, sharp teeth. The fangs are attached to the front of the upper jaw. When the viper strikes, it sends poison into its victim through the fangs.

(A)　　　　　　　(B)　　　　　　　(C)

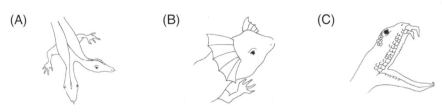

02 Fences, which are used to keep people or animals out of certain areas, can take many shapes, sizes, and forms. For instance, in well-timbered areas, such as the nineteenth-century North America, many types of timber fences were developed: the split rail, post and rail, and hurdle fences. The split rail fence was a moveable fence and could be laid in a zigzag pattern around trees and other obstacles.

(A)　　　　　　　(B)　　　　　　　(C)

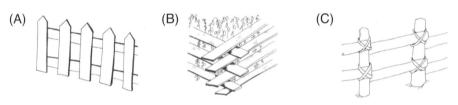

03 Geometry is the study of objects in space. One interesting object is the "Reuleaux Triangle." It is a three-sided figure in which each side is part of a circle whose center is at the opposite corner. As such, the "Reuleaux Heptangle" is similar looking with seven sides instead of three.

(A)　　　　　　　(B)　　　　　　　(C)

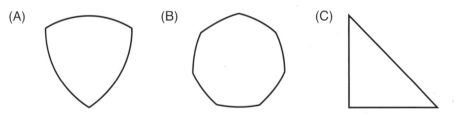

정답 p.270

● VOCABULARY ●─────────────────────────

01 viper[váipər] n. 독사　　fang[fæŋ] n. (뱀의) 독니　　jaw[dʒɔ:] n. 턱　　strike[straik] v. 공격하다　　victim[víktim] n. 희생물

02 timbered[tímbərd] a. 수목이 울창한　　lay[lei] v. 놓다 (lay-laid-laid)　　obstacle[ábstəkl] n. 장애물, 방해물

03 geometry[dʒiámətri] n. 기하학　　figure[fígjər] n. 도형

③ 질문 속에 들어 있는 답 찾기

- 정보를 제대로 이해했는지를 묻는 문제는 질문 속에 답이 있는 경우가 많다.
- 질문에서 묻는 내용이 지문의 어떤 부분에서 언급되었는지를 찾는 것이 핵심이다.

  다음의 글을 읽고 질문에 답해 보자.

Ex | Speaking and writing are the two main forms of communication, but they are quite different from each other. Whereas speaking does not require any special training, writing has to be specially taught. Often writing is more formal than speaking.

Which form of communication requires special education?

(A) speaking   (B) listening   (C) writing

해석 | 말하기와 쓰기는 의사소통의 두 가지 중요한 형태이지만 그것들은 서로 꽤 다르다. 말하기는 어떠한 특별한 훈련을 필요로 하지 않는 반면에, 쓰기는 특별히 배워야만 한다. 종종 쓰는 것은 말하는 것보다 공식적이다.

어떤 형태의 의사소통 수단이 특별한 교육을 필요로 하는가?

(A) 말하기   (B) 듣기   (C) 쓰기

해설 | 특별 교육과 관련된 문장을 찾아가면, writing has to be specially taught에서 관련된 내용을 찾을 수 있다. be specially taught를 special education으로 바꾸어 재진술했음을 알 수 있다.

어휘 | **whereas**[hwɛ̀ərǽz] conj. ~인 반면에, ~에 반하여
require[rikwáiər] v. 필요로 하다
formal[fɔ́ːrməl] a. 공식적인, 정중한

정답 | (C)

01

A study of a local community shows that there is a pattern in the location of some buildings. For instance, factories and warehouses are generally associated with railroads and expensive homes occupy the higher and drier pieces of land. Furthermore, shopping areas are located where roads meet and large apartment buildings are usually placed close to business centers.

All of the following can be found near railroads EXCEPT

(A) warehouses
(B) factories
(C) shopping centers

02

Animals have a wonderful sense of direction. Cats and dogs do not have to be taught how to find their way home. Birds travel thousands of miles from their winter to their summer homes and do not get lost. Some even return to the same meadow or tree where they nested the year before. Meanwhile, the Pacific salmon swim across the ocean to lay their eggs in the very stream in which they were born.

Which animals journey a great distance to find their summer dwellings?

(A) Cats and dogs
(B) Pacific salmon
(C) Birds

● VOCABULARY ●

01 local community 지역 사회   be associated with ~와 연관되다   railroad [réilròud] n. 철로   occupy [ákjupài] v. 차지하다
    furthermore [fɔ́ːrðərmɔ̀ːr] ad. 게다가
02 get lost 길을 잃다   meadow [médou] n. 목초지   nest [nest] v. 둥지를 틀다; n. 둥지   salmon [sǽmən] n. 연어
    very [véri] a. 바로 그   stream [strí:m] n. 계곡

03
The earliest Japanese writers were greatly influenced by the Chinese. Without a writing system of their own, the Japanese adopted and tailored Chinese characters to their own needs. This is shown clearly in the most ancient complete works, such as the "Kojiki"(Records of Ancient Matters), which was completed in 712, and "Nihon shoki"(Chronicles of Japan), completed eight years later.

When was "Nihon shoki" completed?

(A) 704
(B) 712
(C) 720

04
After World War I, the U.S. economy saw rapid growth. The Wall Street Crash of 1929, however, brought an abrupt end to this and led to worldwide depression. During the Depression of the 1930s, thousands of poverty-stricken American families fled the East Coast and rural farming areas to search for work in the West Coast and California.

During the Depression, many poor Americans went looking for jobs to all of the following places EXCEPT

(A) the West Coast
(B) the East Coast
(C) California

정답 p.270

● VOCABULARY ●

03 influence[ínfluəns] v. 영향을 끼치다   adopt[ədápt] v. 차용하다, 채택하다   tailor[téilər] v. (목적에) 맞추다

04 abrupt[əbrʌ́pt] a. 뜻밖의   worldwide[wə́ːrldwàid] a. 세계적인   depression[dipréʃən] n. 불황, 불경기
the Depression 대공황(=the Great Depression)

④ 정보를 제대로 이해하기

- 지문에 주어진 정보를 제대로 이해한다.
- 지문에 주어진 정보를 다른 방식으로 표현한 것을 찾을 수 있어야 한다.

 다음의 글을 읽고 주어진 문장을 지문에 근거한 사실이 되도록 완성하시오.

A fan is a device used to induce airflow and generally made from broad, flat surfaces which revolve. Although the air circulated by a fan is refreshing, fans do not actually reduce air temperature. In order to make the room colder, an appliance like an air conditioner is required.

Fans are used _____.
(A) to lower the temperature
(B) to lower the humidity
(C) to move the air

해석 선풍기는 공기 순환을 유도하기 위해 사용되는 장치이며 보통 회전하는 넓고 평평한 면으로 이루어져 있다. 비록 선풍기에 의해 순환되는 공기가 상쾌하긴 하지만, 선풍기는 사실 공기의 온도를 낮추지는 않는다. 방을 시원하게 하기 위해서는 에어컨과 같은 기구가 필요하다.

선풍기는 _____ 사용된다.
(A) 온도를 낮추기 위해
(B) 습도를 낮추기 위해
(C) 공기를 움직이기 위해

해설 지문에서 the air circulated by a fan이라고 언급되었으므로 (C)가 정답이다. fans do not actually reduce air temperature라고 언급되었으므로 (A)는 틀린 진술이며, 습도에 대해서는 언급되어 있지 않으므로 (B)는 답이 될 수 없다.

어휘 **device**[diváis] n. 장치
revolve[riválv] v. 회전하다
circulate[sə́ːrkjulèit] v. 순환하다
appliance[əpláiəns] n. 기구
require[rikwáiər] v. 필요로 하다

정답 (C)

01

Before 1860, rubber was harvested from trees in the Amazon Rainforest in Brazil. The process was costly and it was difficult to ensure a constant supply. Then, botanists attempted to grow the rubber plants in greenhouses. This was successful, so the seeds were transported to Singapore and other British colonies in Asia. Organized farms, called plantations, were established and allowed widespread cultivation to occur.

Rubber trees were _____.
(A) grown on a large piece of land after being transplanted
(B) transferred to Britain to reduce its processing cost
(C) most abundant in the Amazon Rainforest before 1860

02

The region of Scandinavia is located in Northern Europe, and takes its name from the Scandinavian Peninsula. This area includes continental Denmark and the two largest countries on the peninsula, Norway and Sweden. Finland is sometimes included, although many Finnish nationalists oppose this practice. In English, the nations that make up Scandinavia are often known as the Nordic Countries.

Among the Nordic countries, _____.
(A) Finland is in favor of its Scandinavian identity
(B) Norway is located on the Scandinavian Peninsula
(C) Denmark is considered as the smallest one

03

In the 1920s, women's attire reflected their new economic and social freedoms. Women's fashion reflected their rebellious spirit and a desire to stray from tradition. Women's clothes became easier to put on, more casual, and comfortable. The hemlines of skirts became shorter, for example, and women started to wear more pantsuits.

Women's clothes in the 1920s _____.
(A) were sewn larger and loose-fitting
(B) represented an improved status
(C) followed traditional style

● VOCABULARY ●

01 harvest[háːrvist] v. 수확하다　rainforest[réinfɔ̀ːrist] n. 열대 우림　botanist[bátənist] n. 식물학자
greenhouse[gríːnhàus] n. 온실　transport[trænspɔ́ːrt] v. 옮기다　colony[káləni] n. 식민지
plantation[plæntéiʃən] n. 플랜테이션　cultivation[kÀltəvéiʃən] n. 재배

02 peninsula[pənínsjulə] n. 반도　continental[kàntənéntl] a. 대륙의　nationalist[nǽʃənəlist] n. 민족주의자

03 reflect[riflékt] v. 반영하다　economic[èkənámik] a. 경제의　rebellious[ribéljəs] a. 순종하지 않는, 반항적인
tradition[trədíʃən] n. 전통　hemline[hémlàin] n. 기장

지금까지 정보 재확인하기, 정보의 그림화하기, 질문 속에 들어 있는 답 찾기, 정보를 제대로 이해하기에 관하여 살펴보았다. 이것은 모두 원하는 지문의 정보를 정확히 파악하여 지문을 제대로 이해하고 그 정보를 바탕으로 새로운 정보를 재구성하기 위한 연습이었고, 실전 토플에서는 일치(Fact) 문제, 불일치(Negative Fact) 문제, 그리고 문장 간략화(Sentence Simplification) 문제에 다음과 같이 적용될 수 있다.

Mechanical Calculators

Pascal devised a mechanical calculator to help his father with his work. Three years after he started on the project in 1642, he developed the Pascaline. The Pascaline was quite limited; it had some difficulty with addition, and subtraction was tedious because the gears on the device only rotated in one direction. Multiplication and division were beyond its capabilities.

Later in 1820, Charles Xavier Thomas invented the first successful, mass-produced mechanical calculator, the Arithmometer. The success of the machine was due to the many springs that neutralized the momentum of moving parts, which was the cause of failure in earlier machines. The device utilized stepped drum gears for calculation and could add, subtract, multiply, and divide in a simple and reliable way.

devise[diváiz] v. 고안하다   tedious[tíːdiəs] a. 느린   gear[giər] n. 기어
rotate[róuteit] v. 회전하다   neutralize[njúːtrəlàiz] v. 상쇄시키다
momentum[mouméntəm] n. 운동량   utilize[júːtəlàiz] v. 이용하다
reliable[riláiəbl] a. 신뢰할 수 있는

기계식 계산기

Pascal은 아버지의 일을 돕기 위해 계산기를 고안했다. Pascal이 1642년에 그 프로젝트를 시작한지 3년 뒤, 그는 Pascaline을 개발했다. Pascaline은 상당한 한계를 갖고 있었는데 그것은 덧셈에 다소 어려움이 있었고, 그 기계에 있는 기어는 단지 한 방향으로만 회전했기 때문에 뺄셈이 느렸다. 곱셈과 나눗셈은 그 능력 밖에 있었다.

이후 1820년에, Charles Xavier Thomas는 첫 번째로 성공적이고 대량 생산된 계산기인 Arithmometer를 발명했다. 그 기계의 성공은 그 이전 기계들의 실패 원인이었던 작동 기관들의 운동량을 상쇄시키는 많은 용수철 때문이었다. 그 장치는 계산을 위해 층층으로 나누어진 드럼 기어를 이용했고, 덧셈, 뺄셈, 곱셈, 나눗셈을 단순하고 신뢰할 수 있는 방식으로 수행할 수 있었다.

일치(Fact) 문제

According to the passage, which of the following is true of Pascals' calculator?

(A) It was invented in the early 1800s.
(B) It was not able to divide or multiply numbers.
(C) It was unable to do simple subtraction.
(D) It was the best-selling model for many years.

해설 **지문을 정확하게 이해하고 질문을 정확하게 파악한다 (② & ③ 적용)**
지문을 쭉 읽으며 정보를 정확하게 이해하고 질문에서 묻고 있는 Pascal's calculator가 언급된 부분을 지문에서 찾는다.

파악한 정보를 재구성한다 (④ 적용)
의미의 왜곡 없이 지문의 내용을 다르게 표현하는 선택지를 고른다.

정답 **(B)**

불일치(Negative Fact) 문제

According to the passage, all of the following is true of the Arithmometer EXCEPT:

(A) It could perform four kinds of mathematical calculations.
(B) It used drum gears which were laid layer upon layer.
(C) It was introduced in the early nineteenth century.
(D) It was available in ninety different models.

해설 **지문을 정확하게 이해하고 질문을 정확하게 파악한다 (② & ③ 적용)**
지문을 쭉 읽으며 정보를 정확하게 이해하고 질문에서 묻고 있는 Arithmometer가 언급된 부분을 지문에서 찾는다.

파악한 정보를 재구성한다 (④ 적용)
의미의 왜곡 없이 지문의 내용을 다르게 표현한 선택지를 제외하고, 지문에 언급된 사실과 다른 내용을 언급한 선택지를 고른다.

정답 **(D)**

문장 간략화(Sentence Simplification) 문제

Which of the sentences below best expresses the essential information in the highlighted sentence in the passage? *Incorrect* choices change the meaning in important ways or leave out essential information.

(A) The spring prevented the Arithmometer from operating in the correct manner, resulting in a mechanical breakdown.
(B) The failure of previous calculators was the result of the continual movement of the springs.
(C) The Arithmometer was effective because it used a spring to stabilize the motion of the components.
(D) The high number of moving components made earlier mechanical calculators unstable and prone to fail.

해설 **원래 문장과 간략화된 문장의 정보를 비교한다 (① 적용)**
음영된 문장의 정보를 정확히 파악한 후 원래 문장 구조가 변형되었거나 동의어가 사용된 것에 주의한다.

정답 **(C)**

4일 단어와 대명사를 꼼꼼히 확인한다

① 문장 완성하기

- 문장의 구조, 의미를 정확하게 파악하여 적합한 단어를 선택한다.
- 문맥을 정확히 이해하는 연습을 하면 다양한 시험에 효과적으로 대비할 수 있다.

 주어진 문장을 읽고, 빈칸에 들어갈 단어를 선택하시오.

Ex | The candidate's argument was so _____ that no one could make sense of it.

(A) significant
(B) clear
(C) illogical

해석   후보의 주장은 너무도 _____해서 아무도 그것을 알아들을 수 없었다.
(A) 중요한   (B) 명백한   (C) 비논리적인

해설   so ~ that 구문의 결과를 나타내는 that절 이하에서 '알아들을 수 없었다(이해할 수 없었다)'라는 말로 보
아 원인을 나타내는 가장 적당한 단어는 '비논리적인'이라는 뜻을 가진 illogical이다.

어휘   candidate[kǽndidèit] n. 후보
argument[á:rgjumənt] n. 주장
make sense 알아듣다

정답   (C)

---

01 | Stamp collecting may be a _____ hobby for some but a waste of money for others.

(A) profitable   (B) stable   (C) vain

02 | In some situations it may be wiser to _____ a negative feeling than to reveal it.

(A) express   (B) hide   (C) show

03 | When it comes to publicity, an incumbent president obviously has more access to the press than other candidates. As a person _____ holding office, the president is automatically followed everywhere by the press.

(A) repeatedly   (B) immediately   (C) already

04 | Contrary to what many people assume, the very rich are seldom _____(1)_____ in their dress; they do not need to wear showy clothes to impress others. Secure in their wealth, they can afford to look _____(2)_____ and unimpressive.

(1) (A) sensible   (B) flashy   (C) modest
(2) (A) humble   (B) various   (C) strange

정답 p.271

● VOCABULARY ●

01   hobby[hábi] n. 취미   waste[weist] n. 낭비   profitable[práfitəbl] a. 이익이 되는   stable[stéibl] a. 안정된, 지속성이 있는

02   negative[négətiv] a. 부정적인   reveal[riví:l] v. 드러내다

03   publicity[pʌblísəti] n. 홍보, 선전   incumbent[inkʌ́mbənt] a. 현직의, 재직의   access[ǽkses] n. 접촉 기회, 접근
     press[pres] n. 언론   hold office 관직에 오르다   cf) take office 관직에 취임하다 (=inaugurate)
     automatically[ɔ̀:təmǽtikəli] ad. 자동적으로

04   contrary to ~와는 반대로   assume[əsú:m] v. 예상하다   seldom[séldəm] ad. 좀처럼 ~ 않다   showy[ʃóui] a. 화려한, 무익한
     can afford to ~할 여유가 있다   flashy[flǽʃi] a. 화려한(=showy)

● 여러 의미를 가진 영어 단어를 문맥에 어울리는 의미로 해석할 수 있어야 정확한 독해가 이루어진다.

 주어진 사전 뜻풀이 가운데, 문맥상 음영이 있는 단어의 의미로 적절한 것은?

Ex | Decreased demand for steel was grounds for restructuring in the company.

ground [graund] n.

(A) the solid surface of the earth
(B) a surrounding area
(C) a cause

해석   철의 수요의 감소는 회사 구조 조정의 이유였다.
      (A) 지구의 딱딱한 표면 (지면, 땅)
      (B) 둘러싼 지역
      (C) 이유

해설   ground의 대표적인 뜻에는 앞서 말한 3가지가 포함된다. 일반적으로 첫 번째 뜻을 많이 알고 있으나 여기
      에서는 감소된 수요가 회사의 구조 조정과 인과관계를 가지고 있으므로, 답은 '이유'가 된다.

어휘   **demand** [dimǽnd] n. 수요
      steel [stiːl] n. 철
      restructuring [rìːstrʌ́ktʃəriŋ] n. 구조 조정

정답   **(C)**

01

The Bushmen took possession of the fountains wherever they chose and shot the game that the Pygmies depended upon for food.

game [geim] n.

(A) play
(B) tactic
(C) animal

02

People who download music from the Internet should observe all copyright laws.

observe [əbzə́:rv] v.

(A) to watch attentively
(B) to celebrate
(C) to adhere to

03

The U.S. Constitution and the Bill of Rights established basic individual rights and the three branches of government. These sections are the legislative, executive, and judicial departments.

branch [bræntʃ] n.

(A) a natural subdivision of a plant stem
(B) a division of an organization
(C) a natural stream of water

04

In the Caribbean, a portion of the population is of mixed American Indian and African descent.

descent [disént] n.

(A) a decline; a fall
(B) family origin; lineage
(C) a sudden attack

정답 p.271

● VOCABULARY ●

01 **take possession of** ~을 소유하다   **fountain** [fáuntən] n. 샘

02 **copyright law** 저작권법   **attentively** [əténtivli] ad. 주의 깊게   **adhere to** ~을 고수하다, 지키다

03 **constitution** [kὰnstətjú:ʃən] n. 헌법   **the Bill of Rights** 권리장전   **legislative** [lédʒislèitiv] a. 입법의
    executive [igzékjutiv] a. 행정의   **judicial** [dʒu:díʃəl] a. 사법의   **subdivision** [sʌ́bdivìʒən] n. 일부

04 **mixed** [mikst] a. 혼혈의   **descent** [disént] n. 혈통   **lineage** [líniidʒ] n. 가계

③ 동일한 의미를 가진 단어 찾기

- 단어의 여러 의미 중 문맥 속에서 가지는 의미와 동일한 뜻을 나타내는 보기를 선택한다.
- 평소 동의어를 많이 익혀 두면 독해에 도움이 된다.

 음영된 단어의 동의어를 고르시오.

Ex | By **examining** the pattern of growth rings in the trunks of trees, geologists can learn about past climatic events, such as changes in temperature or precipitation.

(A) inspecting
(B) realizing
(C) measuring

해석 나무의 몸통에 있는 나이테 패턴을 조사함으로써, 지질학자들은 기온이나 강우량의 변화와 같은 과거의 기후상 일어난 일들을 알아낼 수 있다.

(A) 조사하는
(B) 깨닫는
(C) 측정하는

해설 examine은 '조사하다, 검토하다'라는 의미를 가지고 있다. inspect는 '조사하다, 검사하다'라는 의미를 가지고 있으므로 examine의 동의어는 inspect이다.

어휘 **growth ring** 나이테
trunk[trʌŋk] n. 나무의 몸통
geologist[dʒiɑ́lədʒist] n. 지질학자

정답 (A)

01 | Piaget concluded that as a child develops, he or she forms a mental design, or a collection of concepts that make it possible to understand the world.

(A) ideas   (B) rules   (C) methods

02 | The earliest known instrument used to indicate wind direction was built by an astronomer in Ancient Greece, and was shaped like the body of a man.

(A) follow   (B) keep   (C) show

03 | Because the moon has no atmosphere, the temperature on its surface can drop below negative 230 degrees Centigrade at night.

(A) remain   (B) fall   (C) rise

04 | Most plant-eating dinosaurs inhabited North America during the Mesozoic Era when overall temperatures were higher and big-leafed vegetation was more abundant.

(A) nutritious   (B) plentiful   (C) scarce

05 | Biologists continue to discover new species of aquatic animals, such as lobsters, shrimps, and crabs, in the deep ocean, and on coral reefs around the world.

(A) find   (B) seek   (C) research

정답 p.272

● VOCABULARY ●

01 conclude[kənklú:d] v. 결론을 내리다   form[fɔ:rm] v. 형성하다
02 instrument[ínstrəmənt] n. 도구   astronomer[əstránəmər] n. 천문학자
03 atmosphere[ǽtməsfiər] n. 대기   negative[négətiv] a. 영하의, 마이너스의
04 dinosaur[dáinəsɔ̀:r] n. 공룡   inhabit[inhǽbit] v. 서식하다   vegetation[vèdʒətéiʃən] n. 식물
05 biologist[baiálədʒist] n. 생물학자   species[spí:ʃi:z] n. 종   lobster[lábstər] n. 바닷가재   shrimp[ʃrimp] n. 새우
crab[kræb] n. 게

4 지칭하는 것 찾기

● 대명사가 가리키는 바를 꼼꼼히 짚고 넘어가는 것은 올바른 독해에 매우 중요하다.

 문장에서 음영이 있는 단어가 가리키는 것이 무엇인지를 고르시오.

Ex | The Italian government sent Raphael's painting to New York World's Fair in 1939, where it was exhibited. It now hangs in a palace in Florence, Italy.

(A) the Italian government
(B) the Raphael's painting
(C) the New York World's Fair

해석   이탈리아 정부는 Raphael의 그림을 1939년 뉴욕 세계 박람회에 보냈는데, 그곳에서 그것이 전시되었다. 그것은 현재 이탈리아의 Florence의 한 궁전에 걸려 있다.
(A) 이탈리아 정부
(B) Raphael의 그림
(C) 뉴욕 세계 박람회

해설   내용상 전시될 수 있는 것은 그림이다. 수동태 문장이므로 it은 전시하는 주체가 아니라 전시되는 대상이어야 한다. 그러므로 답은 Raphael의 그림이다.

어휘   **fair**[fɛər] n. 박람회
exhibit[igzíbit] v. 전시하다
palace[pǽlis] n. 궁전

정답   (B)

01 | Just as infants would like to model themselves on adults, immigrants to a country may want to imitate native citizens by adopting the latter's habits and ways of thinking.

(A) adults   (B) immigrants   (C) native citizens

02 | In Europe, the conflict between the Soviet Union and the Western Allies grew into the Cold War. In July 1949, the United States approved the North Atlantic Treaty. It joined with Canada and ten nations of Western Europe in promising a common defense against aggression for 20 years.

(A) the Soviet Union   (B) the North Atlantic Treaty   (C) the United States

03 | Lake Baikal in Siberia looks like an ordinary lake. Children laugh as they play ice hockey on its frozen surface.

(A) Lake Baikal   (B) ice hockey   (C) ordinary lake

04 | Releasing chemicals is a way many common plants fight against the insects and animals that want to eat them.

(A) insects   (B) animals   (C) plants

05 | Some of the planet's most severe storms are the hurricanes of the Atlantic Ocean, which produce winds reaching 74 miles per hour.

(A) planet   (B) storms   (C) hurricanes

정답 p.272

● VOCABULARY ●

01   **adult**[ədʌ́lt] n. 성인   **immigrant**[ímigrənt] n. 이민자   **adopt**[ədápt] v. 차용하다
02   **conflict**[kánflikt] n. 분쟁   **approve**[əprúːv] v. 승인하다   **the North Atlantic Treaty** 북대서양 조약   **defense**[diféns] n. 방어
     aggression[əgréʃən] n. (정당한 이유 없는) 공격, 침략
03   **ordinary**[ɔ́ːrdənèri] a. 일반적인   **frozen**[fróuzn] a. 얼어붙은   **surface**[sə́ːrfis] n. 표면
04   **release**[rilíːs] v. 방출하다   **chemical**[kémikəl] n. 화학물질(~s)
05   **severe**[səvíər] a. 맹렬한

지금까지 문장 완성하기, 아는 뜻으로만 쓰이지 않는 단어의 뜻 확인하기, 동일한 의미를 가진 단어 찾기, 대명사가 가리키는 대상 고르기에 관하여 살펴보았다. 이것은 모두 단어의 적절한 뜻과 쓰임 및 지시어가 가리키는 대상을 문맥 속에서 파악하는 능력을 키우기 위한 연습이었고, 실전 토플에서는 어휘(Vocabulary) 문제와 지시어(Reference) 문제에 다음과 같이 적용될 수 있다.

The color of the bird's egg

The most visible thing about the egg of birds is the shell because of its color. This is white in some birds and colored in others. Birds with white eggs tend to be either those who lay their eggs in dark and enclosed spaces such as owls and kingfishers or, primitive birds such as pelicans and cormorants. Birds that lay their eggs in more open and visible places have more colorful eggs. The coloration helps make the egg hard to see against the background, thus protecting the egg against predators. In some species that nest on the ground, this coloration is excellent camouflage.

Eggs get their color in the uterine region of the genital tract. The colors are derived from pigments obtained from broken down products of blood. The colors are added in patches as the egg moves through the bird's body. The pattern of the colors is controlled by the speed of the egg as it passes through the uterus and the degree of turning it undergoes while passing through.

새의 알의 색깔

새의 알에서 가장 돋보이는 것은 껍질인데 그것은 껍질의 색깔 때문이다. 이것은 일부 새의 경우 하얗고 일부의 경우는 색깔이 있다. 하얀색의 알을 낳는 새는 올빼미, 물총새와 같이 어둡고 밀폐된 공간에서 알을 낳는 새들이거나 펠리컨이나 가마우지와 같이 원시적인 새들인 경향이 있다. 좀 더 개방적이고 눈에 띄는 장소에서 알을 낳는 새들은 더 다채로운 색깔의 알을 낳는다. 착색은 알을 배경과 분간하기 어렵게 하고 따라서 포식자로부터 알을 보호할 수 있다. 땅에다가 둥지를 트는 몇몇 종의 경우 이러한 착색은 훌륭한 위장술이 된다.

알은 생식계의 자궁 부위에서 색깔을 얻는다. 색깔은 혈액의 구성 성분으로부터 얻어진 색소에서 유래된다. 알이 새의 몸을 통과해 움직이면서 색깔이 부분적으로 더해진다. 색깔의 패턴은 알이 자궁을 통과하는 속도와 자궁을 통과할 때 알이 겪는 회전의 정도에 의해서 결정된다.

---

enclosed [inklóuzd] a. 밀폐된, 둘러싸인　　**owl** [aul] n. 올빼미

kingfisher [kíŋfiʃər] n. 물총새　　**primitive** [prímətiv] a. 원시적인

pelican [pélikən] n. 펠리컨　　**cormorant** [kɔ́ːrmərənt] n. 가마우지

coloration [kÀləréiʃən] n. 착색　　**background** [bǽkgràund] n. 배경

predator [prédətər] n. 포식 동물　　**camouflage** [kǽməflàːʒ] n. 위장

uterine [júːtərin] a. 자궁의　　**region** [ríːdʒən] n. 부위

derive [diráiv] v. 유래하다　　**pigment** [pígmənt] n. 색소

in patches 부분적으로, 군데군데　　**uterus** [júːtərəs] n. 자궁

어휘(Vocabulary) 문제

The word "enclosed" in the passage is closest in meaning to

(A) confined

(B) desolated

(C) adorned

(D) occupied

해설　**단어의 여러 가지 사전적 의미 중 문맥에 어울리는 의미를 생각한다 (② 적용)**

enclosed는 둘러싸인, 동봉된 등의 의미를 가지고 있다. 여기에서는 spaces(공간)를 수식하는 역할을 하므로, 문맥에 어울리는 의미는 '둘러싸인'이다.

문맥에 어울리는 동의어를 찾는다 (③ 적용)

이와 같은 의미를 가진 단어는 '사방이 막힌'이라는 뜻을 가진 confined이다.

- desolated[désəlèitid] a. 쓸쓸한
- adorned[ədɔ́ːrnd] a. 장식된
- occupied[ákjupàid] a. 사용 중인

정답　**(A)**

지시어(Reference) 문제

The word "it" in the passage refers to

(A) the bird's body

(B) the color

(C) the egg

(D) the uterus

해설　**대명사가 지칭하는 바를 찾아낸다 (④ 적용)**

문장 내의 구조를 파악해 보면, The pattern of the colors is controlled by the speed of the egg ~ and the degree of turning it undergoes ~로 대등하게 연결되어 있고, '색깔의 패턴은 알의 속도와 알이 겪는 회전의 정도에 의해 결정된다'라고 해석되므로 it이 가리키는 대상이 앞서 언급된 the egg임을 알 수 있다.

정답　**(C)**

5일 작가의 숨은 뜻을 파악한다

1 함축된 의미 추론하기

- 저자는 자신의 생각을 글에서 직설적으로 표현하기도 하지만, 함축적으로 말하기도 한다.
- 이렇게 직접 표현되지 않은 작가의 생각을 정확하게 추론하는 것은 독해에 있어 매우 중요하다.
- 그러나 '전혀 말하지 않아도 아는 추론'은 절대 금물!

 주어진 문장을 통해 추론이 가능한 문장에는 ○표, 지문에 근거를 두지 않은 상상이나 비약 또는 잘못된 추론에는 ×표를 하시오.

Ex | Neil Anderson helped the poor with other musicians.
⇨ Neil Anderson is a poor musician. (　)

해석　Neil Anderson은 다른 음악가들과 함께 가난한 사람들을 도왔다.
⇨ Neil Anderson은 가난한 음악가이다.

해설　Neil Anderson이 다른 음악가들과 가난한 사람들을 도왔다는 말에서 그가 가난한 음악가라는 것은 잘못된 추론이다. 여기서 추론할 수 있는 것은 Neil Anderson이 음악가라는 사실이다. 이는 문장에서 직접 말하고 있지 않지만 'other musicians'라는 것을 통해 짐작해 볼 수 있다.

어휘　**the poor** 가난한 사람들

정답　×

01 Diesel engine cars are more efficient; however, most people purchase gasoline engine cars.
⇨ Efficiency may not be the most important criteria in choosing a car. ( )

02 It was not until the sixth century that Christianity became prevalent among the aristocracy.
⇨ Before the sixth century, Christianity prevailed among the nobility. ( )

03 Among biologist Ludwig von Bertalanffy's theories, the General Systems Theory was the most widely accepted.
⇨ Ludwig developed only one theory, the General Systems Theory. ( )

04 A long time ago, painting usually meant portrait painting.
⇨ Long time ago, portrait painting was the most predominant type of painting. ( )

05 The natives of the northern plains place hay in their tents to keep warm during the cold season.
⇨ The hay has the capacity to preserve heat. ( )

06 Child-resistant containers have significantly reduced accidental poisoning deaths.
⇨ Child-resistant containers heal sick children. ( )

07 Even "silent films" were not truly silent. There was a small orchestra in the theater.
⇨ Silent films were accompanied by musical compositions. ( )

정답 p.273

● VOCABULARY ●

01 efficient[ifíʃənt] a. 효율적인   purchase[pə́:rtʃəs] v. 구입하다   criterion[kraitíəriən] n. (판단의) 기준, 척도 (pl. criteria)
02 Christianity[krìstʃiǽnəti] n. 기독교   prevalent[prévələnt] a. 널리 퍼진, 유행하는   aristocracy[æ̀rəstάkrəsi] n. 귀족 사회
03 theory[θí:əri] n. 이론   accept[æksépt] v. 받아들이다
04 portrait painting 초상화   predominant[pridάmənənt] a. 두드러진
05 native[néitiv] n. 원주민   plain[plein] n. 평원   hay[hei] n. 건초
06 significantly[signífikəntli] ad. 크게   reduce[ridjú:s] v. 줄이다   poisoning death 약물 중독에 의한 사망
07 silent film 무성 영화   accompany[əkʌ́mpəni] v. 동반하다   composition[kàmpəzíʃən] n. 연주, 악곡

② 새로운 사물이나 개념에 대한 추론하기

- 어떤 사물이나 개념이 항상 원래 가지고 있는 뜻이나 개념 그대로 쓰이는 것은 아니다.
- 글을 읽으면서 정황상 추론하는 훈련을 한다.

 음영이 있는 단어가 의미하는 것을 고르시오.

Ex | One of the most exciting jobs of Viking was to look for life on Mars. A metal spoon was used to collect soil. Then the soil was tested for signs of life. But the test results were inconclusive.

(A) spacecraft
(B) soil on Mars
(C) pirate ship

해석　Viking의 가장 흥미로운 직무 중 하나는 화성에 있는 생물을 찾는 것이었다. 금속 숟가락이 토양을 수집하기 위해서 사용되었다. 그 후 그 토양은 생명의 징후가 있는지 검사되었다. 하지만 검사 결과는 불명확했다.

(A) 우주선　　　(B) 화성의 토양　　　(C) 해적선

해설　Viking은 일반적으로 해적을 나타내지만, 지문의 내용을 통해 화성의 생물을 찾는 임무로 보아 Viking이 우주선임을 알 수 있다.

어휘　look for ~을 찾다
inconclusive[ìnkənklúːsiv] a. 불명확한

정답　(A)

01 | Poison makes the wearer very attractive. It possesses a blend of amber, honey, berries, and other spices. Many experts classify it as a luxurious, oriental, floral fragrance. So Poison is especially recommended for romantic wear.

(A) perfume　　　　　(B) bikini　　　　　(C) alcohol

02 | In January 2003, the worm infected 120,000 systems around the world. It was making everybody's lives difficult. In Korea, the worm was especially troublesome due to the country's high Internet penetration rate. As such, the worm spread much more quickly and affected many computer users. In order to be better prepared in case of a recurrence, people should install the necessary security measures.

(A) biological disease　　　(B) insect　　　　　(C) computer virus

03 | The tube was first proposed for London by Charles Pearson, a city official, as part of a city improvement plan. It is used to transport large numbers of passengers within urban and suburban areas. After 10 years of discussion, Parliament authorized the construction of 3.75 miles (6km) of underground railway. Work on the tube began in 1860 by making trenches along the streets, digging underground, and then restoring the roadway on top. On January 10, 1863, the line was opened.

(A) tunnel　　　　　(B) subway　　　　　(C) city plan

정답 p.273

● VOCABULARY ●

01　wearer[wέərər] n. 사용하는 사람　　blend[blend] n. 혼합물　　amber[ǽmbər] n. 호박　　berry[béri] n. 딸기류의 열매
spice[spais] n. 향료　　expert[ékspəːrt] n. 전문가　　classify[klǽsəfài] v. 분류하다　　luxurious[lʌgʒúəriəs] a. 풍부한
oriental[ɔ̀:riéntl] a. 동양적인　　floral[flɔ́:rəl] a. 꽃의　　fragrance[fréigrəns] n. 향기

02　infect[infékt] v. 감염시키다　　troublesome[trʌ́blsəm] a. 골칫거리인　　penetration[pènətréiʃən] n. 침투, 시장 진출
rate[reit] n. 비율　　affect[əfékt] v. 영향을 미치다　　recurrence[rikə́:rəns] n. 재발　　install[instɔ́:l] v. 설치하다
security[sikjúərəti] n. 보안

03　improvement[imprúːvmənt] n. 개발, 개선　　transport[trænspɔ́ːrt] v. 운송하다　　suburban[səbə́:rbən] a. 교외의
Parliament[páːrləmənt] n. 영국 의회　　authorize[ɔ́:θəràiz] v. 승인하다　　construction[kənstrʌ́kʃən] n. 건설
trench[trentʃ] n. 도랑, 굴　　dig[dig] v. 파다　　restore[ristɔ́:r] v. 복구하다　　line[lain] n. 선로

- 글에서 직접 보여주지 않는 것을 추론하는 연습을 한다.
- 절대로 지문에서 주어진 이상의 것이나 틀린 것을 추론해서는 안 된다.

 주어진 글을 통해 추론이 가능한 것에는 ○, 추론이 불가능한 것에는 ×표 하시오.

Ex
In 1909 Leo H. Baekeland, a Belgian-born inventor in the United States, developed Bakelite. Bakelite is a hard, chemically resistant plastic. The success of Bakelite increased interest and investment in the plastics industry.

_____ (A) Bakelite was the first plastic in the twentieth century.
_____ (B) Before 1909, early plastics were not very successful.

해석   벨기에에서 태어난 미국의 발명가 Leo H. Baekeland는 1909년에 Bakelite을 개발했다. Bakelite은 단단하고 화학적으로 내성이 있는 플라스틱이다. Bakelite의 성공은 플라스틱 산업에 대한 관심과 투자를 증가시켰다.
(A) Bakelite은 20세기 최초의 플라스틱이다.
(B) 1909년 이전, 초기의 플라스틱은 그리 성공적이지 못했다.

해설   Bakelite의 성공으로 인해 플라스틱 산업에 대한 관심과 투자가 증가되었다고 했으므로 그 이전 플라스틱 시장이 별로 성공적이지 않았음을 알 수 있다.
(A) Bakelite이 20세기 최초의 플라스틱이라는 것을 암시하는 언급은 위 글에 없고, 플라스틱 산업에 대한 관심과 투자를 증가시켰다는 말로 보아, 이미 플라스틱 시장이 형성되었음을 알 수 있으므로 추론할 수 없다.

어휘   inventor[invéntər] n. 발명가
resistant[rizístənt] a. 내성이 있는, 저항성이 있는
investment[invéstmənt] n. 투자

정답   (A) ×   (B) ○

01 | Regional foods in the U.S. are becoming non-regional as people move from one area to another. For instance, New England's famous baked beans are served in Kentucky and Idaho. The popularity of chili has also spread across the country from the Mexican border regions. In addition, Maine lobsters and other east coast seafood specialties are served in the southern and western regions of the country.

_____ (A) Originally, a region's food was served only in that native region.
_____ (B) The popularity of American foods has spread to other countries.

02 | During digestion, sugar from food is absorbed into the bloodstream from the stomach and small intestine. The amount of sugar in the bloodstream must stay within a certain range for a person to remain healthy. Insulin, a hormone, helps keep this blood sugar level in the healthy range by guiding some sugar out of the blood and into individual cells.

_____ (A) Insulin is a substance that makes sugar.
_____ (B) Lack of insulin could make a person unhealthy.

03 | Celestial objects in the solar system travel around the sun in elliptical orbits that are close to being circular. Additionally, they travel in one direction around the sun and rotate in the same direction as the sun does. Of all the major objects, the planet Mercury and the dwarf planet Pluto are a little bit different. They have the most off-centered and most tilted orbits.

_____ (A) Mercury and Pluto rotate in a different direction from the sun.
_____ (B) Mercury and Pluto have the most deviant circular orbits.

정답 p.273

● VOCABULARY ●

01 popularity [pàpjulǽrəti] n. 인기   border region 국경 지대   specialty [spéʃəlti] n. 특산품
02 digestion [daidʒéstʃən] n. 소화   absorb [æbsɔ́:rb] v. 흡수하다   bloodstream [blʌ́dstrìːm] n. 혈류   stomach [stʌ́mək] n. 위
small intestine 소장   range [reindʒ] n. 범위   insulin [ínsəlin] n. 인슐린
03 elliptical [ilíptikəl] a. 타원형의   orbit [ɔ́:rbit] n. 궤도   circular [sɔ́:rkjulər] a. 원의   rotate [róuteit] v. 회전(순환)하다
Mercury [mɔ́:rkjuri] n. 수성   Pluto [plú:tou] n. 명왕성   off-centered [ɔ̀:fséntərd] a. 중심에서 벗어난, 균형을 잃은
tilt [tilt] v. 기울다   deviant [dí:viənt] a. (표준에서) 벗어난, 이상한

4 작가의 수사(Rhetoric) 이해하기

● 작가는 말하고자 하는 바를 효율적으로 전달하기 위해 수사적 표현을 사용한다.

  다음 빈칸에 들어갈 말로 바르게 짝지어진 것을 고르시오.

Ex

The size of a meteorite varies from microscopic to a very large mass several feet in diameter. For instance, they can be as small as a peanut or as large as a truck. Unusual weight is one of their more characteristic features. Iron meteorites are generally 3.5 times as heavy as ordinary Earth rocks, while stony meteorites are about 1.5 times as heavy.

The author mentions _____ in the passage to _____.

(A) a truck – exaggerate how big meteorites are
(B) a peanut – illustrate the variations in meteorite size
(C) ordinary Earth rocks – compare them with tiny meteorites

해석　운석의 크기는 미세한 크기에서 직경이 수 피트에 이르는 매우 큰 덩어리에 이르기까지 다양하다. 예를 들어, 운석은 땅콩만큼 작을 수도 있고 트럭만큼 클 수도 있다. 이례적인 무게는 운석의 특징적인 성질 중 하나이다. 돌로 된 운석은 일반적인 지구 암석의 무게의 약 1.5배인 반면, 철 운석은 보통 3.5배에 달한다.

작가는 _____하기 위해 지문에서 _____을 언급한다.

(A) 트럭 – 운석이 얼마나 큰지를 과장하기 위해
(B) 땅콩 – 운석 크기의 다양성을 예시하기 위해
(C) 일반적인 지구 암석 – 작은 운석과 비교하기 위해

해설　작가는 운석 크기의 다양함을 시각적으로 설명하기 위해, 작은 크기와 큰 크기를 각각 a peanut, a truck 에 비교하고 있다.

어휘　**meteorite**[míːtiəràit] n. 운석
microscopic[màikrəskάpik] a. 미세한
mass[mæs] n. 덩어리
diameter[daiǽmətər] n. 직경
characteristic[kæ̀riktərístik] a. 특징적인, 독특한
feature[fíːtʃər] n. 성질, 특징

정답　**(B)**

01 | Women in the United States gained the right to vote in 1920 after 72 years of concerted effort by women's movement and their male supporters. Women's suffrage, however, was still opposed by many politicians, conservative church groups, and even women themselves who believed that they only needed complete freedom within the home.

The author mentions _____ in the passage to _____.

(A) male supporters – give an example of a group that suffered from a discriminatory law
(B) many politicians – contrast them to political inclinations of church groups
(C) women themselves – emphasize the hostility to women's suffrage

02 | Controlling fire for the purposes of providing heat and light was one of humankind's first great achievements. Despite its usefulness, however, the self-sustaining nature of fire makes it extremely dangerous if uncontrolled. A destructive fire can be started by an accident involving a single cigarette. Fire has been both humanity's greatest friend and its most terrifying enemy.

The author mentions _____ in the passage to _____.

(A) a single cigarette – suggest that fire could be controlled easily if people are more careful
(B) greatest friend – describe the beneficial aspects of fire
(C) terrifying enemy – show how people have misunderstood the nature of fire

03 | Alaska became the forty-ninth state of the United States in 1959 after demonstrating itself as the gateway to a major gold deposit discovered in the Yukon. Ninety years earlier, however, Secretary of State Seward had with great difficulty persuaded Congress to buy it from Russia for $7,200,000. For many years people who failed to recognize the wisdom of this purchase called Alaska "Seward's Folly."

The author mentions _____ in the passage to _____.

(A) the forty-ninth state – support the idea that America overlooked the importance of Alaska
(B) $7,200,000 – argue that Seward paid much more money for Alaska than its worth
(C) Seward's Folly – show some people's disappointment regarding the purchase of Alaska

정답 p.274

● VOCABULARY ●

01 **concerted** [kənsə́ːrtid] a. 공동의   **suffrage** [sʌ́fridʒ] n. 참정권   **conservative** [kənsə́ːrvətiv] a. 보수적인
02 **achievement** [ətʃíːvmənt] n. 업적   **self-sustaining** [sélfsəstèiniŋ] a. 스스로 유지하는   **destructive** [distrʌ́ktiv] a. 파괴적인
03 **gateway** [géitwèi] n. 관문   **gold deposit** 금광상   **Secretary** [sékrətèri] n. 장관, 서기관

지금까지 문장과 글을 통한 추론, 단어의 개념 추론과 작가가 특정한 수사적 목적을 위해 사용했을 것으로 생각되는 단어나 구 고르기에 관하여 살펴보았다. 이것은 모두 지문에 직접적으로 서술되지 않은 바를 여러 단서를 통해 알아내는 능력을 키우기 위한 연습이었고, 실전 토플에서는 추론(Inference) 문제와 수사적 의도(Rhetorical Purpose) 문제에 다음과 같이 적용될 수 있다.

Journalism in colonial America

By modern standards, colonial newspapers were small publications featuring out-of-date, often toothless coverage of a small range of subjects. A typical publication might consist of four pages of stories about government and foreign affairs, the weather, and disasters such as fires or diseases. Illustrations were rare, and headlines generally were nonexistent. It could take at least a couple of weeks for the news of an event to appear in one of these papers, particularly if it took place abroad, and inaccuracies were common.

Perhaps the most noteworthy weakness of early American colonial newspapers, especially those printed in the first decade or two of the seventeenth century, was their reluctance to cover controversial topics. This was due to strict controls imposed by government authorities and a long tradition of British censorship. For example, Benjamin Harris's publication, *Publick Occurrences, Both Foreign and Domestick*, had the potential to become America's first newspaper. However, only one issue was printed in 1690, as it ran afoul of the Massachusetts licensing act. Without the protection of the First Amendment, newspapers had little chance of survival if they were critical of established authority.

toothless[túːθlis] a. 이가 빠진, 무력한 　coverage[kʌ́vəridʒ] n. (신문, 방송의) 보도
inaccuracy[inǽkjurəsi] n. 부정확함 　reluctance[rilʌ́ktəns] n. 꺼림, 마음 내키지 않음
controversial[kὰntrəvə́ːrʃəl] a. 논쟁의 여지가 있는 　authority[əθɔ́ːrəti] n. 당국
censorship[sénsərʃìp] n. 검열 (제도) 　run afoul of ~에 저촉되다

미국 식민 시대의 신문

현재의 기준으로 볼 때, 식민 시대의 신문은 적은 범주의 주제에 대한 시대에 뒤떨어진, 종종 이가 빠진 보도를 하는 소규모 출판물이었다. 전형적인 발행물은 정치나 외교, 날씨, 산불이나 질병과 같은 재해에 대한 이야기를 담고 있는 4페이지로 구성되었다. 삽화는 드물었고 머리기사는 일반적으로 존재하지도 않았다. 사건 소식이, 특히 외국에서 일어났을 경우, 이러한 신문에 실리는 데는 최소한 몇 주가 소요되었고 부정확함이 빈번하였다.

아마도 초기 미국 식민 시대, 특히 17세기 초반 10년에서 20년의 기간 동안 인쇄된 신문의 가장 두드러지는 약점은 논쟁의 여지가 있는 주제에 대해 싣기를 꺼려했다는 것이다. 이것은 정부 당국에 의해 부과된 엄격한 통제와 영국 검열 제도의 오랜 전통에 기인한다. 예를 들어, Benjamin Harris의 출판물인 'Publick Occurrences'는 미국의 최초 신문이 될 가능성이 있었다. 그러나 1690년 단 하나의 호만이 발행되었는데 그 신문이 매사추세츠 주 면허법에 저촉되었기 때문이다. First Amendment의 보호가 없었다면, 신문은 만일 확립된 정권에 대하여 비판적이라면 살아남을 가능성이 거의 없었다.

추론(Inference) 문제

According to the passage, what can be inferred about the First Amendment?

(A) It was adopted after the declaration of independence.
(B) It was the act which promised freedom of the press.
(C) It was supported by the British government.
(D) It was similar to the Massachusetts licensing act.

해설 **문맥을 통하여 추론한다 (① & ② & ③ 적용)**

First Amendment는 단어 뜻 자체로는 '첫 번째 개정'이고 이것만으로는 아무런 정보도 주지 못한다. 이렇게 생소한 개념은 그 단어가 쓰인 문맥의 정황상 파악해야 하는데 문장 내에서 First Amendment가 없었다면 정권에 적대적인 언론이 살아남기 힘들었다고 하였으므로 First Amendment는 언론을 보호하는 장치임을 추론할 수 있다.

또한 앞뒤의 문맥에서 First Amendment는 the Massachusetts licensing act와 같은 범주에 속하지만 그 본질을 달리하는 어떤 것이라는 추론이 가능하다. 즉 First Amendment는 매사추세츠 법안과 같이 법률의 범주에 속하면서도, 신문사의 문을 닫게 만든 매사추세츠 면허법과는 성질이 다른 '언론의 자유를 보장하는 법률이다'라는 추론이 가능하다.

정답 **(B)**

수사적 의도(Rhetorical Purpose) 문제

Why does the author mention "a couple of weeks" in the passage?

(A) To illustrate the ineffectiveness of news report system in colonial America
(B) To state the average delay between actual events and their coverage
(C) To contrast the qualities of American newspapers with those of other countries
(D) To emphasize the negative influence of censorship on the development of the press

해설 **수사적 표현을 이해한다 (④ 적용)**

작가가 일정 기간의 시간을 언급한 것은 문자 그대로 어떠한 사건이 기사화되는 데 걸리는 시간에 대한 정보를 주기 위함이 아님을 행간을 통해 읽을 수 있다. a couple of weeks는 작가의 수사적 의도에 의해 쓰였으며 '오랜 시간'의 의미를 함축하고 있어 당시 언론의 뉴스 보도 체계가 얼마나 비효율적이었는지를 보여주기 위한 것이다.

정답 **(A)**

2nd Week

리딩 문제 유형 공략하기 (1)

1일   일치(Fact) 문제

◾ 일치 문제 살펴보기

일치 문제를 '재진술(Restatement) 문제'라고도 하는데, 이는 일치 문제가 지문에서 언급된 내용을 재진술 (Restate)하여 질문으로 제시하기 때문이다. 일치 문제는 크게 지문의 일부에서 언급된 특정 정보나 사실과의 일치 여부를 묻는 문제와 지문 전반에 걸친 내용과의 일치 여부를 묻는 문제가 있다. 이 두 가지 문제를 푸는 접근 방식은 기본적으로 같으나, 후자의 경우 지문의 전체 구조를 함께 파악해야 하므로 조금 더 난도가 높다.

◾ 질문의 형태

지문의 일부에서 언급된 특정 정보나 사실과의 일치를 묻는 문제

특정정보파악   According to the passage, what/why/when/where/how _____?
                   지문에 의하면, 무엇이/왜/언제/어디에서/어떻게 _____ 했는가?

사실여부파악   According to paragraph #, which of the following is true of _____?
                   단락 #에 의하면, 다음 중 _____에 관해 사실인 것은?

지문 전반에 걸친 내용과의 일치를 묻는 문제

According to the passage, which of the following is true of _____?
지문에 의하면, 다음 중 _____에 관해 사실인 것은?

According to the passage, the author states that . . .
지문에 의하면, 작가는 …라고 말한다.

◾ 선택지의 형태

지문에 나왔던 내용들이 구나 문장의 형태로 제시된다.

오답의 분석

일치 문제에서는 오답 확인이 매우 중요하다. 선택지에 나오는 내용이 대부분 이미 지문에서 다루어졌던 내용이거나, 때로는 상식적으로 생각할 때 맞는 내용일 수 있으므로, 지문에 근거해서 하나하나 따져 나가지 않으면 실수하기 쉽다. 대표적인 오답의 유형은 아래와 같다.

(1) 지문에서 전혀 언급되지 않은 것
(2) 지문에서 언급된 사실과 다른 것
  − 초점을 벗어나거나 과장해서 진술한 것
  − 주어와 객체/순서/인과관계가 뒤바뀐 것
  − 시제가 불일치하는 것

▶ 문제 풀이 전략

1. 주어진 문제와 선택지에 포함된 핵심어(Keyword: 주로 이름, 연도, 다른 명사들)들을 확인하고, 무엇을 묻고 있는지 확실하게 파악한다.

2. 문제의 내용이 지문의 어떤 부분에서 재진술(Restate)되어 있는지 찾는다. 일치 문제는 반드시 지문에 언급된 내용을 재진술하여 문제를 만든다는 것을 명심하라!

   Tip 토플은 지문에 나온 내용순으로 문제가 출제되므로, 앞 문제의 답의 단서가 되는 부분의 다음부터 답을 찾으면 된다.

3. 지문에서 해당 문제가 재진술되었다고 판단되는 부분의 문장과, 필요하면 그 앞뒤의 문장을 아주 세심하게 읽는다. 그곳에 반드시 질문의 답이 있다.

4. 지문 전반과의 일치 문제는 지문 전체 구조와 함께 선택지와 지문의 재진술 부분을 따져 본다.

Daily Check-up

🌲 글을 읽고 선택지의 내용이 지문과 일치하면 T(True), 일치하지 않으면 F(False)라고 쓰시오.

01 | The chameleon goby, a native fish of China, Korea, eastern Siberia, and Japan, was introduced into San Francisco Bay during the 1950s. It uses old oysters or clam shells as its nesting site, and lays eggs on the inner surface of the shell in a single layer. But because there are no oyster beds in the San Francisco Bay, the chameleon goby usually uses cans and bottles as spawning sites.

_____ (A) It is difficult for the chameleon goby to spawn in the San Francisco Bay because there are no oyster beds.

_____ (B) Cans and bottles are usually utilized for the chameleon goby to spawn in the San Francisco Bay.

_____ (C) In the San Francisco Bay, the chameleon goby prefers cans and bottles than oyster beds for depositing its eggs.

02 | Louis-Jacques-Mande Daguerre is credited with the discovery of the first photographic process in France in 1839. Daguerre was aided in his discovery by another Frenchman named Joseph-Nicephore Niepce. In 1827, Niepce and Daguerre formed a partnership and collectively worked on perfecting the world's first practical photographic process. Several years after Niepce's untimely death in 1833, Daguerre introduced the daguerreotype process. These Daguerreotypes were popular from 1839 to 1860.

_____ (A) Daguerre waited until Niepce died so that he could introduce the daguerreotype process by himself in 1833.

_____ (B) After Niepce and Daguerre introduced the daguerreotype process, Niepce died in 1833.

_____ (C) Niepce unfortunately died in 1833 before seeing the introduction of the daguerreotypes.

03 | After 400 AD, the Egyptian language was written in the Greek alphabet. It has several extra letters to represent Egyptian sounds that didn't exist in Greek. This form of Egyptian is called Coptic, and was in turn eventually replaced by Arabic, the language spoken in Egypt today. In the end, Coptic, the ancient Egyptian written language, died out, and only the hieroglyphics or writing that uses pictorial symbols remained.

_____ (A) Coptic, the ancient written language, was replaced by hieroglyphics.
_____ (B) The Greeks borrowed Egyptian hieroglyphics for writing.
_____ (C) Hieroglyphics lasted while Coptic disappeared.

정답 p.275

● VOCABULARY ●

01 **goby** [góubi] n. 망둥이   **clam** [klæm] n. 대합조개   **bed** [bed] n. 양식장   **spawn** [spɔːn] v. 산란하다   **deposit** [dipázit] v. 낳다
02 **be credited with** ~로 명성을 얻다   **aid** [eid] v. 돕다   **partnership** [páːrtnərʃìp] n. 제휴   **collectively** [kəléktivli] ad. 함께
03 **letter** [létər] n. 글자   **represent** [rèprizént] v. 나타내다   **hieroglyphic** [hàiərəglífik] n. 상형문자

04 | In October 1920, people began to panic and sell their shares rapidly. On a single day, almost 13 million shares were sold on the New York Stock Exchange. This started the crisis known as the "Wall Street Crash." It soon affected the whole world. Many people lost all their money, banks and businesses closed, and unemployment began to rise. The situation was made worse by a drought in the Great Plains.

Underline the sentence that indicates the effects of the "Wall Street Crash."

05 | Salmon breed in fresh waters and spend their adult life in the sea. When the adults reach a certain age, they migrate back towards the rivers where they were spawned and begin to swim upstream. Spawning occurs in fast-flowing, oxygen-rich water where the bottom consists of small stones and gravel. Once they have bred, it is usual for the adult salmon to die.

Underline the sentence that explains the conditions in which salmon lay eggs.

06 | At a certain time each day or each year, a chicken lays an egg, people feel sleepy, and a tree loses its leaves. All of these things, and many more, happen in a certain way. They take place because of something called an "internal clock." The word "internal" means "inside of," and the internal clock is inside a certain part of every plant and animal. The internal clock receives a signal or message from the world around it. Some of these signals include light, heat, dark, and cold.

Underline the sentence that states the definition of an internal clock.

07 Bat wings are made of greatly lengthened hand and arm bones covered by a wide membrane or skin. The skin is attached to the lower leg near the ankle so that the wing is length of the body. Using powerful muscles, the bat doesn't just flap its wings up and down like a bird, but rather swims through the air reaching forward in an action much like a breast stroke of up to 20 beats a second. It can also glide on air currents much like a gull or hawk.

Underline the sentence that describes the distinction in the way bats and birds fly.

08 The first railroads to build tracks from the Missouri and Mississippi Rivers to the Pacific Ocean were the Central Pacific and Union Pacific. The Central Pacific built tracks from Sacramento to over the Sierra Nevada Mountains. They had a difficult time building bridges and digging tunnels. Meanwhile, the Union Pacific began building westward out of Omaha, Nebraska. Construction was faster across the plains, but they had to fight Indians along the way. These Central Pacific and Union Pacific Railroads met and joined together at Promontory, Utah, in May 1869.

Underline the sentence that describes the problems in building the Union Pacific tracks.

정답 p.275

● **VOCABULARY** ●

04 **panic** [pǽnik] v. 당황하다　**share** [ʃɛər] n. 주식　**rapidly** [rǽpidli] ad. 급히, 신속히　**Stock Exchange** 증권 거래소
crisis [kráisis] n. 위기　**affect** [əfékt] v. 영향을 미치다

05 **breed** [briːd] v. 산란하다　**adult life** 성숙기　**spawn** [spɔːn] v. 산란하다, 낳다

06 **lay** [lei] v. (알을) 낳다　**internal clock** 내부 시계, 체내 시계　**mean** [miːn] v. 의미하다　**receive** [risíːv] v. 받다
signal [sígnəl] n. 신호

07 **be made of** (특정한 물질)로 이루어져 있다　**lengthen** [léŋkθən] v. 연장하다　**membrane** [mémbrein] n. 막
ankle [ǽŋkl] n. 발목　**flap** [flæp] v. 퍼덕거리다　**air current** 기류　**gull** [gʌl] n. 갈매기　**hawk** [hɔːk] n. 매

08 **track** [træk] n. 철로　**over** [óuvər] prep. ~을 넘어

09 The fierce grizzly bear was a danger to the lives of early settlers in mountains of the western United States. This huge animal stole food. It also took the lives of many people, cows, and horses. For these reasons, the settlers went to war against the grizzly. By 1931, the grizzly bear had been killed off in five western states. Today, people are worried that the grizzly bear may become extinct.

Which of the following statements is supported by the passage?

(A) Early settlers killed grizzly bears for food.
(B) The number of grizzly bears sharply fell in the early twentieth century.
(C) Grizzly bears posed a threat to the timber industry.

10 There are already more than 5,000 robots at work in routine jobs throughout the world. Auto manufacturing is one industry that is finding these mechanical helpers useful. Plants that handle radioactive materials also use robots because the work is a threat to human safety. Some scientists are working on Artificial Intelligence or AI for robots. Through its use, some robots can come to have decision-making abilities. However, robots in the future will not be able to take over human work completely. After all, robots are nothing more than machines.

According to the passage, robots of the future will

(A) not threaten human safety
(B) not entirely replace humans
(C) not be able to test radioactive materials

11 When people began traveling hundreds of miles a day by train, calculating the time became a problem. Railroad lines also needed to create schedules for departures and arrivals, but every city had a different time. Railroad managers tried to address the problem by establishing 100 different railroad time zones. However, with so many time zones, different railroad lines were sometimes on different time systems, and scheduling remained confusing and uncertain. At last, on November 18, 1883, four standard time zones for the continental U.S. were introduced at the urging of the railroads.

According to the passage, which of the following is true about the four standard time zones?

(A) They made scheduling difficult and confusing.

(B) They lasted for a short period of time.

(C) They were implemented due to demands from railroads.

정답 p.276

● VOCABULARY ●────────────────────────────────

09 fierce [fiərs] a. 사나운 grizzly bear 회색곰 extinct [ikstíŋkt] a. 멸종된, 절멸한

10 radioactive [rèidiouǽktiv] a. 방사성이 있는 Artificial Intelligence 인공 지능

11 departure [dipá:rtʃər] n. 출발 arrival [əráivəl] n. 도착 manager [mǽnidʒər] n. 관리자 address [ədrés] v. 처리하다
    establish [istǽbliʃ] v. 만들다 standard time zone 표준 시간대 urge [əːrdʒ] v. 재촉하다, 강요하다

2주 1일 일치(Fact) 문제 83

Daily Test

🌱 지문을 읽고 물음에 답하시오.

01 | The word LASER stands for "Light Amplification by Stimulated Emission of Radiation." Basically, the laser is the same kind of light that shines from a lamp bulb, but there are differences. The light from a bulb is diffused or spread out over a room; the light from a laser travels in a very narrow beam. Initially, scientists found that by shining light through certain crystals or gases, they could keep the light from spreading. At the same time, the light becomes amplified, or stronger, as mirrors reflect it back and forth through the crystals or gases. In this way, the light is forced to move in one straight super beam or laser.

A variety of lasers are available to do different jobs. In industry, a laser's light energy can become heat to weld or mend metal parts and to burn away dirt from stone buildings. Lasers are also used in hospitals. The heating action of laser light beams can sterilize instruments or weld tiny blood vessels during delicate surgery. In communications, a laser beam can carry many voice messages and television signals at the same time.

● VOCABULARY ●

stand for ~을 의미하다   bulb [bʌlb] n. 전구   diffused [difjúːzd] a. 분산된, 널리 퍼진   narrow [nǽrou] a. 가는, 좁은
beam [biːm] n. 광선   amplify [ǽmpləfài] v. 증폭하다   reflect [riflékt] v. 반사하다   super beam 초광선
weld [weld] v. 용접하다, 접합하다   dirt [dəːrt] n. 먼지   sterilize [stérəlàiz] v. 살균하다, 소독하다
delicate [délikət] a. 정교한, 주의가 필요한   surgery [sə́ːrdʒəri] n. 수술   carry [kǽri] v. 전송하다, 나르다

1. The word "diffused" in the passage is closest in meaning to

   (A) belittled
   (B) placed
   (C) pervaded
   (D) applied

2. According to the passage, what is the difference between light from a laser and light from a bulb?

   (A) Light from a bulb is brighter.
   (B) Light from a laser is more dispersed.
   (C) Light from a bulb is stronger.
   (D) Light from a laser is finer.

3. According to the passage, what did scientists use to amplify light?

   (A) Mirrors
   (B) Gases
   (C) Metal
   (D) Narrow beams

4. According to the passage, how are lasers used in hospitals?

   (A) To send message signals
   (B) To weld instruments
   (C) To clean dirt
   (D) To connect blood vessels

정답 p.276

🌲 지문을 읽고 물음에 답하시오.

02 | Comets are sometimes called dirty snowballs since over half of their material is ice and dirt. Vast numbers of them live at the very edge of the solar system. When one travels close to the Sun, it grows a giant head and two tails. The head of the comet consists of a coma and a nucleus. A small, bright nucleus (less than 10km in diameter) is visible in the middle of the coma. As comets approach the Sun, they develop enormous tails. Every comet has two tails, an ion tail and a dust tail, which extend for millions of kilometers from the head.

British astronomer Edmond Halley noticed that the records for the bright comets of 1531, 1607, and 1682 showed that all three comets had very similar orbits. He concluded that all three were actually the same comet, trapped by the gravitational pull of the outer planets. He further predicted that the comet would return in 1758-59. The comet was sighted again on Christmas night 1758 and was then named in the late astronomer's honor.

● VOCABULARY ●

comet[kámit] n. 혜성   snowball[snóubɔ̀:l] n. 눈덩이   vast[væst] a. 엄청난   edge[edʒ] n. 가장자리
coma[kóumə] n. 코마(혜성 주위의 성운 모양의 물질)   ion[áiən] n. [화학] 이온   extend[iksténd] v. 뻗다
astronomer[əstránəmər] n. 천문학자   notice[nóutis] v. 주목하다   orbit[ɔ́:rbit] n. 궤도   trap[træp] v. 가두다, 덫으로 잡다
gravitational[grævətéiʃənl] a. 중력의   further[fə́:rðər] ad. 나아가   late[leit] a. 고(故)

1. According to the passage, when are tails made?

   (A) As comets reach the very edge of the solar system
   (B) As comets orbit around similar objects
   (C) As comets form a bright nucleus
   (D) As comets near the Sun

2. According to the passage, where is the coma?

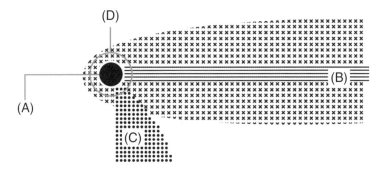

3. The word "predicted" in the passage is closest in meaning to

   (A) foretold
   (B) pretended
   (C) overtook
   (D) performed

4. According to the passage, why did Halley's Comet receive its name?

   (A) To celebrate Christmas night in 1758
   (B) To recognize Edmond Halley's prediction
   (C) To remember Edmond Halley's theory on the size of the comet
   (D) To acknowledge the need for further studies in astronomy

정답 p.277

2일 불일치(Negative Fact) 문제

◢ 불일치 문제 살펴보기

불일치(Negative Fact) 문제는 앞서 배운 일치 문제와 기본 접근 방식은 동일하지만, 일치하는 것이 아닌 일치하지 않는 것을 고르는 문제이다. 크게 지문의 일부에 언급된 특정 정보나 사실과 일치하지 않는 것을 고르는 문제와 지문 전반에 걸친 내용과 불일치하는 것을 고르는 문제 두 가지로 나뉜다. 출제 비율은 일치 문제에 비해 낮고, 문제에 NOT이나 EXCEPT 등이 포함되어 있다.

◢ 질문의 형태

지문의 일부에서 언급한 특정 정보나 사실과의 불일치를 묻는 문제

According to paragraph #, all of the following are mentioned EXCEPT . . .
단락 #에 의하면, 다음은 …만 제외하고 모두 언급되었다.

According to paragraph #, which of the following is NOT true of _____?
단락 #에 의하면, 다음 중 _____에 관해 사실이 아닌 것은?

All of the following are _____ EXCEPT . . .
다음의 모두는 …만 제외하고 _____하다.

지문 전반에 걸친 내용과의 불일치를 묻는 문제

According to the passage, all of the following are true EXCEPT . . .
지문에 의하면, 다음은 …만 제외하고 모두 사실이다.

According to the passage, which of the following is NOT true of _____?
지문에 의하면, 다음 중 _____에 관해 사실이 아닌 것은?

◢ 선택지의 형태

지문에 나왔던 내용들이 구나 문장의 형태로 제시된다.

불일치 문제에서는 앞서 배운 일치 문제와 반대로, 지문에 언급된 내용과 일치하는 것들이 오답이 된다.

▶ 문제 풀이 전략

1. 주어진 문제와 선택지에 포함된 핵심어(Keyword: 주로 이름, 연도, 다른 명사들)들을 확인하고, 무엇을 묻고 있는지 확실하게 파악한다. 문제의 NOT과 EXCEPT를 주의 깊게 확인한다.

2. 문제의 내용이 지문의 어떤 부분에 재진술(Restate)되어 있는지 찾는다. 불일치 문제는 반드시 지문에 언급된 내용을 재진술하여 문제를 만든다는 것을 명심하라!

3. 지문에서 해당 문제가 재진술되었다고 판단되는 부분의 문장과, 필요하면 그 앞뒤의 문장을 아주 세심하게 읽는다. 그곳에 반드시 질문의 답이 있다.

4. 지문 전반과의 불일치 문제는 선택지 하나하나와 지문의 불일치를 따져 나간다.

Daily Check-up

🌲 지문을 읽고 물음에 답하시오.

01 | Deer live mainly in forests but may be found in habitats as diverse as deserts, tundra, swamps, and high mountainsides. They have also been sighted in urban areas such as cities and parks. They have been able to survive and thrive in diverse areas due to their ability to adapt to varying conditions.

Which of the following is NOT mentioned as an area in which deer inhabit?

(A) Urban areas   (B) Deserts   (C) Jungles

02 | Although the origins and development of the fresco are unclear, evidence of frescoes dates back to the Minoan civilization of Crete in the second millennium BC. Artists continued to paint frescoes throughout the Greek, Roman, and Byzantine Empires. Though few Greek frescoes have survived, many examples of Roman frescoes are found in Herculaneum and Pompeii. Early Christians from about 250 to 400 AD even decorated Roman catacombs with simple frescoes. Catacombs were places of burial, found mainly in Rome.

According to the passage, frescoes were drawn in all of the following EXCEPT

(A) Roman Empire   (B) Islamic Empire   (C) Byzantine Empire

● VOCABULARY ●

01 **diverse**[divə́ːrs] a. 다양한   **tundra**[tʌ́ndrə] n. 툰드라, 동토대   **swamp**[swɑmp] n. 늪, 습지
   mountainside[màuntənsáid] n. 산 중턱, 산허리   **survive**[sərváiv] v. 살다, 생존하다   **thrive**[θraiv] v. 번성하다
   due to ~ 덕분에, ~ 때문에   **varying**[vέəriŋ] a. 변화하는

02 **fresco**[frέskou] n. 프레스코 벽화   **catacomb**[kǽtəkòum] n. 지하 묘지 (~s)

03 Not all snowflakes are the same on all sides. Uneven temperatures, presence of dirt, and other factors may cause a snowflake to be lopsided. Yet it is true that many snowflakes are symmetrical. This is because a snowflake's shape reflects the internal order of the water molecules. Water molecules in the solid state, such as in ice and snow, form weak bonds with one another. These ordered arrangements result in the symmetrical, hexagonal shape of the snowflake.

According to the passage, all of the following cause snowflakes to be unbalanced EXCEPT

(A) weak bonds   (B) irregular temperatures   (C) dirt

04 The layer of rock below the crust is called the mantle. This is about 2,900km thick and contains most of the mass of the Earth. The upper part of the mantle is solid but at greater depths the heat causes the rock to behave more like a liquid. The high pressure, however, stops the rock from melting. It becomes "plastic" at temperatures in excess of 1,000°C and can flow. The plastics are mainly composed of iron(Fe), magnesium(Mg), aluminum(Al), silicon(Si), and oxygen(O) compounds.

According to the passage, plastic in the mantle is NOT made up of

(A) carbon   (B) magnesium   (C) oxygen

정답 p.277

● VOCABULARY ●

03 **snowflake**[snóuflèik] n. 눈송이   **uneven**[ʌníːvən] a. 균일하지 않은   **lopsided**[lápsàidid] a. 불균형적인, 한쪽으로 기울어진
symmetrical[simétrikəl] a. 대칭적인   **internal**[intə́ːrnl] a. 내부의   **molecule**[máləkjùːl] n. 분자   **bond**[bɑnd] n. 결합
hexagonal[heksǽgənl] a. 육각형의

04 **crust**[krʌst] n. 지각   **mantle**[mǽntl] n. 맨틀   **contain**[kəntéin] v. 포함하다   **mass**[mæs] n. 질량, 부피
excess[iksés] n. 초과   **iron**[áiərn] n. 철   **magnesium**[mægníːziəm] n. 마그네슘   **aluminum**[əlúːmənəm] n. 알루미늄
silicon[sílikən] n. 규소   **oxygen**[άksidʒən] n. 산소   **compound**[kάmpaund] n. 화합물

🌲 지문을 읽고 물음에 답하시오.

05

From 1789 to 1850 the United States established itself as one of the great democracies in the world. Its population increased from less than 4 million to more than 23 million. At the same time, it more than tripled its area to include almost 3 million square miles. The growing strength of the nation was shown by the addition of 18 states.

According to the passage, which of the following did NOT occur in the United States during the period of 1789 to 1850?

(A) The number of people multiplied.
(B) Area was divided into three parts.
(C) The U.S. grew in power.

06

When two people engage in a conversation, they tend to keep a specific distance from one another. This personal distance is not due to body odor or disrespect, but rather to the constraints of an invisible boundary. Everyone constructs this boundary to express the amount of intimacy that determines his/her relationship to the other individual. Interestingly, the average personal distance varies from culture to culture. North Americans tend to require more personal space than people in other cultures.

Which of the following is NOT true of personal distance?

(A) It stems from a lack of respect for another individual.
(B) It differs from culture to culture.
(C) It is usually wider in North America than in other countries.

● VOCABULARY ●

05 **establish** [istǽbliʃ] v. 자리 잡게 하다   **democracy** [dimákrəsi] n. 민주주의 국가   **triple** [trípl] v. 3배가 되다
square [skwɛər] n. 제곱, 정사각형   **strength** [streŋkθ] n. 세력, 힘, 위력   **addition** [ədíʃən] n. 추가

06 **conversation** [kὰnvərséiʃən] n. 대화   **tend to** ~하는 경향이 있다   **distance** [dístəns] n. 거리
personal [pə́rsənl] a. 개인의   **odor** [óudər] n. 냄새   **disrespect** [dìsrispékt] n. 경멸   **rather** [rǽðər] ad. 오히려, 도리어
constraint [kənstréint] n. 제약   **invisible** [invízəbl] a. 보이지 않는   **boundary** [báundəri] n. 경계
express [iksprés] v. 표현하다   **intimacy** [íntəməsi] n. 친밀도   **relationship** [riléiʃənʃip] n. 관계
require [rikwáiər] v. 요구하다   **stem from** ~에서 연유하다   **lack** [læk] n. 부족

07 | William Wordsworth is best known as the poet of nature. He was born on April 7, 1770, in Cockermouth, England. Wordsworth's life was peaceful and uneventful. However, during his second visit to France he became interested in the French Revolution, so he decided to join the fighters for freedom. But his family disapproved and stopped sending him money. The lack of funds brought him back to England late in 1792, and then he decided to devote his life to poetry.

According to the passage, all of the following are true about Wordsworth EXCEPT:

(A) He developed an interest in the French Revolution.
(B) He eventually determined to devote his life to poetry.
(C) He was born in France.

08 | While antibiotics inhibit the growth of or destroy certain microorganisms, they also cause toxic side effects. Some, like penicillin, are highly allergenic and can cause skin rashes and shock. Others, such as tetracyclines, cause major changes in the intestinal bacterial population and can result in superinfection by fungi and other microorganisms. Chloramphenicol, which is now restricted in use, produces severe blood diseases, and use of streptomycin can result in ear and kidney damage.

According to the passage, all of the following are side effects of antibiotics EXCEPT

(A) kidney damage
(B) skin rashes
(C) headaches

정답 p.278

● VOCABULARY ●

07 **uneventful**[ʌ̀nivéntfəl] a. 단조로운   **visit**[vízit] n. 방문   **fighter**[fáitər] n. 투쟁자
disapprove[dìsəprúːv] v. 찬성하지 않다   **send**[send] v. 보내다   **fund**[fʌnd] n. 자금

08 **antibiotic**[æ̀ntibaiátik] n. 항생제   **inhibit**[inhíbit] v. 억제하다   **microorganism**[màikrouɔ́ːrɡənizəm] n. 미생물
toxic[táksik] a. 유독한   **side effect** 부작용   **penicillin**[pènəsílin] n. 페니실린
allergenic[æ̀lərdʒénik] a. 알레르기를 일으키는   **skin rash** 피부 발진
tetracycline[tètrəsáikliːn] n. 테트라사이클린(항생제)   **superinfection**[súːpərinfèkʃən] n. 중복 감염
fungus[fʌ́ŋɡəs] n. 진균류, 효모균 (pl. fungi)   **streptomycin**[strèptəmáisn] n. 스트렙토마이신(항생제)   **kidney**[kídni] n. 신장

09

The night sky is filled with a strange rainbow of color. Huge ribbons of color flicker across the sky and then disappear. Sometimes, radios stop working, and electricity goes out in some places. These strange occurrences usually happen near the Earth's northern or southern extremities. Scientists believe that they are caused by solar storms. During a solar storm, the sun blasts powerful energy to the Earth. This extra-strong energy is produced when the nuclei of two atoms fuse, or come together, to form a new material that has a single, heavier nucleus. This process is called fusion. Fusion requires a very high temperature and produces a great amount of energy.

According to the passage, all of the following are true EXCEPT:

(A) Unusual phenomena in the sky are common in the Polar Regions.
(B) Intense energy from the sun reaches the Earth during a solar storm.
(C) High temperatures and much energy result from fusion.

10

Each year, a tree wraps a new layer of wood around itself. So when a tree trunk or branch is cut, there are layers of wood that look like rings. Looking at a fallen tree, it is also possible to see the growth rings. By counting tree rings people can tell how old a tree is. Although a tree makes a new ring every year, not every ring is the same. In wet and warm years, tree rings grow well, whereas in cold and dry years, they hardly grow at all. A thin annual ring therefore indicates a cold year and a thick ring suggests a warm year. Since the summers and winters of consecutive years are never completely the same, the rings of trees show an irregular pattern. For example, thick and thin rings alternate without any particular pattern.

According to the passage, all of the following are true EXCEPT:

(A) The rings of a tree are uneven.
(B) Tree rings rarely develop during warm weather.
(C) The number of tree rings indicates age.

11

Hydroelectric power is produced as water passes through a dam. The more water that passes through a dam, the more energy is produced. Hydroelectric electricity is produced by a device called a turbine. Turbines contain metal coils surrounded by magnets. When the magnets spin over the metal coils, electricity is produced. These turbines are located inside dams, and the falling water spins the magnets. Dams provide clean, pollution-free energy, but they can also harm the environment. Species that use rivers to spawn are often hurt by dams. In the Northwest, sockeye salmon and trout populations have dropped from 16 million to 2.5 million since hydroelectric plants were built on the Columbia River.

According to the passage, all of the following are true EXCEPT:

(A) The amount of generated energy is relative to the volume of water that goes through a dam.
(B) The creation of energy is dependent on the rotation of the magnets.
(C) A hydroelectric power system often causes water pollution that is harmful to many species.

정답 p.278

● VOCABULARY ●

09 **be filled with** ~로 가득차다 **huge**[hju:dʒ] a. 거대한 **flicker**[flíkər] v. 나부끼다 **then**[ðen] ad. 그 후에
disappear[dìsəpíər] v. 사라지다 **go out** (전기가) 나가다 **occurrence**[əkə́:rəns] n. 일, 사건 **solar storm** 태양 폭풍
blast[blæst] v. 발사하다, 폭발하다 **nucleus**[njú:kliəs] n. 핵 (pl. nuclei) **heavy**[hévi] a. 무거운 **fusion**[fjú:ʒən] n. 융합
amount[əmáunt] n. 양 **phenomenon**[finámənàn] n. 현상 (pl. phenomena) **Polar Region** 극지방

10 **wrap**[ræp] v. 두르다, 싸다 **trunk**[trʌŋk] n. 둥치 **branch**[bræntʃ] n. 가지 **hardly**[há:rdli] ad. 거의 ~ 않다
indicate[índikèit] v. 나타내다 **consecutive**[kənsékjutiv] a. 연속적인 **irregular**[irégjulər] a. 불규칙한
pattern[pǽtərn] n. 패턴 **alternate**[ɔ́ltərnèit] v. 번갈아 나타나다

11 **hydroelectric power** 수력 **dam**[dæm] n. 댐 **device**[diváis] n. 장치 **metal**[métl] a. 금속의 **coil**[kɔil] n. 코일
surround[səráund] v. 둘러싸다 **magnet**[mǽgnit] n. 자석 **spin**[spin] v. 회전하다 **harm**[ha:rm] v. 해를 끼치다
trout[traut] n. 송어

🌲 지문을 읽고 물음에 답하시오.

01 | The Pop Art movement was marked by a fascination with popular culture reflecting the affluence of postwar society. It was most prominent in American art, but soon spread to Britain. In celebrating everyday objects such as soup cans, washing powder, comic strips, and soda pop bottles, the movement turned the commonplace into icons. It is a direct descendant of Dadaism in the way it mocks the established art world by appropriating images from the street, the supermarket, and the mass media. Furthermore, by embracing commercial techniques, Pop artists were setting themselves apart from the Abstract Expressionist movement that immediately preceded them.

Leading Pop artists included Roy Lichtenstein, Roy Hamilton, Jasper Johns, Robert Rauschenberg, and Claes Oldenburg. It was Andy Warhol, however, who really brought Pop Art to the public eye. His screen prints of Coke bottles, Campbell's soup tins, and film stars are part of the iconography of the twentieth century.

● VOCABULARY ●

movement[múːvmənt] n. 운동, 사조   mark[maːrk] v. 특징짓다   fascination[fæ̀sənéiʃən] n. 매혹
affluence[ǽfluəns] n. 풍족함   postwar[póustwɔ̀ːr] a. 전후(戰後)의   prominent[prámənənt] a. 두드러진
celebrate[séləbrèit] v. 찬양하다   washing powder 분말 세제   comic strip 연재만화
commonplace[kámənplèis] n. 평범한 것   icon[áikan] n. 아이콘   direct[dirékt] a. 직접적인
descendant[diséndənt] n. 계승자, 유래한 것   mock[mak] v. 조롱하다   appropriate[əpróuprièit] v. 도용하다, 사용하다
mass media 대중 매체   screen print 스크린 인쇄물   tin[tin] n. 깡통   film[film] n. 영화
iconography[àikənágrəfi] n. 도상학

1. Pop Art featured all of the following objects EXCEPT

   (A) soup cans
   (B) soda pop bottles
   (C) rifles
   (D) comic strips

2. According to the passage, which of the following is true?

   (A) Pop artists scorned many of the principles of traditional art.
   (B) Pop artists were unwilling to use methods employed in advertising.
   (C) Pop artists identified closely with Abstract Expressionism.
   (D) Pop artists were defamed because of the work of Andy Warhol.

3. According to the passage, all of the following are true of Pop Art EXCEPT:

   (A) It originated from Dadaism.
   (B) Its characteristic celebrated everyday objects.
   (C) It was popular only in America.
   (D) It exhibited the wealth of society after the war.

정답 p.279

🌲 지문을 읽고 물음에 답하시오.

02

Artificial reefs are often added to aquatic environments to increase fish population, to protect existing habitat, and to enhance angling opportunities. The common justification for such artificial reefs is that they improve fish production by drawing young fish to the fishery. In spite of this, extensive research in marine environments has yet to determine if artificial reefs merely attract fish or actually result in increased production.

During November 1999, an artificial reef was built in Lake Michigan just south of Chicago to improve smallmouth bass fishing in the area. Researchers are currently investigating the effectiveness of this artificial reef in attracting and/or producing smallmouth bass. The difference between attracting and producing fish is a critical one. For instance, if the artificial reef attracts but does not produce additional smallmouth bass, their population will eventually decrease. Conversely, if the artificial reef produces additional smallmouth bass, the added production can offset angler harvest and may provide a more stable population of smallmouth bass.

● VOCABULARY ●

artificial reef 인공 암초   aquatic[əkwǽtik] a. 수중의   angling[ǽŋgliŋ] n. 낚시질
justification[dʒʌ̀stəfikéiʃən] n. 정당화, 변명 사유   fishery[fíʃəri] n. 어장   marine[mərí:n] a. 바다의
critical[krítikəl] a. 중요한   offset[ɔ́:fsèt] v. 상쇄시키다   angler harvest 어획량

1. Which of the following is NOT a motive for adding artificial reefs?

   (A) To increase fish supply

   (B) To safeguard current environment

   (C) To improve research methods of studying fish

   (D) To strengthen angling opportunities

2. According to the passage, all of the following are true of artificial reefs EXCEPT:

   (A) Artificial reefs are added to the environment to enhance fish production.

   (B) The effectiveness of artificial reefs is still being debated.

   (C) Artificial reefs produce additional smallmouth bass.

   (D) Population will finally decrease if artificial reefs only attract fish.

3. The word "offset" in the passage is closest in meaning to

   (A) supply

   (B) improve

   (C) reduce

   (D) counteract

정답 p.279

3일 어휘(Vocabulary) 문제

◣ 어휘 문제 살펴보기

어휘(Vocabulary) 문제는 지문에서 음영으로 표시된 단어나 구의 동의어(Synonym)를 고르는 유형이다. 각 어휘는 하나 이상의 서로 다른 의미를 가질 수 있는데, 그중 문맥 속에서 어떤 의미로 사용되고 있는지를 파악한 후 그 의미와 가장 유사한 의미를 가진 어휘를 골라야 한다.

따라서 어휘 문제를 풀기 위해서는 어휘의 다양한 뜻을 정확하게 익히고, 각 뜻에 해당하는 동의어를 알아둘 필요가 있다.

◣ 질문의 형태

The word "_____" in the passage is closest in meaning to . . .
지문의 단어 "____"은 의미상 …와 가장 가깝다.

The phrase "_____" in the passage is closest in meaning to . . .
지문의 구 "____"은 의미상 …와 가장 가깝다.

◣ 선택지의 형태

대개 선택지에 단어를 나열하지만, 간혹 숙어나 단어의 뜻을 풀이해 놓은 구(Phrase)가 등장하기도 한다.

선택지 중 다음과 같은 것들은 오답이 된다.

(1) 주어진 단어의 일반적인 동의어지만, 지문 내에서 쓰인 뜻은 아닌 단어
(2) 주어진 단어와는 전혀 다른 뜻이지만, 해당 문맥 속에서 무난히 해석이 되는 단어
(3) 주어진 단어의 반의어

▶ 문제 풀이 전략

1. 기본적으로 어휘는 다다익선이므로 가능한 한 많은 토플 출제 예상 단어를 외운다.

2. 어휘 문제를 풀 때는 주어진 단어의 사전적 의미를 바탕으로 정답을 골라야 한다.

3. 간혹 주어진 단어의 두 번째, 세 번째 의미를 묻는 경우도 있으므로 가장 일반적인 의미만을 생각하고 답을 골라서는 안 된다는 것을 명심하자!

4. 토플에는 4개 보기가 모두 주어진 단어와 수가 일치되고 동일한 품사의 형태로 나오므로 수일치나 품사일치의 여부로 문제를 풀 수는 없다.

Daily Check-up

🌲 음영된 단어의 동의어를 주어진 지문에서 고르시오.

01 The desire to mask natural body odor resulted in the discovery and utilization of musk, a scent that is an ingredient in many perfumes.

02 The troops ordered the arrest of the Sioux's chief, Sitting Bull. The soldiers surrounded the camp and commanded the warriors to give up. Women and children became frightened when soldiers searched the tepees for guns.

03 Many museums, libraries, and archives have described and displayed the works of the New Deal arts project. The paintings, books, posters, and music transcriptions exhibited are more than artifacts and documents of an emergency work program.

04 As the 1800s drew to a close, American Indians were losing the struggle for the West. Their longing for the return of their lands and old ways of life increased. They expressed such desire in a practice started by a Paiute Indian named Wovoka. He told Indians to dance a sacred dance, called the Ghost Dance.

05 Occasionally, advertisers impact society by using advocacy ads. The purpose of advocacy ads is not to persuade the public to purchase a specific product, but to change the public's view about a particular issue.

정답 p.280

● VOCABULARY ●

01 **mask**[mæsk] v. 숨기다　**utilization**[jùːtəlizéiʃən] n. 이용　**ingredient**[ingríːdiənt] n. 원료

02 **troop**[truːp] n. 군대　**order**[ɔ́ːrdər] v. 명령하다　**arrest**[ərést] n. 체포　**chief**[tʃiːf] n. 추장　**warrior**[wɔ́ːriər] n. 전사
frighten[fráitn] v. 겁먹게 하다　**tepee**[tíːpiː] n. (인디언) 천막집

03 **museum**[mjuːzíːəm] n. 박물관　**library**[láibrèri] n. 도서관　**archive**[áːrkaiv] n. 기록 보관소 (~s)
describe[diskráib] v. 설명하다, 기술하다　**transcription**[trænskrípʃən] n. 필사본　**exhibit**[igzíbit] v. 전시하다
artifact[áːrtəfæ̀kt] n. 예술품, 문화 유물　**document**[dákjumənt] n. 기록　**emergency**[imɔ́ːrdʒənsi] a. 비상의

04 **struggle**[strʌ́gl] n. 투쟁　**desire**[dizáiər] n. 열망　**practice**[prǽktis] n. 관습　**sacred**[séikrid] a. 신성한

05 **impact**[impǽkt] v. ~에 영향을 주다　**advocacy ad** 옹호 광고　**purchase**[pɔ́ːrtʃəs] v. 구매하다

🌲 음영된 부분과 동의어를 고르시오.

06 | The landscape appears arid and barren, without any surface water.

(A) dry
(B) wet
(C) empty

07 | Insects are crucial to the survival of life on earth. Without them many plants would die, because they would have no alternative means to transport their seeds.

(A) suitable
(B) vital
(C) original

08 | Hibernation is an adaptation to the cold of winter, when an animal enters a dormant state. In this sleeplike condition, the animal's body temperature, heart beat rate, and energy requirements are reduced.

(A) dead
(B) lazy
(C) inactive

● VOCABULARY ●
06 landscape[lǽndskèip] n. 경치   arid[ǽrid] a. 메마른   surface water 지표수
07 alternative[ɔːltə́ːrnətiv] a. 대체의   means[miːnz] n. 수단   transport[trænspɔ́ːrt] v. 운반하다   seed[siːd] n. 씨
08 hibernation[hàibərnéiʃən] n. 동면   adaptation[ǽdəptéiʃən] n. 적응   requirement[rikwáiərmənt] n. 필요, 필요물

09 Plants that have adapted by altering their physical structure are called xerophytes. Xerophytes, such as cacti, usually have special means of storing and conserving water. They often have few or no leaves, which reduces transpiration.

(A) saving
(B) deserving
(C) flowing

10 Early humans found that the regular movements of the sun, the earth, the moon, and the stars made good ways to measure time. The rising and setting of the sun were used to distinguish day from night. But eventually people needed to tell time more accurately or exactly.

(A) frankly
(B) totally
(C) precisely

11 Animals that live in the desert have many ways to adapt. Some animals never drink, but get their water from seeds and plants. Others are nocturnal, sleeping during the hot day and only coming out at night to eat and hunt.

(A) active at night
(B) always moist
(C) grass-eating

12 By the middle of the eleventh century, the military court began to lose power as the authority of the emperors diminished. But even after political power passed to the new masters of society, the court retained some of its rights.

(A) intensified
(B) lessened
(C) governed

● VOCABULARY ●

09 **alter**[ɔ́ːltər] v. 바꾸다   **physical**[fízikəl] a. 물리적인   **xerophyte**[zíərəfàit] n. 건생식물   **cactus**[kǽktəs] n. 선인장 (pl. cacti)
transpiration[trænspəréijən] n. (물의) 증발

10 **regular**[régjulər] a. 규칙적인   **measure**[méʒər] v. 측정하다   **distinguish**[distíŋgwiʃ] v. 구분하다

11 **hunt**[hʌnt] v. 사냥하다

12 **court**[kɔːrt] n. 법정   **authority**[əθɔ́ːrəti] n. 권위   **emperor**[émpərər] n. 황제   **master**[mǽstər] n. 주인

13   Glaciers form in high mountain areas, where more snow falls during the winter than melts or evaporates in the summer. The snow builds up in layers until the increasing weight causes the snow flakes to be forced together, or compressed.

(A) stretched
(B) melted
(C) compacted

14   Some scientists believe that dolphins usually school their daughters how to hunt and use tools unlike primates who generally pass on knowledge regardless of sex.

(A) transfer information
(B) restrict access to data
(C) increase awareness

15   In 1999, a standard monetary unit called the Euro was introduced in all countries belonging to the European Union. Since then, all transfers, credit cards payments, and mortgages have been calculated using this common currency.

(A) investment bank
(B) form of money
(C) treasury

정답 p.280

● VOCABULARY ●

13   **glacier**[gléiʃər] n. 빙하   **evaporate**[ivǽpərèit] v. 증발하다

14   **dolphin**[dálfin] n. 돌고래   **primate**[práimeit] n. 영장류   **regardless of** ~에 관계없이

15   **transfer**[trǽnsfər] n. (계좌) 이체   **credit card** 신용카드   **mortgage**[mɔ́ːrgidʒ] n. 저당 융자   **calculate**[kǽlkjulèit] v. 계산하다

🔺 음영된 단어와 동의어가 아닌 것을 고르시오.

16 Car sales are likely to shrink by 10 to 20 percent this year because of the continued economic slump.

(A) decrease
(B) fluctuate
(C) reduce
(D) decline

17 The older staff tended to be conservative in their ideas, but the newly hired staff were more innovative and creative.

(A) liberal
(B) restrained
(C) cautious
(D) moderate

18 The United States had been providing food, supplies, and money credits into war-torn Europe in order to prevent a collapse.

(A) avert
(B) preclude
(C) forbid
(D) aid

● VOCABULARY ●──────────────

16 **sale** [seil] n. 판매   **slump** [slʌmp] n. 침체

17 **staff** [stæf] n. 직원   **hire** [haiər] v. 고용하다   **innovative** [ínəvèitiv] a. 혁신적인

18 **money credit** 신용 대부   **war-torn** [wɔ́ːrtɔ̀ːrn] a. 전쟁으로 피폐한   **collapse** [kəlǽps] n. 붕괴

19 | Skin disease is seldom contagious in adults, sometimes contagious in children, and very contagious in newborn infants.

(A) infrequently
(B) sporadically
(C) always
(D) rarely

20 | Before the famous Egyptian feminist Hoda Shaarawi deliberately removed her veil in 1922, it was worn in public by all respectable middle-class and upper-class women. By 1935, however, veils were optional in Egypt. On the other hand, they have remained obligatory in the Arabian Peninsula to this day.

(A) required
(B) mandatory
(C) indifferent
(D) compulsory

정답 p.281

● VOCABULARY ●────────────────────────────

19 contagious[kəntéidʒəs] a. 전염성의   newborn[njú:bɔ̀ːrn] a. 신생의   infant[ínfənt] n. 유아

20 feminist[fémənist] n. 페미니스트   deliberately[dilíbərətli] ad. 고의로, 일부러   remove[rimú:v] v. 벗다
veil[veil] n. 베일, 덮개   respectable[rispéktəbl] a. 상당한 지위가 있는   middle class 중산층   upper class 상류층
optional[ápʃənl] a. 선택적인   peninsula[pənínsʃulə] n. 반도

Daily Test

🌲 지문을 읽고 물음에 답하시오.

01 | Frank Lloyd Wright was one of the most prominent architects of the first half of the twentieth century. He designed his own home-studio complex, called *Taliesin*, which was built near Spring Green, Wisconsin in 1911. The complex was a distinctive low one-story L-shaped structure with views over a lake on one side and Wright's studio on the opposite side. But Taliesin was twice destroyed by fire; the current building there is Taliesin III.

His most famous house *Fallingwater* was constructed from 1935-1939 for E.J. Kaufmann at Bear Run, Pennsylvania. This house was designed according to Wright's desire to place the occupants close to natural surroundings. Amazingly, Fallingwater had a stream running under part of the building. The construction is a series of balconies and terraces, using stone for all verticals and concrete for the horizontals.

● VOCABULARY ●

prominent[prámənənt] a. 두드러진   complex[kámpleks] n. 복합 시설   distinctive[distíŋktiv] a. 독특한, 특유의
story[stɔ́ːri] n. 층   view[vjuː] n. 전망, 경치   opposite[ápəzit] a. 반대의   according to ~에 따라
place[pleis] v. 두다   occupant[ákjupənt] n. 거주자   surrounding[səráundiŋ] n. 환경   run[rʌn] v. 흐르다
series[síəriːz] n. 연속   balcony[bǽlkəni] n. 발코니   terrace[térəs] n. 테라스   vertical[vɔ́ːrtikəl] n. 수직물
concrete[kánkriːt] n. 콘크리트   horizontal[hɔ̀ːrəzántl] n. 수평물   inconspicuous[ìnkənspíkjuəs] a. 눈에 띄지 않는
humble[hʌ́mbl] a. 소박한   inferior[infíəriər] a. 열등한

1. The word "prominent" in the passage is closest in meaning to

   (A) common
   (B) inconspicuous
   (C) distinguished
   (D) humble

2. The word "distinctive" in the passage is closest in meaning to

   (A) inferior
   (B) ordinary
   (C) popular
   (D) unique

3. The word "occupants" in the passage is closest in meaning to

   (A) residents
   (B) architects
   (C) environmentalists
   (D) landscapes

정답 p.281

🌲 지문을 읽고 물음에 답하시오.

02

Scientists once believed that there were few living organisms in the deep ocean. This belief stemmed from the fact that most life on Earth is dependent upon photosynthesis, the process by which plants make energy from sunlight. Because sunlight can only penetrate 600 feet under water, scientists were surprised to find clusters of living organisms in the deep ocean. These organisms had a different source of energy. In other words, they did not rely on photosynthesis but rather chemosynthesis, the process by which certain microbes create energy by causing chemical reactions.

Animals in the deep ocean live around hydrothermal vents, and make their living from the chemicals coming out of the seafloor in the vent fluids. Chemosynthetic microbes live on or below the seafloor. In areas where microbial mat covers the seafloor around vents, grazers such as snails and tubeworms eat the mat, and predators come to eat the grazers. One of the most interesting grazers is the tubeworm. When scientists investigated these tubeworms, they found hemoglobin, which is a protein in the red blood cell that transports oxygen to the tissues, inside their bodies. In addition, they discovered that these tubeworms had a distinct smell.

● **VOCABULARY** ●

living organism 생물   stem from ~에서 비롯하다   dependent[dipéndənt] a. 의존하는
photosynthesis[fòutousínθəsis] n. 광합성   penetrate[pénətrèit] v. 투과하다   cluster[klʌ́stər] n. 집단, 떼
chemosynthesis[kì:mousínθəsis] n. 화학 합성   chemical[kémikəl] a. 화학의
hydrothermal[hàidrəθə́:rməl] a. [지질] 열수의   vent[vent] n. 구멍   fluid[flú:id] n. 용액
microbial mat 미생물 매트(수생 환경의 표면에 발달한 미생물의 층상 구조)   grazer[gréizər] n. 초식자, 방목 가축   snail[sneil] n. 달팽이
tubeworm[tjú:bwə̀:rm] n. 서관충   investigate[invéstəgèit] v. 연구하다   hemoglobin[hì:məglóubin] n. 헤모글로빈
protein[próuti:n] n. 단백질   tissue[tíʃu:] n. 조직

1. The word "penetrate" in the passage is closest in meaning to

(A) locate
(B) transport
(C) form
(D) pierce

2. The word "clusters" in the passage is closest in meaning to

(A) individuals
(B) fragments
(C) groups
(D) plants

3. The word "investigated" in the passage is closest in meaning to

(A) classified
(B) gained
(C) pioneered
(D) probed

정답 p.282

4일 지시어(Reference) 문제

지시어 문제 살펴보기

작가는 글의 간결성과 응집성(Coherence)을 확보하기 위해 같은 표현의 반복적 사용을 피하고 대명사와 같은 지시어로 해당 표현을 대신한다. 따라서 우리가 문장의 의미를 정확하게 파악하기 위해서는 그러한 지시어들이 지칭하는 지시대상(Referent)이 무엇인지 정확히 찾아낼 수 있어야 한다.

토플에서 지시어(Reference) 문제는 대명사를 비롯한 지시어들이 지문에서 실제로 가리키고 있는 것이 무엇인지를 선택하는 형식으로 출제된다.

문제에 주로 출제되는 지시어는 다음과 같다.

인칭대명사	it, its, they, their, them
지시대명사	this, that, these, those
부정대명사	some, others, one, another
관계대명사	who, which, that

* 지시어의 지시대상을 단독으로 묻기도 하지만 this method와 같이 명사를 수반한 형태로 출제되기도 한다. 또한 최근에는 부정대명사의 출제 비율이 높아지는 추세이다.

질문의 형태

The word "⬛⬛⬛" in the passage refers to . . .
지문의 단어 "⬛⬛"은 …을 가리킨다.

The phrase "⬛⬛⬛" in the passage refers to . . .
지문의 구 "⬛⬛"은 …을 가리킨다.

선택지의 형태

해당 대명사의 주위에 나온 명사들이 사지선다형의 선택지로 제시된다.

오답의 분석

사지선다의 선택지는 대명사 주위의 명사들을 동원한다. 모두 그럴듯한 형태이지만 '지시어'의 뒤에 위치한 단어들이 제시되었을 때는 거의 오답이며, 해석을 했을 때 문맥상 연결이 되지 않으면 반드시 오답이다.

▶ 문제 풀이 전략

1. 지시대상(Referent), 즉 답은 지문에서 보통 지시어보다 앞에 오며, 문제에서 제시한 지시어와 항상 수일치를 이룬다.

2. 지시대상 후보가 정해지면 지시어 자리에 직접 대입하여 문장이 자연스러운지 반드시 확인한다. 다른 어떤 문제보다 '해석하는 확인'이 중요하다는 것을 명심하자!

3. 문장의 구조에서 지시어가 주어(목적어)이면 지시대상 역시 주어(목적어)일 가능성이 높으므로 문장의 구조를 확인하는 것도 지시어 문제 풀이에 좋은 전략이 된다.

4. 토플에는 4개 보기가 모두 지시어와 수일치되고 동일한 품사의 형태로 나오므로 수일치나 품사일치의 여부를 가지고 문제를 풀 수는 없다.

Daily Check-up

🌲 음영된 단어가 가리키는 단어를 쓰시오.

01   Along the rocky New England coast are small areas of sand and gravel beach, some of which were created from glacial debris, while others were built up by the action of ocean storms.

02   Joseph Glidden was born in New Hampshire and later moved to New York where he lived until 1842. After marriage, he moved from there to Illinois and bought a farm in DeKalb located in northern Illinois.

03   Almost half the world's population speaks an Indo-European language. The various languages in this family, which developed largely in areas in Europe and India, share some characteristics in vocabulary and grammar.

04   Spiders eat grasshoppers and locusts, which destroy crops. (1) They also eat flies and mosquitoes, which carry diseases. As such, they feed mostly on harmful insects but (2) some capture and eat tadpoles, small frogs, small fish, and even mice. The most interesting thing is that most females are larger and stronger than the males and occasionally (3) they eat males.

● **VOCABULARY** ●────────────────────────────────────

01   **coast**[koust] n. 해안   **gravel**[grǽvəl] n. 자갈   **glacial**[gléiʃəl] a. 빙하의   **debris**[dəbríː] n. 잔해, 파편

02   **locate**[lóukeit] v. 위치하다

03   **Indo-European language** 인도유럽어   **various**[vέəriəs] a. 다양한   **characteristic**[kæ̀riktərístik] n. 특성
     vocabulary[voukǽbjulèri] n. 어휘   **grammar**[grǽmər] n. 문법

04   **grasshopper**[grǽshɑ̀pər] n. 베짱이   **locust**[lóukəst] n. 메뚜기   **crop**[krɑp] n. 농작물   **tadpole**[tǽdpòul] n. 올챙이
     female[fíːmeil] n. 암컷   **male**[meil] n. 수컷   **occasionally**[əkéiʒənəli] ad. 때때로

05 | The ultimate source of energy for life on earth is the Sun. Sunlight is captured by chlorophyll molecules in green plants, (1) which transform a portion of this energy into food energy. Green plants are autotrophic organisms; (2) they require only inorganic compounds absorbed from their surroundings to provide the raw material for synthesis and growth.

06 | The brain is an important organ with many different parts that work together to do lots of essential work. (1) It controls our body's thinking, reasoning, memory, and emotions and regulates our balance, movements, and coordination. The brain is divided into two parts: the left hemisphere and the right hemisphere. (2) The former is the subconscious and the latter is where our memories and dreams come from.

● **VOCABULARY** ●────────────────────────────

정답 p.282

05 ultimate[ʌ́ltəmət] a. 궁극적인   chlorophyll[klɔ́:rəfil] n. 엽록소   molecule[mɑ́ləkjùːl] n. 분자
transform[trænsfɔ́ːrm] v. 변형시키다   portion[pɔ́ːrʃən] n. 일부   autotrophic[ɔ̀ːtətrɑ́fik] a. 자가 영양의
organism[ɔ́ːrgənìzm] n. 유기체   inorganic[ìnɔ:rgǽnik] a. 무기의   absorb[æbsɔ́ːrb] v. 흡수하다   raw material 원료
synthesis[sínθəsis] n. 합성

06 organ[ɔ́ːrgən] n. 기관   essential[isénʃəl] a. 필수적인   reasoning[ríːzəniŋ] n. 추론   regulate[régjulèit] v. 통제하다
coordination[kouɔ̀ːrdənéiʃən] n. 통합 조정   hemisphere[hémisfìər] n. 대뇌 반구   the subconscious 잠재의식

다음 밑줄 친 4개의 보기 중 가리키는 바가 다른 하나를 고르시오.

07 | Army ants are considered (A) social predators, which always forage as a group. Once the thousands of individual ants have come together to form an army, they proceed to seek out and capture prey cooperatively. Because of the vast numbers involved in each swarm and raid, (B) these creatures are able to overpower many different kinds of insects, and take (C) them back to (D) their nest to consume at a later time.

08 | Fossil fuels are formed from the remains of plants and animals that died millions of years ago. In order for (A) them to be created, extremely hot and moist climate conditions are required. Although (B) these are found in many locations around the world, swamps and other similar areas particularly provide ideal conditions. For this reason, (C) extensive reserves have been found in Texas, an area that in the past was covered by a vast inland sea. As the water gradually evaporated, it created an ideal environment for the conversion of organic remains to (D) carbon-based energy.

09 | Many species of wild bees are becoming increasingly rare in cultivated areas. (A) Their declining population is the result of several factors. The most serious concern is the use of pesticides, as these poisons often have a harmful effect on the (B) undomesticated species. Another important factor is the introduction of nonnative bees, such as the honey bee and the alfalfa leaf-cutter, as (C) they often monopolize the available resources. In addition, because most modern farms grow only one type of crop, the lack of floral diversity has further contributed to the decline of (D) these insects.

10 | Between six and ten weeks after one's birth, a social smile emerges. (A) <u>This</u> occurs in response to adult smiles and interactions. It derives (B) <u>its</u> name from the unique process by which the infant engages a person in a social act, doing so by expressing pleasure. As infants become more aware of their environment, smiling occurs in response to a wider variety of contexts. They may smile when they see a familiar toy or receive praise for accomplishing a difficult task. Smiles such as (C) <u>these</u>, like (D) <u>the social smile</u>, are considered to serve a developmental function.

11 | The making of colored glass can be traced back to the ancient world, with many examples surviving from both the Romans and the Egyptians. By the third and fourth centuries, Christian cathedrals, although (A) <u>they</u> were few in number, began to be decorated with thin pieces of different-colored glass. However, it was during the medieval period that (B) <u>stained glass windows</u> reached their apex, as (C) <u>they</u> were created using increasingly complex designs. Over time, (D) <u>they</u> were developed into an elaborate and colorful art form.

정답 p.283

● VOCABULARY ●

07 predator[prédətər] n. 포식자   forage[fɔ́:ridʒ] v. 먹이를 찾다   cooperatively[kouápərətivli] ad. 협력하여
involve[inválv] v. 참가하다   swarm[swɔːrm] n. 무리, 떼   raid[reid] n. 공습   creature[krí:tʃər] n. 생물
overpower[òuvərpáuər] v. 압도하다

08 fossil fuel 화석 연료   remains[riméinz] n. 잔해   extremely[ikstrí:mli] ad. 극도로   climate[kláimit] n. 기후
swamp[swɑmp] n. 늪지   reserves[rizə́:rvs] n. 매장량   inland sea 내해(內海)   evaporate[ivǽpərèit] v. 증발하다
conversion[kənvə́:rʒən] n. 전환   carbon-based energy 탄소 에너지

09 increasingly[inkrí:siŋli] ad. 점차적으로   rare[rɛər] a. 보기 힘든   cultivated area 경작지   factor[fǽktər] n. 요인
pesticide[péstəsàid] n. 살충제   undomesticated[ʌ̀ndəméstikèitid] a. 야생의   introduction[ìntrədʌ́kʃən] n. 도입
nonnative[nɑnnéitiv] a. 비토착적인   monopolize[mənápəlàiz] v. 독점하다   floral[flɔ́:rəl] a. 꽃의
diversity[divə́:rsəti] n. 다양성   contribute[kəntríbju:t] v. 기여하다   decline[dikláin] n. 감소

10 emerge[imə́:rdʒ] v. 나타나다   interaction[ìntərǽkʃən] n. 상호 작용   derive[diráiv] v. 유래하다
accomplish[əkámpliʃ] v. 수행하다   developmental[divèləpméntl] a. 발달상의

11 trace back to 기원이 ~까지 거슬러 올라가다   cathedral[kəθí:drəl] n. 성당   medieval[mè:dí:vəl] a. 중세의
apex[éipeks] n. 절정   elaborate[ilǽbərət] a. 정교한

12 | Fish have the ability to taste. They have taste buds on their lips, tongue, and all over their mouths. Some fish such as goatfish or catfish have barbels, which are whiskers that have taste structures. Goatfish can be seen digging through the sand with their barbels looking for invertebrate worms to eat and can taste them before they even reach their mouths.

(A) goatfish
(B) barbels
(C) worms

13 | Glaciers are made up of fallen snow that, over many years, compresses into large, thickened ice masses. Glaciers form when snow remains in one location long enough to transform into ice. What makes glaciers unique is their ability to move. Due to sheer mass, glaciers flow like very slow rivers. Some glaciers are as small as football fields, while others grow to be over a hundred kilometers long.

(A) rivers
(B) football fields
(C) glaciers

● VOCABULARY ●────────────

12 **goatfish** [góutfiʃ] n. 촉수어   **catfish** [kǽtfiʃ] n. 메기   **barbel** [bɑ́ːrbəl] n. (물고기의) 수염   **whisker** [hwískər] n. 수염
invertebrate [invə́ːrtəbrət] a. 무척추의

13 **compress** [kəmprés] v. 압착하다   **thicken** [θíkən] v. 두껍게 하다   **sheer** [ʃiər] a. 순전한   **football field** 축구장

14   Marine mammals have the same characteristics as all other mammals, but they have adapted or adjusted to life in the ocean. To be able to stay under water for long periods, they store extra oxygen in their muscles and also have more blood than land mammals in proportion to their body sizes. In particular, most of them depend more upon a thick layer of blubber or fat than on thick fur to keep warm in the ocean.

(A) land mammals
(B) marine mammals
(C) body sizes

15   When the United States was born in 1776, there were very few roads. The thirteen original states were on the Atlantic Ocean, and it was very difficult for people to cross the Allegheny Mountains. Those who did move to the western side of the mountains could not easily keep in touch or send and receive items from the east coast. They built a few canals, but (1) these were very expensive. Roads were difficult to build, and the weather conditions made travel on (2) them impossible during certain times of the year.

(1) (A) items   (B) canals   (C) mountains
(2) (A) roads   (B) canals   (C) conditions

정답 p.283

● VOCABULARY ●

14 mammal[mǽməl] n. 포유류   adjust[ədʒʌ́st] v. 순응하다   store[stɔːr] v. 저장하다   extra[ékstrə] a. 여분의
in proportion to ~에 비례하여   blubber[blʌ́bər] n. 기름   fur[fəːr] n. 털

15 Atlantic Ocean 대서양   keep in touch 접촉하다   coast[koust] n. 해안   canal[kənǽl] n. 운하
expensive[ikspénsiv] a. 많은 비용이 드는

Daily Test

🌲 지문을 읽고 물음에 답하시오.

01 | A healthy adult sleeps an average of 7.5 hours each night and most people sleep between 6.5 and 8.5 hours. Tracking brain waves with the aid of electroencephalographs(EEGs), researchers have identified six stages of sleep (including a pre-sleep stage). Each is characterized by distinctive brain-wave frequencies.

Stage 0 is the prelude to sleep, which is characterized by low amplitude and fast frequency alpha waves in the brain. Here, a person becomes relaxed, drowsy, and closes his or her eyes. Stages 1 through 4 are sometimes characterized as NREM (non-rapid eye movement) sleep. In stage 1, the eyes begin to roll, and rhythmic alpha waves give way to irregular theta waves that are lower in amplitude and slower in frequency. In stage 2, electroencephalogram tracings show fast frequency bursts of brain activity called sleep spindles. Stages 3 and 4 normally occur 30 to 45 minutes after falling asleep. In stage 3, there are fewer sleep spindles, but high amplitude and low frequency delta waves appear. When these begin to occur, more than fifty percent of the time, the fourth stage of sleep has been entered into. Altogether, it takes about a half-hour to pass through these four stages of sleep.

● VOCABULARY ●

track[træk] v. 추적하다   electroencephalograph[ilèktrouenséfələgræf] n. 뇌파 전위 기록 장치   brain wave 뇌파
identify[aidéntəfài] v. 확인하다   frequency[frí:kwənsi] n. 진동수, 주파수   prelude[prélju:d] n. 전조, 도입부
amplitude[ǽmplətjù:d] n. 진폭   alpha wave 알파파   drowsy[dráuzi] a. 졸리는   roll[roul] v. 굴리다
rhythmic[ríðmik] a. 주기적인   theta wave 세타파   electroencephalogram tracing 뇌파 기록   sleep spindle 수면 방추
normally[nɔ́:rməli] ad. 대개

1. The word "Each" in the passage refers to

   (A) healthy adult
   (B) brain wave
   (C) sleep
   (D) stage

2. The word "Here" in the passage refers to

   (A) stage 0
   (B) stage 1
   (C) stage 4
   (D) NREM

3. The word "that" in the passage refers to

   (A) eyes
   (B) theta waves
   (C) alpha waves
   (D) tracings

4. According to the passage, which of the following is true of the brain activity during sleep?

   (A) Alpha waves are present when people wake up.
   (B) In a stage 1 sleep, alpha waves fade away.
   (C) Low-frequency delta waves result from a deep sleep.
   (D) There is no brain activity in a stage 4 sleep.

정답 p.284

🌲 지문을 읽고 물음에 답하시오.

02 | In the Middle Ages, very few people had books, which were rare and expensive because they had to be copied by hand, page by page, line by line, by people called scribes. But around 1440, something happened that changed all this. Johannes Gutenberg invented a moveable-type printing press, which could produce books faster, cheaper, and in greater quantity, and consequently boosted the sale of books to more than ten million copies over the next hundred years.

The first book Gutenberg printed was the Bible. At that time, having the Bible and other books in their homes made a difference in the way people lived. One major change was that people wanted books printed in their own language such as English, German, French, or Italian, rather than in Latin. Another was that it took away some of the authority of the church. Before Gutenberg's press, most people could not read the Bible because it was in Latin.

● VOCABULARY ●

Middle Ages 중세   rare [rɛər] a. 희귀한   scribe [skraib] n. 필경사   invent [invént] v. 고안하다
moveable-type printing press 활판 인쇄기   quantity [kwántəti] n. 양   consequently [kánsəkwèntli] ad. 그 결과
boost [buːst] v. 끌어올리다   the Bible 성경   authority [əθɔ́ːrəti] n. 권위

1. The word "they" in the passage refers to

   (A) Middle Ages
   (B) people
   (C) books
   (D) scribes

2. The word "this" in the passage refers to

   (A) the shortage of paper to copy books
   (B) the ample supply of books
   (C) the lack of skilled scribes
   (D) the scarcity of books

3. Which of the sentences below best expresses the essential information in the highlighted sentence in the passage? *Incorrect* choices change the meaning in important ways or leave out essential information.

   (A) The invention of a moveable-type printing press is attributed to Gutenberg, who sold millions of books over hundred years.
   (B) Before Gutenberg invented a moveable-type printing press, people could not afford to buy books because they were hard to obtain.
   (C) Due to the increased efficiency of Gutenberg's printing press, the variety of books produced and sold was dramatically increased.
   (D) Gutenberg designed a press that was able to mass-produce books, resulting in significant number of volumes sold.

4. The word "Another" in the passage refers to

   (A) the Bible
   (B) the way
   (C) major change
   (D) language

정답 p.284

5일 문장 간략화(Sentence Simplification) 문제

◤ 문장 간략화 문제 살펴보기

문장 간략화(Sentence Simplification) 문제는 지문에서 음영으로 표시된 문장과 중심 의미가 같은 문장을 보기에서 고르는 유형이다. 여기서 간략화(Simplification)란 문장 속에서 덜 중요한 정보는 생략하고, 핵심 정보만을 골라서 문장을 재진술(Paraphrase)한 것을 말한다.

따라서 문장 간략화 문제를 풀기 위해서는 주어진 문장의 핵심 정보를 정확히 파악하고 그 핵심 정보와 같은 뜻을 가진 새로운 문장으로 재진술하는 연습이 필요하다.

◤ 질문의 형태

Which of the sentences below best expresses the essential information in the highlighted sentence in the passage? *Incorrect* choices change the meaning in important ways or leave out essential information.

아래 문장 중 어떤 것이 지문 속의 음영된 문장의 핵심 정보를 가장 잘 표현하고 있는가? 오답은 문장의 의미를 현저히 왜곡하거나 핵심 정보를 빠뜨리고 있다.

◤ 선택지의 형태

음영된 문장을 재진술(Paraphrase)한 문장들이 제시된다.

◤ 오답의 분석

선택지 중에 다음과 같은 것들이 오답이 된다.

(1) 음영된 문장의 의미를 현저하게 바꾼 것
(2) 음영된 문장 속의 핵심 정보를 빠뜨린 것

▶ 문제 풀이 전략

1. 핵심 정보를 골라낸다.

문장 간략화(Sentence Simplification) 문제를 풀기 위해서 가장 먼저 해야 할 일은 음영된 문장에서 의미상 없어서는 안 될 핵심 정보만을 골라내는 것이다. 주로 관계절, 동격, 예시와 같은 것을 제외하고 남는 부분이 바로 핵심 정보이다.

Tip 음영된 문장 속에 지시어가 있다면 그것이 가리키는 대상을 먼저 확인해서 의미를 정확히 파악해야 한다.

2. 핵심 정보가 가장 잘 재진술(Paraphrase)된 보기를 고른다.

핵심 정보를 파악한 후 그것이 새로운 말로 잘 쓰여졌는지 살핀다. 주로 문장 구조를 바꾸거나 동의어/구를 이용해 재진술하므로 문장 연결어와 동의어/구는 중요한 단서이다.

3. 보기의 오답을 확인한다.

최종적으로 나머지 보기들을 검토하여 정답을 잘 골랐는지 확인한다. 의미를 현저하게 바꾼 오답의 경우 주로 음영된 문장의 일부가 왜곡되어 정답과 유사해 보이므로 주의한다. 핵심 정보가 빠진 오답의 경우 원문의 중요한 내용을 모두 전달하지 못하고 있음에 주의한다.

Daily Check-up

🔺 주어진 문장 속의 중요한 정보를 가장 잘 표현한 문장을 고르시오.

01 The Anasazi, the ancestors of the modern Pueblo peoples, were called Cliff Dwellers because they built their homes into the side of a cliff.

(A) The characteristics of the Anasazi's residences brought them the name Cliff Dwellers.
(B) The Anasazi were on equal terms with the Pueblo peoples due to their peculiar dwellings.
(C) The predecessors of the contemporary Pueblo Indians once lived on a cliff.

02 Soils are formed through weathering of minerals, which is the action of wind, rain, ice, and sunlight, breaking original materials down into smaller particles and changing their chemistry.

(A) Refashioned materials are created from soil subject to natural weather phenomena.
(B) Chemical reactions between pieces of broken down minerals are caused by events in the climate.
(C) Minerals are fragmented and their components are altered by weathering, which creates soils.

03 When Louis Braille saw the system of raised dots, used in the French army in the early 1800s to communicate urgent messages at night, he thought that they could be more than a method for night reading and adapted the raised letters for the blind.

(A) As Louis Braille perceived the raised dots, he re-envisioned the system as a communication device for blind people.
(B) Louise Braille's system of raised dots was originally used by the French army to send important information in dim light.
(C) The blind can use the same communication tool that was initially used by the French military during the night.

04 Prior to the 1920s, it was fashionable for women to wear corsets, uncomfortable belts that were tightly tied to make their waists appear slimmer, but these were eventually replaced by less restrictive kinds.

(A) Before the 1920s, women tried to reduce their figures by wearing agonizing corsets.

(B) The painful corset before the 1920s became less popular, followed by other types of underwear.

(C) In the 1920s, ill-fitting underwear fell out of fashion due to the introduction of well-fitting kinds.

05 During the eighth century, the two styles of Chinese paintings were linear, featuring forms which were drawn in fine clear lines of varying thicknesses and filled with color washes, and boneless, which had colors broadly applied by opaque washes with little or no outlines.

(A) Ancient Chinese paintings tend toward color washes that were either cloudy or bright.

(B) Ancient Chinese paintings were categorized into two distinctive styles, linear and boneless.

(C) Figures in ancient Chinese paintings were distinctly outlined by both thick and thin lines.

정답 p.285

● VOCABULARY ●

01 **Cliff Dweller** 절벽 거주자　**residence** [rézədəns] n. 거주지　**on equal terms with** ~와 동등한 관계에 있는
peculiar [pikjú:ljər] a. 독특한　**predecessor** [prédəsèsər] n. 선조　**contemporary** [kəntémpərèri] a. 현대의

02 **weathering** [wéðəriŋ] n. 풍화 작용　**mineral** [mínərəl] n. 광물　**particle** [pá:rtikl] n. 입자
refashion [ri:fǽʃən] v. 구성을 달리하다　**subject to** ~의 영향을 받는　**fragment** [frǽgmənt] v. 산산이 부수다　**alter** [ɔ́:ltər] v. 바꾸다

03 **urgent** [ə́:rdʒənt] a. 긴급한　**adapt** [ədǽpt] v. 개조하다　**raised letters** 점자(Braille도 마찬가지로 점자라는 의미로 사용된다)

04 **prior to** ~ 이전의　**fashionable** [fǽʃənəbl] a. 유행하는　**corset** [kɔ́:rsit] n. 코르셋　**eventually** [ivéntʃuəli] ad. 결국
replace [ripléis] v. 바꾸다　**restrictive** [ristríktiv] a. 구속적인

05 **linear** [líniər] a. 선적인　**feature** [fí:tʃər] v. 특색으로 삼다　**color wash** 수성 물감　**boneless** [bóunlis] a. 뼈대 없는
broadly [brɔ́:dli] ad. 넓게　**apply** [əplái] v. 칠하다　**opaque** [oupéik] a. 불투명의　**categorize** [kǽtəgəràiz] v. 분류하다
distinctive [distíŋktiv] a. 특색 있는

06

Georgian architecture was the style of the eighteenth century, especially from the reign of King George I, who ascended the throne in 1711, until the American Revolution (King George III). Building during this period closely adheres to English precedents, which were imported to America from England via pattern books, illustrations, and engravings. This is the second phase of Colonial Architecture, associated with the emergence of a wealthy middle class, so it was a symbol of prestige, wealth, and accomplishment. It officially ended with American Independence, since the war caused a hiatus in building, and Americans wanted to be free of their associations with England.

_____ (A) The achievements of the middle class were characteristics of the Georgian style.

_____ (B) During the Colonial era, the middle class began to earn more money and gain prominence.

_____ (C) The Georgian style expressed the newly acquired status, success, and affluence of the middle class.

07

The Hudson is not a true river. Millions of years ago the land where the river now flows was at a higher level and then, the land sank deeper and deeper, forming what geologists call a "drowned valley," perhaps because of geological factors such as an earthquake, erosion, or underground springs. After the land sank, it allowed sea water to enter the valley. The salty sea water mixed with the fresh water from the mountain streams to form an "estuary." The mix of salt and fresh water made the estuary a perfect habitat for many kinds of fish and other sea creatures in the area.

_____ (A) Some geological phenomena seemed to cause the previously elevated land of what is now the Hudson River to drop lower and become a drowned valley.

_____ (B) Drowned valleys were formed when the Hudson River at a higher position sank to a lower level because of geological events and flowed along the ocean.

_____ (C) Geological events were likely to cause the high land of the original Hudson to drop, forming the drowned valley that now makes up the Hudson River.

08

Bacteria are essential to human life and living things on Earth because, although they are notorious for their role in causing human diseases such as tooth decay and the Black Plague, they are also beneficial for good health. For instance, one species of bacteria that lives in the large intestine manufactures vitamin K, an essential blood clotting factor. There are also indirectly beneficial species of bacteria. They give yogurt its tangy flavor and sourdough bread its sour taste.

_____ (A) Even though they have some favorable qualities, bacteria are responsible for several serious illnesses.

_____ (B) Bacteria's advantageous features make them indispensable to organisms despite the fact that they may also cause harm.

_____ (C) All living organisms on Earth, including humans, must contain bacteria in order to maintain health.

_____ (D) Bacteria are necessary for survival because, even though they may do harm, they also provide advantages to health.

정답 p.285

● VOCABULARY ●

06 ascend[əsénd] v. 오르다 throne[θroun] n. 왕위 adhere to 충실히 지키다 precedent[présədənt] n. 전례
illustration[ìləstréiʃən] n. 삽화 engraving[ingréiviŋ] n. 조각, 판화 phase[feiz] n. 단계 colonial[kəlóuniəl] a. 식민지의
associate[əsóuʃièit] v. 관련짓다 emergence[imə́ːrdʒəns] n. 출현 prestige[prestíːʒ] n. 명성, 위신
accomplishment[əkámpliʃmənt] n. 성공, 업적 achievement[ətʃíːvmənt] n. 성공 gain prominence 유명해지다
status[stǽitəs] n. 지위 affluence[ǽfluəns] n. 부

07 sink[siŋk] v. 가라앉다 (sink-sank-sunk) geologist[dʒiáləʒist] n. 지질학자 erosion[iróuʒən] n. 침식
mountain stream 계류(산골짜기에 흐르는 시냇물) estuary[éstʃuèri] n. 강어귀 habitat[hǽbitæt] n. 서식지

08 Black Plague 출혈성 페스트 intestine[intéstin] n. 창자 manufacture[mæ̀njufǽktʃər] v. 만들다 clot[klɑt] v. 응고시키다
tangy[tǽŋi] a. 짜릿한, 톡 쏘는 sourdough[sáuərdòu] a. 발효시켜 부풀린

Daily Test

🌲 지문을 읽고 물음에 답하시오.

01 | A "carnivorous plant" is a plant that attracts, captures, and kills insects. It must also digest and absorb the nutrients from the prey to qualify as a carnivorous plant. [1]These plants grow in areas that have very little nourishment, so they catch insects in order to compensate for a shortage of nitrogen. A fantastic example of a carnivorous plant is the Utricularia. It consists of a sac with an inward-opening trapdoor on one side, levered by tiny trigger-hairs. The plant pumps water out of the sac, creating a lower pressure inside the trap. [2]When an unsuspecting organism comes too near and hits one of the trigger-hairs which respond to stimulation, the door opens, the victim is sucked in, and the door shuts. Amazingly, the whole process takes less than a second. Once inside the prey is digested by enzymes secreted by the plant, and the resulting nutrients are absorbed.

● VOCABULARY ●────────────────────────

carnivorous [kɑːrnívərəs] a. (식물이) 식충성의   attract [ətrǽkt] v. 유인하다   capture [kǽptʃər] v. 붙잡다
absorb [æbsɔ́ːrb] v. 흡수하다   nutrients [njúːtriənts] n. 영양분   prey [prei] n. 먹이   qualify [kwɑ́ləfài] v. ~의 자격을 얻다
nourishment [nɔ́ːriʃmənt] n. 자양물   compensate [kɑ́mpənsèit] v. 보충하다   nitrogen [náitrədʒən] n. 질소
sac [sæk] n. 주머니   inward [ínwərd] ad. 안쪽으로   trapdoor [trǽpdɔːr] n. 함정문   lever [lévər] v. 지레로 움직이다
trigger [trígər] n. 자극, 방아쇠   pump [pʌmp] v. 퍼내다   unsuspecting [ʌ̀nsəspéktiŋ] a. 의심하지 않는
victim [víktim] n. 희생물   suck [sʌk] v. 빨아들이다   enzyme [énzaim] n. 효소   secrete [sikríːt] v. 분비하다

1. Which of the sentences below best expresses the essential information in the highlighted sentence in the passage? *Incorrect* choices change the meaning in important ways or leave out essential information.

   (A) Carnivorous plants acquire their nitrogen by capturing insects and consuming them because of insufficient nutrition.

   (B) Insects that live in nitrogen-deficient environments may be in danger of being caught by carnivorous plants.

   (C) Because of habitats deficient in nutrients, carnivorous plants replenish their nitrogen by trapping insects.

   (D) Carnivorous plants that grow in areas without important nutrients must seek other ways to obtain them.

2. Which of the sentences below best expresses the essential information in the highlighted sentence in the passage? *Incorrect* choices change the meaning in important ways or leave out essential information.

   (A) An insect that accidentally brushes against the trapdoor will be devoured and used to provide the Utricularia's nitrogen.

   (B) An insect is caught when it provokes the opening of the Utricularia's trapdoor by stepping on a mechanism.

   (C) The Utricularia will swallow a hairy insect whole through its open trapdoor and then close up tightly.

   (D) The Utricularia's trapdoor is opened when its activating device is touched by an incautious insect.

3. The word "secreted" in the passage is closest in meaning to

   (A) separated

   (B) overflowed

   (C) scented

   (D) discharged

정답 p.286

🌲 지문을 읽고 물음에 답하시오.

02

Pottery is one of the oldest and most widespread of the decorative arts. [1]Made of clay and hardened with heat, the objects are commonly used as vessels for holding liquids and plates or bowls on which food is served. Throughout history, different cultures have made pottery pieces using local materials and traditional techniques. Between 500 and 1000 AD people patched shells to a wicker basket to use it as a kettle. Meanwhile, in the southwest region of the United States, pinkish clay was used to spur the development of pottery.

In the early period, pottery was plain with limited colors and monotonous patterns. [3]The patterns used became more complex and decorative with the rapid development of pottery techniques, and accordingly, there was an increase in variety in the types of vessels, and a clear distinction developed between high quality ware and simpler pots. One example of a high quality vessel is the olla. It has a round body with a zigzag pattern. This vessel also features a checkered design inside the diamond.

● VOCABULARY ●

pottery[pátəri] n. 도자기류   widespread[wàidspréd] a. 널리 퍼진   decorative[dékərətiv] a. 장식의
clay[klei] n. 진흙   vessel[vésəl] n. 용기   plate[pleit] n. 접시   bowl[boul] n. 그릇   piece[piːs] n. 작품
patch[pætʃ] v. 덧대다   wicker[wíkər] n. 버들가지   kettle[kétl] n. 주전자   spur[spəːr] v. 활성화하다, 자극하다
monotonous[mənátənəs] a. 단조로운   pot[pɑt] n. 그릇   olla[álə] n. (흙으로 만든) 물독   zigzag[zígzæg] a. 지그재그의

1. Which of the sentences below best expresses the essential information in the highlighted sentence in the passage? *Incorrect* choices change the meaning in important ways or leave out essential information.

   (A) Clay vessels are the preferred material for storing food or beverages.
   (B) Pottery is usually utilized for the purpose of food storage and serving.
   (C) Food storage devices are frequently made out of hardened clay.
   (D) Pottery is a preservatory made by molding clay and baking it.

2. The word "spur" in the passage is closest in meaning to

   (A) reserve
   (B) evoke
   (C) thrust
   (D) stimulate

3. Which of the sentences below best expresses the essential information in the highlighted sentence in the passage? *Incorrect* choices change the meaning in important ways or leave out essential information.

   (A) The advance of pottery art refined its patterns, thus diversifying the kinds of containers and differentiating them.
   (B) The quality of pottery was enhanced over time due to an improvement in ornamental and artistic methods.
   (C) The types of pottery varied into crude forms and elegant forms based on the style of craftsmanship.
   (D) The adaptation of pottery design evolved quickly because of newly developed glazing techniques.

정답 p.286

3rd

Week

리딩 문제 유형 공략하기 (2)

1일 문장 삽입(Insertion) 문제

◤ 문장 삽입 문제 살펴보기

문장 삽입(Insertion) 문제는 각 문장이 논리적으로 자연스럽게 배열되어 있는지를 판단하여 글의 흐름이 유기적으로 이어지도록 제시된 문장을 적절한 위치에 삽입하는 문제이다.

각각의 문장이 논리적으로 자연스럽게 전개되어 응집력(Coherence) 있는 글이 되기 위해서는 문장들이 논리적으로 배열되어야 하고, 문장을 긴밀하게 연결시키는 접착제와 같은 역할을 하는 연결어, 관계대명사, 지시어 등이 적절히 사용되어야 한다. 역으로 이러한 요소들을 잘 살펴보면 문장 삽입(Insertion) 문제를 쉽게 해결할 수 있다.

◤ 질문의 형태

Look at the four squares [■] that indicate where the following sentence could be added to the passage.

삽입 문장

Where would the sentence best fit?

Click on a square [■] to add the sentence to the passage.

다음 문장이 지문에 삽입될 수 있는 곳을 나타내는 4개의 네모박스[■]를 보아라.
어디가 가장 적절한가?
해당 네모박스[■]를 클릭하여 제시된 문장을 지문에 삽입하라.

◤ 선택지의 형태

삽입 문제는 사지선다형의 문제와는 달리, 본문 중에 삽입 후보 위치로 주어진 4개의 네모박스[■]가 표시되어 있으며 삽입 문장이 제시된다. 삽입 문장이 들어갈 만한 곳의 네모박스[■]를 클릭하면 그 자리에 제시된 문장이 볼드체로 삽입되어 나타난다.

◤ 오답의 분석

다른 네모박스[■]가 왜 오답인가를 분석하는 것보다, 단서와 해석을 통해 확실한 답인가를 확인하는 것이 더 중요하다.

▶ 문제 풀이 전략

1. 문장 삽입(Insertion) 문제에는 삽입을 위해 제시된 문장에 반드시 '단서'가 있다. 토플 삽입 문제는 아래에 나온 단서들 중 1개 이상이 제시되므로 정확히 알아 두면, 이것이 바로 정답을 찾는 Key Point가 된다.

단서 1 삽입 문장에 연결어 단서가 있다.

- 순서를 나타낼 때 사용하는 연결어 → 시간 순서에 맞추어 문장을 삽입한다.
  after, afterwards, at the same time, finally, first/second/third, meanwhile, later, next, then 등

- 부연 설명 시 사용하는 연결어 → 보통 정의의 뒤에 예시 문장이 삽입된다.
  also, and, besides, for example, for instance, furthermore, in addition 등

- 비교/대조 시 사용하는 연결어 → 비교/대조 대상이 바로 뒤에 삽입된다.
  but, however, yet, despite, on the contrary, on the other hand, in contrast, whereas, similarly, likewise 등

- 인과관계 시 사용하는 연결어 → 원인과 결과, 혹은 결과와 원인 문장 순으로 삽입한다.
  as a result, consequently, because, for this reason, in conclusion, therefore, thus 등

단서 2 삽입 문장에 지시어 단서가 있다.
그 지시어가 가리키는 것을 찾아 바로 뒤에 삽입한다.

단서 3 삽입 문장에 '정관사(the)+명사' 단서가 있다.
'부정관사(a)+명사'가 나온 곳을 찾아 바로 뒤에 삽입한다.

단서 4 삽입 문장에 동일어구나 유사어구 반복 등 단어 단서가 있다.
동일하거나 비슷한 어구가 있는 곳의 주위를 살펴 삽입한다.
동일하거나 비슷한 어구가 나오는 부분이 중복될 수 있으므로 다른 단서와 함께 본다.

2. 삽입 문장을 그 자리에 넣은 후 문장들이 논리적으로 자연스럽게 연결되는지 반드시 해석을 통해 확인함으로써 최종 점검을 한다.

Daily Check-up

🔺 다음 글을 읽고 글이 논리적으로 자연스럽게 연결되도록 빈칸에 들어갈 말이 바르게 짝지어진 것을 고르시오.

01 A river carries a lot of sediment as it travels from its source to its mouth. When the fresh water of _____(1)_____ river meets the salt water from the sea at the mouth, _____(2)_____ sediment is released into the sea. It is _____(3)_____ washed away far into the sea by the tides and currents.

(A) the - its - also
(B) the - the - then
(C) a - the - therefore

02 By examining teeth and jawbones, Professor Etnier was able to measure the age composition of seals with an emphasis on finding their breeding distribution. _____(1)_____ could calculate their growth rates by observing _____(2)_____ teeth because the teeth contain growth rings which can be used to determine age. _____(3)_____, he estimated the age of the animals by looking at the size of their mandible, the lower jaw of the seal.

(A) They - its - For this reason
(B) He - his - On the other hand
(C) He - their - In addition

● VOCABULARY ●

01 sediment[sédəmənt] n. 퇴적물   fresh water 담수   salt water 염수   tide[taid] n. 조류   current[kə́:rənt] n. 해류

02 jawbone[dʒɔ́:bòun] n. 턱뼈   measure[méʒər] v. 측정하다   composition[kàmpəzíʃən] n. 구성   seal[si:l] n. 바다표범
emphasis[émfəsis] n. 강조   breed[bri:d] v. 번식하다   distribution[dìstrəbjú:ʃən] n. 분포   calculate[kǽlkjulèit] v. 계산하다
estimate[éstəmèit] v. 추정하다   mandible[mǽndəbl] n. 하악골(下顎骨), (조류의) 아랫부리

03   Immigrant groups of Swedes, Germans, and Norwegians arrived at Minnesota in the 1880s and established homesteads on the abundant land. The poor left Europe to find jobs and better opportunities as population increased in Europe. The rich, ___(1)___, came to Minnesota ___(2)___ an increase in taxation and a change in inheritance laws in their homeland. ___(3)___ emigrated because of unstable political situations.

(A) on the other hand - due to - Others
(B) on the contrary - despite - People
(C) however - because of - They

🌲 각 문단의 빈칸에 가장 알맞은 문장을 고르시오.

04   Acid rain is caused by smoke and gases such as nitrogen oxide (NOx) and sulfur oxide (SOx). These gases are given off by factories and cars that run on fossil fuels. Then they go into the atmosphere and cause acid rain. _____ _____ For example, as a plant grows, it absorbs and uses the nourishment in the ground. This raises the acidity of the soil.

(A) However, the cause of acidification in the environment is not only air pollution.
(B) Therefore, acidification can be attributed mainly to the problem of air pollution.
(C) Overall, air pollution is directly related to the acidification of the environment.

정답 p.288

● **VOCABULARY** ●

03   **homestead**[hóumstèd] n. 자작 농장   **abundant**[əbʌ́ndənt] a. 풍요로운   **opportunity**[ὰpərtjúːnəti] n. 기회
    taxation[tækséiʃən] n. 조세, 과세   **inheritance**[inhérətəns] n. 상속, 유산   **homeland**[hóumlæ̀nd] n. 본국

04   **acid rain** 산성비   **smoke**[smouk] n. 연기   **nitrogen oxide** 산화질소   **give off** 방출하다   **nourishment**[nə́ːriʃmənt] n. 영양분
    acidity[əsídəti] n. 산성도   **acidification**[əsìdəfikéiʃən] n. 산화화

05 _____ One type is scientists that are more interested in learning. They study to gain knowledge. These scientists are involved in basic or pure science. Their projects may or may not have any importance to everyday life. Another type is scientists working in applied sciences. They usually have a specific goal in mind. This goal may involve a product, process, business, or other human need. An applied scientist often uses information recently gathered by other scientists.

(A) Natural sciences can be divided into two main categories.
(B) Scientists approach natural sciences similarly.
(C) There are two types of natural scientists.

06 Information about other people's behavior is often provided by nonverbal cues related to facial expressions such as eye contact and body posture. Such nonverbal cues are usually termed body language. _____ _____ When there are only a few people inside, they usually lean against the elevator's walls. But when more people enter, they occupy the corners.

(A) Some people prefer to use body language when taking an elevator.
(B) In an office building, people usually take the elevator up to their floor.
(C) One classic example of body language can be found in an elevator.

● VOCABULARY ●

정답 p.288

05 gain[gein] v. 얻다   pure[pjuər] a. 순수한   everyday life 일상생활   applied science 응용과학   specific[spisífik] a. 특정한
natural scientist 자연과학자

06 cue[kju:] n. 암시   facial[féiʃəl] a. 얼굴의   expression[ikspréʃən] n. 표정   eye contact 눈빛 교환
posture[pástʃər] n. 자세   term[təːrm] v. ~라고 부르다

07 | (A) In 1876, for example, the Missouri, Kansas and Texas Railroad reported that 1,948 animals had been killed at a cost of about $25,000 in the three states where it operated.

(B) One of the first large markets for barbed wire was the railroads.

(C) As the lines moved west across the prairies, cattlemen and farmers were alarmed by the loss of their livestock on the unfenced tracks.

( ) → ( ) → ( )

08 | (A) The Native Americans grew corn by digging holes in the ground, dropping in some kernels with small fish, and then covering the holes with soil.

(B) After the corn was harvested, it was used to make bread, soup, baked corn cakes, and pudding.

(C) The fish served as fertilizer for the young corn plants.

( ) → ( ) → ( )

09 | (A) She learned that chimpanzees not only used various tools for different tasks, but also modified objects for tools so that they were better suited for the tasks.

(B) In 1969, this distinction was shattered when Dr. Jane Goodall reported several observations of chimpanzees making and using tools.

(C) For many years, humans had distinguished themselves from the rest of the animal world by their ability to make and use tools.

( ) → ( ) → ( )

3rd Week

1일

2일

3일

4일

5일

Hackers **TOEFL** Reading Basic

● VOCABULARY ●   정답 p.289

07 **operate**[ápərèit] v. 운행하다   **barbed wire** 철조망   **line**[lain] n. 선로   **prairie**[préəri] n. 목초지
    cattleman[kǽtlmən] n. 목장주   **livestock**[láivstàk] n. 가축   **unfenced track** 담이 없는 길

08 **kernel**[kə́ːrnl] n. 낟알   **harvest**[háːrvist] v. 수확하다   **pudding**[púdiŋ] n. 푸딩   **fertilizer**[fə́ːrtəlàizər] n. 비료

09 **tool**[tuːl] n. 도구   **task**[tæsk] n. 일   **modify**[mádəfài] v. 수정하다, 개정하다   **suit**[suːt] v. 적합하게 하다
    distinction[distíŋkʃən] n. 구분   **shatter**[ʃǽtər] v. (희망, 신념 등이) 산산조각 나다   **observation**[àbzərvéiʃən] n. 관찰

Daily Test

🌲 지문을 읽고 물음에 답하시오.

01   [1]■ During the nineteenth and early twentieth centuries, several geologists explored the idea that the continents may have moved across the Earth's surface. ■ They were all inspired by the remarkable fit between the Atlantic coasts of Africa and South America. ■ The hypothesis of continental drift was finally developed by Alfred L. Wegener, who proposed that the Earth's continents had at one time been joined in two supercontinents. ■

[3]■ The "drift" theory, however, was not immediately accepted by Wegener's peers because it is difficult in the world of science to change accepted or established doctrines or views. ■ Those who believed that the continents were basically unchanged in their position were called "permanentists." ■ Others believed that as a result of the gradual contraction of the solid earth, ocean floor became dry land, and dry land in turn became ocean floor; these scientists were called "contractionists." ■

● VOCABULARY ●────────────────────

explore[ikspló:r] v. 탐구하다   idea[aidí:ə] n. 개념   inspire[inspáiər] v. 영감을 주다, 격려하다   fit[fit] n. 일치
hypothesis[haipáθəsis] n. 가설   drift[drift] n. 이동, 표류; v. 표류하다   supercontinent[sú:pərkàntənənt] n. 초대륙
peer[piər] n. 동료   doctrine[dáktrin] n. 학설   view[vju:] n. 관점   gradual[grǽdʒuəl] a. 점차적인
contraction[kəntrǽkʃən] n. 수축, 축소   previously[prí:viəsli] ad. 이전에   prevail[privéil] v. 우세하다

1. Look at the four squares [■] that indicate where the following sentence could be added to the passage.

   In 1912, he proposed that all the continents were previously one large continent, but then broke apart, and drifted through the ocean floor.

   Where would the sentence best fit?

   Click on a square [■] to add the sentence to the passage.

2. The word "remarkable" in the passage is closest in meaning to

   (A) incredulous
   (B) noteworthy
   (C) relevant
   (D) serene

3. Look at the four squares [■] that indicate where the following sentence could be added to the passage.

   Two other viewpoints prevailed at this time.

   Where would the sentence best fit?

   Click on a square [■] to add the sentence to the passage.

정답 p.289

🔺 지문을 읽고 물음에 답하시오.

02 | [1]■ In the early 1920s, a man named George Merrick decided to strike it rich in Miami, Florida. ■ He realized that he could earn a lot of money buying cheap land and reselling it to people from out of state at much higher prices. ■ He and a handful of other real estate developers began a national marketing campaign, and posted advertisements around the United States that promised a beautiful and happy life in Miami. ■ People read these descriptions of a tropical paradise full of orange trees and sandy beaches with excitement.

[2]■ Thanks primarily to Florida's warm weather, laid-back lifestyle, and easy access to many roads, new residents soon began moving to the South in the thousands. ■ The city of Miami's population doubled. Real estate brokers appeared all over the state, as buildings and resorts were constructed at a tremendous pace. ■ A hurricane hit the middle of Miami in 1926. The storm left some 400 dead, 3,600 injured, and 50,000 homeless. ■ Most people who had bought land suffered huge losses, and the speculation bubble was over.

● VOCABULARY ●

resell[riːsél] v. 되팔다　　handful[hǽndfùl] n. 한 움큼, 소량　　real estate 부동산　　developer[divéləpər] n. 개발업자
national[nǽʃənl] a. 전국적인　　description[diskrípʃən] n. 묘사　　paradise[pǽrədàis] n. 낙원
laid-back[lèidbǽk] a. 느긋한, 한가롭고 평온한　　access[ǽkses] n. 접근성　　resident[rézədənt] n. 거주민
broker[bróukər] n. 중개인　　resort[rizɔ́ːrt] n. 휴양지　　construct[kənstrʌ́kt] v. 건설하다　　tremendous[triméndəs] a. 엄청난
pace[peis] n. 속도　　dead[ded] a. 사망한　　injured[índʒərd] a. 부상한, 상처 입은　　homeless[hóumlis] a. 집 없는
suffer[sʌ́fər] v. (고통을) 겪다　　speculation[spèkjuléiʃən] n. 투기　　bubble[bʌ́bl] n. 거품, 꿈 같은 계획, 야심
luxury[lʌ́kʃəri] a. 호화의　　facility[fəsíləti] n. 시설

1. Look at the four squares [■] that indicate where the following sentence could be added to the passage.

   But how could he get people from across the country interested in buying his land?

   Where would the sentence best fit?

   Click on a square [■] to add the sentence to the passage.

2. Look at the four squares [■] that indicate where the following sentence could be added to the passage.

   Just when it seemed that no more luxury resorts and leisure facilities could be built, disaster hit.

   Where would the sentence best fit?

   Click on a square [■] to add the sentence to the passage.

3. According to the passage, which of the following is the main reason why people flocked to Florida during the 1920s?

   (A) The influential national advertisements
   (B) The money they could make selling property there
   (C) The hope to find jobs at the construction sites
   (D) The relaxed lifestyle and comfortable climate

정답 p.289

2일 추론(Inference) 문제

추론 문제 살펴보기

작가는 글을 쓸 때 항상 자신의 생각을 직접 말하는 것이 아니라 때로는 돌려서 말하기도 한다. 이렇게 돌려 말함으로써 오히려 더 강하고 선명하게 생각을 전달하고자 하는 것이다. 따라서 이러한 작가의 숨은 뜻을 정확하게 이해하는 것은 독해에 있어 매우 중요한 일이다.

추론 문제는 토플 문제에서 가장 어려운 문제 유형 중 하나로 취급된다. 이는 단순한 사실관계 확인이나 재진술 및 요약 문제와 달리, 지문에 나와 있지 않은 내용을 지문의 내용을 근거로 하여 알아내야 하기 때문이다. 그러나 사실상 추론 문제의 경우도 지문 전체의 내용을 통해 새로운 사실을 밝혀내는 것이 아니라, 한두 문장 정도의 진술에 기반을 둔 경우가 대부분이므로 '일치(Fact) 문제'에서 한번만 더 생각하면 풀 수 있다. 따라서 지문에 제시된 사실적인 정보를 이해하는 것이 선행되어야 한다.

질문의 형태

It can be inferred from the passage/paragraph # that . . .
지문/단락 #에서 …을 추론할 수 있다.

Which of the following can be inferred from the passage?
다음 중 어느 것이 지문에서 추론 가능한가?

According to the passage/paragraph #, what can be inferred about ____?
지문/단락 #에 의하면, ____에 관하여 무엇이 추론 가능한가?

선택지의 형태

지문에 이미 언급되어 있는 사실을 바탕으로 추측이 담긴 내용을 문장으로 제시한다.

◣ 오답의 분석

추론 문제에서 오답의 유형을 따져 보는 것은 논리력 배양에 큰 도움이 된다. 개개의 선택지를 아래에 비추어 분석하는 훈련을 하도록 한다.

(1) 지문의 내용과 다른 것
(2) 지문에 전혀 언급된 바 없는 것
(3) 지문에 근거하지 않고 비약이 심한 것

▶ 문제 풀이 전략

1. 하나의 문장을 통해 추론이 가능한 경우도 있고, 하나 이상의 단락 또는 전체 지문을 통해 추론을 해야 하는 경우도 있으므로, 글 전체의 개괄적인 흐름을 파악한다.

2. 추론은 '말하지 않는 것'을 추리해 내는 것이 아니라, 지문에 근거하여 작가의 의도를 파악하는 것이므로, 일단 지문에서 말하는 사실(Fact)을 정확히 이해한다.

3. 추론의 근거가 되는 부분이 지문의 어떤 부분인지를 확실히 찾는다. 근거가 없는 선택지는 위의 '오답의 분석'에 따라 분류하면서 정답의 폭을 줄여 나가는 것이 안전하다.

4. 추론 문제를 풀 때는 다른 문제보다 조금 더 긴 시간 동안 문제 풀이를 한다.

5. 비교 구문을 비롯한 문법 구문을 많이 알아 두는 것이 추론 문제 풀이에 도움이 된다.

Daily Check-up

🌲 다음 문장을 읽고 추론할 수 있는 것으로 가장 적절한 것을 고르시오.

01 | The Minoans were an ancient civilization on what is now Crete in the Mediterranean. According to Homer, the famous Greek poet, Crete had 90 towns, of which Knossos was the most important. The most remarkable fact is that none of the Minoan cities had city walls, or defensive walls unlike other ancient civilizations.

From the passage it can be inferred that cities of other ancient civilization

(A) were also located in the Mediterranean
(B) were not referred to by Homer
(C) had city or defensive walls

02 | Babies make gurgling sounds or "vocal play" during the four to six months age range. Babbling also occurs in this age range, and babies will sometimes sound as though they are "talking." This speech-like babbling includes the bilabial(two lip) sounds "p", "b", and "m." After having this period they eventually learn sounds such as "r", "v", and "th." However, even four or five-year olds still have trouble with these sounds.

The passage implies that "r", "v", and "th" sounds

(A) indicate that babies want something
(B) are pronounced with only one lip
(C) are more difficult to pronounce than bilabial sounds

● VOCABULARY ●

01 ancient [éinʃənt] a. 고대의   the Mediterranean 지중해   remarkable [rimá:rkəbl] a. 주목할 만한
    defensive [difénsiv] a. 방어의

02 gurgling [gə́:rgliŋ] a. (아기가) 까르륵거리는   vocal [vóukəl] a. 음성의   range [reindʒ] n. 범위   babbling [bǽbliŋ] n. 옹알이
    include [inklú:d] v. 포함하다   bilabial [bailéibiəl] a. 양순음의   eventually [ivéntʃuəli] ad. 비로소

03

Initially, the Normans who conquered England in the eleventh century, tried to replace English with their own language, French. It became the official language but never succeeded in becoming the common language because of cultural differences between the Normans and the Anglo-Saxons, the native population. In fact, it was the Norman people who were affected and in 1362 English was finally declared the official language.

From the passage it can be inferred that

(A) the Anglo-Saxons spoke English
(B) French became the widely-spoken language through a difficult process
(C) English and French were the only spoken languages during this period

04

Like other stars, the sun is made up of very hot gases. At times, some of these hot gases cool a little. The cooler gases look like dark spots on the sun and are called sunspots. But they are not really cool. Even the coolest sunspots are hotter than the hottest fire on Earth. Meanwhile, sunspots change in size and shape. They last about 30 days, but some can last much longer or shorter. Usually small sunspots may last only a few days, while larger ones last longer.

From the passage it can be inferred that

(A) sunspots can be seen throughout the year
(B) duration of sunspots is related to the size of sunspots
(C) the hottest fires on Earth can be hotter than some sunspots

정답 p.290

● VOCABULARY ●

03 **initially** [iníʃəli] ad. 처음에   **conquer** [kάŋkər] v. 점령하다   **replace** [ripléis] v. 대체하다   **official** [əfíʃəl] a. 공식적인
   cultural [kΛltʃərəl] a. 문화적인   **affect** [əfékt] v. 영향을 미치다   **declare** [diklέər] v. 선언하다

04 **at times** 때때로   **sunspot** [sΛnspὰt] n. 태양흑점   **meanwhile** [míːnʰwàil] ad. 한편   **last** [læst] v. 지속하다

다음 글을 읽고 주어진 각 보기가 본문을 통해 추론할 수 있는 진술인 경우 T(True), 그렇지 않은 경우 F(False)라고 쓰시오.

05 | Unlike case studies, observational studies usually involve many different kinds of subjects at once. In observational studies, the researcher systematically observes and records behavior without interfering in any way with the people being observed. Often an observational study is the first step in a program of research. The primary purpose of naturalistic observation is to describe behavior as it occurs in the natural environment. Ethologists such as Jane Goodall and the late Dian Fossey used this method to study apes and other animals in the wild. Psychologists use naturalistic observation wherever people happen to be: at home, on playgrounds, and in schoolrooms and offices.

_____ (A) Case studies usually deal with one type of subject.
_____ (B) Unscripted behavior is a crucial factor in observational studies.
_____ (C) Observational studies are more effective than case studies.
_____ (D) Most psychological studies use the observational method.

06 | Energy is defined as the capacity of any system to perform work. In a living organism, whether a small cell or a large creature, the ability to acquire, alter, expend, and release energy is essential to survival. The Sun provides a tremendous amount of potential energy to Earth; however, fully a third of it does not penetrate Earth's atmosphere. Of the portion that does reach the surface, most is returned back to space without being fully utilized. Some of the remaining solar energy affects the planet's geological processes, helping to make a habitable environment for organisms by providing enough heat to ensure liquid water is available. Only one percent of it is actually captured via photosynthesis by green plants and algae, which in turn, serve as the basic food energy for the entire Earth ecosystem.

_____ (A) Reflected energy from Earth's surface accounts for the biggest portion of the total solar energy which goes to Earth.
_____ (B) All life forms require energy for survival.
_____ (C) Photosynthetic organisms account for one percent of the food energy on Earth.
_____ (D) Liquid water is necessary to support life on Earth.
_____ (E) Only one percent of the sun's energy reaches Earth's surface.

07

Following a path similar to that of other countries, early urban centers in the United States were established where it was advantageous for transportation. The first cities were founded on the Atlantic coast, especially near rivers that could provide fresh water and a transportation conduit to the ocean. These locations maintained the lifeline to Europe, which supplied both the immigrants and the imports necessary for the development of the cities. Boston, New York, Philadelphia, and New Orleans are among these early cities. These bustling port cities could not only accept incoming merchandise from abroad, but also expedite the international export of agricultural products grown further inland.

_____ (A) The port cities played a key role in the development of American agriculture.

_____ (B) Early urban cities in America were reliant upon European goods.

_____ (C) Cities are always built where the necessary resources are available.

_____ (D) American immigrants preferred European products.

_____ (E) Waterways were significant methods of transportation.

정답 p.290

● VOCABULARY ●

05 unlike[ʌnláik] prep. ~과 달리   case study 사례 연구   observational study 관찰 연구
involve[inválv] v. 관여하다   subject[sʌ́bdʒikt] n. 대상, 피실험자   researcher[risə́ːrtʃər] n. 연구원
systematically[sìstəmǽtikəli] ad. 체계적으로   observe[əbzə́ːrv] v. 관찰하다   behavior[bihéivjər] n. 행동
interfere[ìntərfíər] v. 방해하다   primary[práimeri] a. 주된   purpose[pə́ːrpəs] n. 목적
naturalistic[nætʃərəlístik] a. 자연주의적인   occur[əkə́ːr] v. 일어나다   environment[inváiərənmənt] n. 환경
psychologist[saikɑ́lədʒist] n. 심리학자   playground[pléigràund] n. 운동장

06 define[difáin] v. 정의하다   perform[pərfɔ́ːrm] v. 수행하다   organism[ɔ́ːrgənìzm] n. 유기체
creature[kríːtʃər] n. 생명체   ability[əbíləti] n. 능력   acquire[əkwáiər] v. 흡수하다
alter[ɔ́ːltər] v. 변화하다   release[rilíːs] v. 방출하다   essential[isénʃəl] a. 필수적인
survival[sərváivəl] n. 생존   tremendous[triméndəs] a. 엄청난   potential[pəténʃəl] a. 잠재적인
penetrate[pénətrèit] v. 뚫다   atmosphere[ǽtməsfìər] n. 대기   portion[pɔ́ːrʃən] n. 부분
surface[sə́ːrfis] n. 지표   utilize[júːtəlàiz] v. 활용하다   remaining[riméiniŋ] a. 남아 있는
affect[əfékt] v. 영향을 주다   geological[dʒìːəlɑ́dʒikəl] a. 지질학의   habitable[hǽbitəbl] a. 살 수 있는
via[váiə] prep. ~을 통해서   photosynthesis[fòutousínθəsis] n. 광합성   alga[ǽlgə] n. 조류 (pl. algae)
ecosystem[ékousìstəm] n. 생태계

07 urban[ə́ːrbən] a. 도시의   establish[istǽbliʃ] v. 설립하다   advantageous[ædvəntéidʒəs] a. 유리한
transportation[trænspərtéiʃən] n. 운송   coast[koust] n. 연안   fresh water 담수
conduit[kɑ́ndwit] n. 통로   location[loukéiʃən] n. 지역   maintain[meintéin] v. 유지하다
lifeline[làifláin] n. 수송로, 생명선   immigrant[ímigrənt] n. 이민자   bustling[bʌ́sliŋ] a. 분주한
incoming[ínkʌ̀miŋ] a. 들어오는   merchandise[mə́ːrtʃəndàiz] n. 상품   expedite[ékspədàit] v. 촉진시키다
agricultural[æ̀grikʌ́ltʃərəl] a. 농업의   inland[ínlænd] n. 내륙

Daily Test

🌲 지문을 읽고 물음에 답하시오.

01

After years of arguing about whether San Francisco, California needed a new bridge, which the opposition considered impractical and too expensive, it was left to the people of San Francisco to vote on whether or not to build one. On November 4, 1930, the public voted for the project to go ahead, and on January 5, 1933, construction began. The main span of the bridge is an amazing 4,200 feet, with distinctive stepped-back towers that climb 746 feet in the air.

The original design plan submitted by Chief Engineer Joseph B. Strauss called for a hybrid cantilever and suspension structure across the Golden Gate. It was generally regarded as unsightly, and some doubted whether the design was worthy of a bridge that was to have the world's longest span. After Strauss submitted his first design, Consulting Engineer Leon S. Moisseiff theorized that a long-span suspension bridge could cross the gate, in spite of 60-mile per hour winds. A bridge of this length had never been tried before. Finally, on May 28, 1938 the Golden Gate Bridge opened to vehicular traffic at 12 o'clock noon, when President Franklin D. Roosevelt pressed a telegraph key in the White House and announced the event to the world. The Golden Gate Bridge opened ahead of schedule and under budget.

● VOCABULARY ●

opposition[ὰpəzíʃən] n. 반대(자)   impractical[imprǽktikəl] a. 비실용적인   vote[vout] v. 투표하다
span[spæn] n. 다리의 경간(지주 사이의 거리)   amazing[əméiziŋ] a. 놀라운   distinctive[distíŋktiv] a. 독특한
stepped-back[stéptbæ̀k] a. [건축] 단 후퇴의   submit[səbmít] v. 제출하다   hybrid[háibrid] n. 혼합형, 혼성물
cantilever[kǽntəlìːvər] n. [건축] 외팔보, 캔틸레버(건축물에서 한쪽 끝을 벽에 고정시키고 다른 끝을 그대로 비어 있게 하여 설계한 보)
suspension[səspénʃən] n. 현수, 매달기   unsightly[ʌ̀nsáitli] a. 볼품없는   doubt[daut] v. 의심하다
theorize[θíːəràiz] v. 이론을 세우다   vehicular[viːhíkjulər] a. 차량의, 탈것의   telegraph key 신호키   budget[bʌ́dʒit] n. 예산
exceed[iksíːd] v. 넘다

1. Which of the following can be inferred about the decision to build the Golden Gate Bridge?

   (A) It was the state government who finally approved it.
   (B) It was a controversial issue for the public.
   (C) Most people opposed the building of the bridge.
   (D) Planners wanted to build the largest bridge in the world.

2. The word "It" in the passage refers to

   (A) The original design plan
   (B) a hybrid cantilever
   (C) suspension structure
   (D) the Golden Gate

3. The passage implies that Consulting Engineer Leon S. Moisseiff was concerned about

   (A) strong winds
   (B) construction period
   (C) the length of the bridge
   (D) the size of the gate

4. It can be inferred from the passage that a suspension structure as long as the Golden Gate Bridge

   (A) might exceed the budget
   (B) could collapse due to strong winds
   (C) was the first of its kind
   (D) was considered unfeasible

정답 p.291

🌲 지문을 읽고 물음에 답하시오.

02 | There is always one queen in a hive, and she is significantly larger than a worker and longer than a drone, the non-working male bee. However, her wings are much shorter than her body and cannot cover the whole of her abdomen, because it is long and tapered. She has sparkling gold hairs on her shiny body. The queen also has a sting, but, unlike the aggressive workers, she does not fight hive intruders. Her sting is only used to fight rival queens. As well, she does not go out to collect pollen, nectar, or water, and therefore has no collecting apparatuses, such as pollen baskets for drawing nectar or wax glands to secrete wax to build comb cells. Finally, unlike worker bees, she usually does not feed herself.

Young virgin queens have their own pheromones in addition to the smell they produce when ready to mate. The queen also maintains behavioral control of the colony using a pheromone known as the "queen substance." This acts as a mating attractant for the drones and suppresses the reproductive systems of the workers. This ensures that the queen is the only reproductive female in the hive. The queen substance also acts to keep the swarm together when the queen leaves the hive with the swarm.

● VOCABULARY ●───────────────────────────────────

hive[haiv] n. 벌집   drone[droun] n. 수벌   abdomen[ǽbdəmən] n. 복부   sparkling[spá:rkliŋ] a. 반짝이는
sting[stiŋ] n. 침   aggressive[əgrésiv] a. 공격적인   intruder[intrú:dər] n. 침입자   pollen[pálən] n. 화분, 꽃가루
nectar[néktər] n. (꽃의) 꿀, 화밀(花蜜)   apparatus[ǽpərǽtəs] n. 기관, 기구   wax[wæks] n. 밀랍
gland[glænd] n. (분비하는) 선, 샘   secrete[sikrí:t] v. 분비하다   comb[koum] n. 벌집   pheromone[férəmòun] n. 페로몬
attractant[ətrǽktənt] n. 유인 물질   suppress[səprés] v. 억제하다   reproductive[rì:prədʌktiv] a. 생식의, 번식하는
swarm[swɔ:rm] n. 떼, 무리

1. Why does the author mention "the aggressive workers"?

   (A) To emphasize the peaceful nature of the queen
   (B) To compare the queen's and the worker's defensive roles
   (C) To demonstrate that the workers effectively protect their hive
   (D) To illustrate the function of the sting in the bee's defense system

2. The word "apparatuses" in the passage is closest in meaning to

   (A) utensils
   (B) tools
   (C) devices
   (D) organs

3. Which of the following can be inferred about worker bees from the passage?

   (A) They are ineffective collectors of pollen and nectar.
   (B) Their sting is more potent than that of the queen.
   (C) They are capable of feeding themselves.
   (D) Their bodies are longer than drones.

4. What can be inferred from the passage?

   (A) A bee sting indicates danger and the desire to mate.
   (B) Bees use the sense of smell primarily to defend their hives.
   (C) Young virgin queens are better at mating than the queen bee.
   (D) Pheromones are a chemical substance produced exclusively by the queen.

정답 p.291

3일 수사적 의도(Rhetorical Purpose) 문제

수사적 의도 문제 살펴보기

작가는 글을 쓸 때 말하고자 하는 바를 독자에게 효율적으로 전달하고자 한다. 이를 위해 작가는 여러 가지 수사(Rhetoric)를 도입하여 글을 전개해 나간다. 여기서 수사란 특정한 단어의 사용일 수도 있고 특정한 단락에 대한 기능 부여일 수도 있다.

일반적으로 토플 문제에서는 지문에서 사용된 특정한 단어나 구에 대한 작가의 의도를 묻는 문제로 출제되지만, 특정한 단락이 지문에서 어떠한 기능으로 사용되었는지를 묻기도 한다.

질문의 형태

특정 단어/구를 언급한 목적을 물을 때

Why does the author mention   in the passage?
왜 작가는 지문에서   을 언급하는가?

특정 단락의 기능을 물을 때

What is the purpose of paragraph # in the overall discussion?
전체적인 맥락에서 단락 #의 기능은 무엇인가?

선택지의 형태

to 부정사로 시작되는 선택지가 나온다.

설명/예증하기 위해	지지/반박하기 위해	비교/대조하기 위해	제안/증명하기 위해	부연/강조하기 위해
to describe . . . …을 설명하기 위해	**to support . . .** …을 지지하기 위해	**to compare . . .** …을 비교하기 위해	**to suggest . . .** …을 제안하기 위해	**to further develop the idea . . .** …을 부연하기 위해
to explain . . . …을 설명하기 위해	**to contradict . . .** …을 반박하기 위해	**to contrast . . .** …을 대조하기 위해	**to demonstrate . . .** …을 증명하기 위해	**to emphasize . . .** …을 강조하기 위해
to illustrate . . . …을 예증하기 위해	**to criticize . . .** …을 반박하기 위해		**to show . . .** …을 증명하기 위해	**to highlight . . .** …을 강조하기 위해
to give an example of . . . …에 대한 예를 보여주기 위해				

오답의 분석

선택지가 글의 내용을 잘못 말했거나, 목적이나 기능을 잘못 말했을 경우 오답이 된다.
예를 들어 글쓴이가 특정 정보를 언급한 올바른 목적이 '지구온난화의 원인을 예증하기 위해'라고 한다면, '온실가스의 발생 원인을 예증하기 위해'라든가 '지구온난화의 심각성을 강조하기 위해'는 오답이 된다.

▶ 문제 풀이 전략

1. 수사 문제의 단서는 대개 음영으로 표시되어 있거나 문제에서 제시된 단어, 혹은 구의 주변에 있으므로 이를 면밀히 살핀다.

2. 작가의 의도를 제대로 알기 위해서는 글의 흐름을 아는 것이 중요하므로, 글의 전개 방식을 알 수 있게 해주는 전형적인 표현들을 찾아본다. 해당되는 표현에는 다음과 같은 것들이 있다.

   설명/예증: to give an example of/to illustrate → for example
   지지/반박: to support/to contradict → be supported by, although
   비교/대조: to compare/to contrast → similarly, on the other hand

Daily Check-up

🌱 다음 글을 읽고 음영된 단어나 구를 언급한 목적(Purpose)을 고르시오.

01 The tongue is a muscular organ occupying the floor of the mouth. It is covered with papillae – small bumps on the tongue – and taste buds. The taste buds are clustered along the sides of the tongue. They allow people to perceive only bitter, salty, sweet, and sour flavors. However, 70 to 75 percent of what people perceive as taste comes from the sense of smell.

Why does the author mention "sense of smell" in the passage?

(A) To propose that the sense of smell is caused by the tongue
(B) To argue that taste can be perceived by organs other than the tongue
(C) To distinguish between the sense of taste and the sense of smell

02 There are two main kinds of supercomputers: vector machines and parallel machines. Both machines work fast but in different ways. For instance, a vector computer solves 100 problems as fast as possible. A parallel computer, on the other hand, divides the work. It shares 10 problems with 10 processors or 20 with 5. In the end, the vector works step by step to find information and analyze it, and the parallel works like the human brain by solving many things simultaneously.

Why does the author mention "human brain" in the passage?

(A) To demonstrate that vector computers are more advanced than the human brain
(B) To illustrate the similarities between parallel computers and the human brain
(C) To give an example of how the human brain solves problems

● VOCABULARY ●
01 **muscular** [mʌ́skjulər] a. 근육의   **bump** [bʌmp] n. 돌기   **cluster** [klʌ́stər] v. 밀집하다   **perceive** [pərsíːv] v. 감지하다
02 **parallel** [pǽrəlèl] a. 병렬의   **analyze** [ǽnəlàiz] v. 분석하다   **simultaneously** [sàiməltéiniəsli] ad. 동시에

03

Frogs have evolved to live in an astounding variety of climates. They can be found just about anywhere there is fresh water. Though they thrive in warm, moist, tropical climates, frogs also live in deserts and high on 15,000-foot mountain slopes. The Australian Water-holding Frog is one of the desert dwellers that can wait up to seven years for rain. It burrows underground and surrounds itself in a transparent cocoon made of its own shed skin.

The author mentions "15,000-foot mountain slopes" to

(A) contrast different kinds of frogs according to their natural habitat
(B) prove that frogs can live in the place where there is no water
(C) give an example of extreme condition where frogs can survive

04

The Earth is surrounded by a blanket of air, which people call the atmosphere. It reaches over 560 kilometers from the surface of the Earth. Early attempts at studying the nature of the atmosphere were simple. People used clues from the weather: the multi-colored sunsets and sunrises, and the twinkling of stars. Today, with the use of sensitive instruments from space, scientists have a better idea of how the atmosphere functions.

Why does the author mention "the multi-colored sunsets and sunrises, and the twinkling of stars" in the passage?

(A) To show how people in the past studied the atmosphere
(B) To illustrate how scientific methods for studying atmosphere have improved
(C) To emphasize that early attempts to study the atmosphere were irrational

● **VOCABULARY** ●
정답 p.292

03 astounding[əstáundiŋ] a. 몹시 놀라게 하는   climate[kláimit] n. 기후   thrive[θraiv] v. 번성하다   slope[sloup] n. 비탈
dweller[dwélər] n. 서식 동물   burrow[bə́:rou] v. 파고들다, 굴을 파다   transparent[trænspɛ́ərənt] a. 투명한
cocoon[kəkú:n] n. 누에고치   shed[ʃed] v. 떨어뜨리다

04 blanket[blǽŋkit] n. 덮개   atmosphere[ǽtməsfìər] n. 대기, 공기   attempt[ətémpt] n. 시도
instrument[ínstrəmənt] n. 기계, 기구

05 The circulation of water consists of many steps. First, the sun heats the ocean water. Next, the water evaporates and rises into the clouds. The wind then blows the clouds toward continental land. As the clouds become too big or are pushed toward cooler regions, it begins to rain. The rain falls to the ground and forms groundwater or surface water in the form of springs. The surface water meets other bodies of water to form streams and rivers. These later flow back to the ocean.

In the passage, the author explains the idea of water circulation by

(A) comparing groundwater and surface water
(B) providing a specific definition of the term
(C) describing the consecutive steps of the process

06 Virtually all Americans are touched in a positive way by the National Endowment for the Arts (NEA). For example, the NEA brings art and culture to the people. It keeps Americans in contact with art. Since its inception, the NEA has awarded over 100,000 grants. Through the Federal/State NEA network, over 19 million children receive some form of art education each year. Older and disabled Americans are exposed to the arts through programs like *Elders Share the Arts* in Brooklyn, NY. Residents of rural communities are also encouraged to learn about and enjoy the arts through a variety of programs.

In the passage, the author explains the benefits of the NEA by

(A) classifying federal government NEA programs
(B) giving examples of people who are affected by it
(C) contrasting its beneficiary with those who are not

● VOCABULARY ●

05 circulation[sə̀ːrkjuléiʃən] n. 순환   consist of ~로 이루어져 있다   evaporate[ivǽpərèit] v. 증발하다
blow[blou] v. 불다   continental[kàntənéntl] a. 대륙의

06 virtually[və́ːrtʃuəli] ad. 사실상   endowment[indáumənt] n. 기금   inception[insépʃən] n. 시작
grant[grænt] n. 보조금   disabled[diséibld] a. 장애를 가진   encourage[inkə́ːridʒ] v. 장려하다

07

The most poisonous fish in the world lives in the waters of the western Pacific and Indian Oceans. It is called the stonefish. It looks very much like a stone, except that it has 13 thin spines that stick upward. The average length of most stonefish is about 35-50 centimeters. It has a spotty greenish and brown color.

The stonefish is a member of the scorpion fish family. There are about 250 kinds of scorpion fish, all of which can cause great pain. Some species of the scorpion fish family, such as the lionfish, live on the ocean floor and eat crabs and small fish. To capture prey, it draws its targets into enclosed spaces where it can devour them without having to move quickly. On the other hand, the stonefish inhabits the shallow water around coral reefs and rocky areas. The camouflage of the stonefish enables it to hide on the bottom of the many tropical reefs, where it waits motionlessly for its prey to pass by. It then attacks with incredible speed, consuming its victim in one swift motion.

1. In paragraph 1, the author explains the stonefish by

   (A) describing its physical appearance
   (B) providing a scientific definition
   (C) classifying the species according to its characteristics

2. In paragraph 2, the author explains the idea of scorpion fish family by

   (A) giving an example of atypical species of scorpion fish family
   (B) comparing the feeding habits of different species
   (C) contrasting the scorpion fish with the stone fish

정답 p.293

● VOCABULARY ●

07 poisonous[pɔ́izənəs] a. 독성의   stonefish[stóunfiʃ] n. 스톤피쉬(쏨뱅이과의 어류)   spine[spain] n. 가시
upward[ʌ́pwərd] ad. 위쪽으로   average[ǽvəridʒ] a. 평균의   spotty[spáti] a. 얼룩투성이의   scorpion fish 쏨뱅이
family[fǽməli] n. 과(科)   lionfish[láiənfiʃ] n. 라이언피쉬(쏨뱅이과의 어류)   ocean floor 해저   prey[prei] n. 먹이
enclosed[inklóuzd] a. 에워싸인   devour[diváuər] v. 삼키다   inhabit[inhǽbit] v. 서식하다
shallow[ʃǽlou] a. 얕은   coral reef 산호초   rocky[ráki] a. 바위투성이의   camouflage[kǽməflɑ̀ːʒ] n. 위장
incredible[inkrédəbl] a. 놀라운   consume[kənsúːm] v. 섭취하다   swift[swift] a. 재빠른

08 | Alloys, the combination of two or more metals, are often more useful than the individual metals. For instance, pure aluminum, despite its light weight, is not safe to use for the construction of airplanes because it breaks easily. Gold should be mixed with copper to produce an alloy hard enough to make jewelry. Bronze is a reddish-brown mixture of tin and copper, yet it is harder and tougher than either metal alone, so it was used to make tools and weapons thousands of years ago.

_____ (A) In the passage, the author explains the term alloy by providing a definition and example of it.
_____ (B) Airplanes are given as an example of a product that is commonly made of aluminum.
_____ (C) The author mentioned tin and copper as examples of metals that cannot be used alone.
_____ (D) Tools and weapons are used to show how strong blending of metals could be.

09 | The word "planet" has its roots in an old Greek word meaning "wanderer," but the planets do not really ramble aimlessly throughout the solar system. They travel in fixed paths about the sun. Of the eight planets in the solar system, the four closest to the sun are sometimes called the terrestrial planets. The word "terrestrial" comes from the Latin word terra, which means "earth." Although Mercury, Venus, and Mars lack the trees, grass, and flowers that decorate the surface of our planet, they are Earth-like in the sense that they have a solid, earthy surface.

_____ (A) The author develops ideas on the planet by refuting assumptions held in the past.
_____ (B) To explain the scientific concept, the author draws the origin of the term.
_____ (C) Mercury, Venus, and Mars are mentioned as examples of solid planets in the solar system.
_____ (D) The author says that trees, grass, and flowers are characteristics of a solid and earthy surface.

10 The nervous system consists of our brain, spinal cord, and nerves. It takes in all the information coming from the senses, and arranges it for us. It is like a busy airport. Information is constantly coming into and out of the control tower, over the main runway, and through many other runways.

The brain itself has three main parts: the brain stem, the cerebellum, and the cerebrum. They each have different jobs to do. The spinal cord is a long piece of nerve tissue that runs from the brain down through the backbone. It connects the brain to the body's nerves. Nerves are tiny fibers found in the spinal cord and throughout the body. They pick up information and send it up the spinal cord to the brain. Special nerves tell us when we are seeing, feeling, hearing, smelling, or touching something. Other nerves act as lines of communication that pass information on.

_____ (A) The author describes the concept of the nervous system by comparing it to another system in our body.

_____ (B) The author mentions the main runway and the many other runways to illustrate how parts of the nervous system function.

_____ (C) In paragraph 2, the author discusses the structure of the nervous system with explaining each function of its parts in detail.

_____ (D) Seeing, feeling, hearing, smelling or touching in paragraph 2 are given as examples of human activities that are not related to ordinary nerves.

정답 p.293

● VOCABULARY ●

08 alloy[ǽlɔi] n. 합금   individual[ìndəvídʒuəl] a. 개개의   copper[kápər] n. 구리   bronze[brɑnz] n. 청동   tin[tin] n. 주석

09 ramble[rǽmbl] v. 돌아다니다   aimlessly[éimlisli] ad. 목적 없이   terrestrial[təréstriəl] a. 땅의   surface[sə́ːrfis] n. 표면

10 spinal cord 척수   constantly[kánstəntli] ad. 끊임없이   runway[rʌ́nwèi] n. 활주로   brain stem 뇌간
cerebellum[sèrəbéləm] n. 소뇌   cerebrum[səríːbrəm] n. 대뇌   nerve tissue 신경 조직   backbone[bǽkbòun] n. 척추
communication[kəmjùːnəkéiʃən] n. 의사소통

Daily Test

🌲 지문을 읽고 물음에 답하시오.

01 | Hibernation is commonly regarded as passing the winter in a state of lethargy, a defense against cold and a food shortage, but it is not quite that simple. During hibernation, the metabolism, pulse rate, and body temperature of an animal is dramatically reduced. For example, the desert-dwelling western pipistrelles, such as big browns and pallids, may drop their pulse rates from a high of over 600 beats per minute during mid-flight to a low of under 20 beats per minute during hibernation.

In addition, hibernation is not a continuous state. All hibernators periodically rouse themselves for hours to days. Little brown bats, for example, may hibernate uninterrupted for as long as 83 days or they may awaken every 12 to 19 days. Some animals store food in their hibernacula(their winter retreats) and eat during arousal episodes. Others rely on fat deposits for energy and arouse without eating.

● VOCABULARY ●

hibernation [hàibərnéiʃən] n. 동면   lethargy [léθərdʒi] n. 기면(嗜眠), 혼수상태
shortage [ʃɔ́ːrtidʒ] n. 부족   metabolism [mətǽbəlizm] n. 신진대사   pulse rate 맥박
pipistrelle [pìpəstrél] n. 집박쥐   continuous [kəntínjuəs] a. 지속적인   periodically [pìəriɑ́dikəli] ad. 주기적으로
retreat [ritríːt] n. 은신처   arousal [əráuzəl] n. 각성   episode [épəsòud] n. 시기, 사건   deposit [dipázit] n. 저장물

1. The word "it" in the passage refers to

   (A) Hibernation
   (B) state of lethargy
   (C) defense
   (D) food shortage

2. In the passage, the author explains the concept of hibernation by

   (A) illustrating its more elaborate characteristics
   (B) providing a scientific definition and an exception
   (C) distinguishing the hibernation of bats from that of other animals
   (D) describing the different stages of hibernation

3. Why does the author mention "big browns and pallids"?

   (A) To show that the conditions in the desert are too harsh for hibernation
   (B) To distinguish between different species of bats that hibernate in the winter
   (C) To suggest that further studies into the dangers posed by hibernating bats is required
   (D) To give an example of animals that change their biological processes during hibernation

정답 p.294

3rd Week 1일 2일 3일 4일 5일 Hackers **TOEFL** Reading Basic

🌲 지문을 읽고 물음에 답하시오.

02 | Until the 1960s, people in the United States did not pay particular attention to the natural environment. Rather, Americans were more focused on the economy. However, with an increase in oil spills, polluting factories and power plants, and the loss of wilderness, suddenly people realized they shared common values. They called for a national organization to protect the environment. Accordingly, on April 22, 1970, the first Earth Day, 20 million Americans took to the streets, parks, and auditoriums to demonstrate for a healthy, sustainable environment. Thousands of colleges and universities organized protests against the deterioration of the environment.

The first Earth Day led to the creation of the United States Environmental Protection Agency (EPA) and the passage of the Clean Air, Clean Water, and Endangered Species Acts. President Richard Nixon and Congress worked together to establish the EPA in response to the growing public demand for cleaner water, air, and land. Prior to the establishment of the EPA, the national government was not structured to make a coordinated attack on the pollutants that harmed human health by significantly degrading the environment. The EPA was assigned the daunting task of repairing the damage already done to the natural environment.

● VOCABULARY ●

focus on ~에 초점을 맞추다   economy [ikánəmi] n. 경제   spill [spil] n. 유출   pollute [pəlúːt] v. 오염시키다
power plant 발전소   wilderness [wíldərnis] n. 황무지   demonstrate [démənstrèit] v. 시위를 벌이다
sustainable [səstéinəbl] a. 지속 가능한   deterioration [ditiəriəréiʃən] n. 악화, 퇴보
passage [pǽsidʒ] n. (의안의) 통과, 통로   structure [strʌ́ktʃər] v. 조직화하다   pollutant [pəlúːtnt] n. 오염원
significantly [signífikəntli] ad. 심각하게   degrade [digréid] v. 저하시키다   assign [əsáin] v. 할당하다
daunting [dɔ́ːntiŋ] a. 막중한, 벅찬   task [tæsk] n. 직무   repair [ripέər] v. 복구하다, 수선하다

1. Why does the author mention "the first Earth Day" in paragraph 1?

   (A) To demonstrate the level of public concern for environmental issues
   (B) To describe an event that attacked the federal government
   (C) To provide an example of the creation of a national holiday
   (D) To explain the public's dissatisfaction over the lack of health benefits

2. In paragraph 2, the author explains the creation of the EPA by

   (A) illustrating its benefits and possible drawbacks
   (B) showing the background that led to its formation
   (C) explaining the process by which the related acts were passed in Congress
   (D) comparing it with other attempts to preserve the natural environment

3. According to the passage, which of the following is NOT true of the natural environment in the US in the early 1900s?

   (A) The economic agenda took precedence over protecting it from human activities.
   (B) There was no government agency for managing environmental issues.
   (C) After realizing its importance, citizens protested against the federal government.
   (D) Its deterioration was so serious that it caused health problem for humans.

4. The word "coordinated" in the passage is closest in meaning to

   (A) uninterrupted
   (B) developed
   (C) directed
   (D) unified

정답 p.294

4일 요약(Summary) 문제

요약 문제 살펴보기

요약(Summary) 문제는 지문의 내용을 몇 개의 문장으로 요약시키는 것이다. 선택지 중에서 문제에 주어진 요약표에 들어가기 적합한 것을 골라 지문의 주요한 내용을 잘 표현하는 요약문을 완성시키면 된다. 요약 문제는 지문당 0~1개가 출제된다. 요약(Summary) 문제가 출제되지 않는 경우에 한해 간혹 정보 분류표(Category Chart) 문제가 출제되기도 한다.

글의 요약이란 글쓴이가 글을 통해 전달하고자 하는 '중심 생각'을 나열한 것이므로, 글쓴이가 '무엇'에 관하여 '어떠한 생각'을 전달하고자 글을 썼는가를 파악하면서 글을 읽는 것이 중요하다.

질문의 형태

요약(Summary) 문제에서는 6개의 선택지와 도입 문장(Introductory Sentence)이 주어지는데, 도입 문장 (Introductory Sentence)의 내용을 바탕으로 하여 6개의 선택지 중 3개의 선택지를 골라 문제에 주어진 표를 완성시키면 된다.

Directions: An introductory sentence for a brief summary of the passage is provided below. Complete the summary by selecting the THREE answer choices that express the most important ideas in the passage. Some sentences do not belong in the summary because they express ideas that are not presented in the passage or are minor ideas in the passage. **This question is worth 2 points.**

> Drag your answer choices to the spaces where they belong. To remove an answer choice, click on it. To review the passage, click on **View Text**.

도입 문장
●
●
●

지시: 지문의 요약을 위한 도입 문장이 아래에 주어져 있다. 지문의 가장 중요한 내용을 나타내는 3개의 보기를 골라 지문 요약을 완성하라. 어떤 문장들은 지문에 언급되지 않은 내용이나 지문의 세부 내용을 나타내고 있으므로 지문 요약에 포함되지 않는다. 이 문제는 2점이다.
속하는 자리에 선택 항목을 끌어다 놓아라. 선택 항목을 삭제하려면 그 위에 클릭하라. 전체 지문을 다시 보려면 View Text 아이콘을 클릭하라.

◤ 선택지의 형태

문장(Sentence)으로 주어지며, 표에 넣고 싶은 선택지를 마우스로 드래그하여 표로 가져가면 그 선택지가 표에 들어간다. 6개의 선택지 중 정답인 선택지 3개는 major idea를 나타내며, 오답인 선택지 3개는 minor idea나 지문에 언급되지 않은 내용을 나타낸다. 2점 만점이며 부분 점수가 있다. 선택해야 할 정답 3개를 모두 맞게 선택하면 2점 만점, 2개만 맞추면 1점, 1개 이하를 맞추면 0점이다.

◤ 오답의 분석

1. Minor idea를 나타내는 선택지는 오답이 된다. 즉, 선택지 중 글의 세부 내용(글의 주요 내용에서 벗어나 있는 내용)을 나타내는 것들은 오답이 된다.
2. 지문에 언급되지 않은 내용을 나타내는 선택지는 오답이다.

▶ 문제 풀이 전략

1. 각 단락의 주제문(Topic Sentence)을 찾고 글 전체의 요지(Main Idea)를 파악한다. 대부분의 주제문(Topic Sentence)은 단락의 가장 앞에 위치하나, 뒤나 중간에 위치하는 경우도 있다.

2. 선택지가 주요 내용을 나타내고 있는지 사소한 내용을 나타내고 있는지 확인한다.

Daily Check-up

🌲 글의 major idea에는 + 표시를, minor idea에는 − 표시를 하시오.

01 | The main reason for the extinction of animal species is human activity. Although extinction is a natural process, about one species becomes extinct every 20 minutes. That rate is between a hundred and a thousand times the "normal" extinction rate. For example, 2,000 species (or 15% of the world total) of the bird population on the Pacific Ocean Islands have regrettably become extinct since humans colonized these islands.

_____ (A) Human inhabitation has resulted in the extinction of many bird species.
_____ (B) The current extinction rate for some species is very high.
_____ (C) Human actions have led to the extinction of many animal species.

02 | The usefulness of polygraphs is still being debated today. Polygraphs are instruments that monitor a person's physiological reactions. People call them "lie detectors," but these instruments do not detect lies. They can only detect whether misleading behavior is being displayed. In some cases, a truthful person may be considered a liar because he or she was nervous or embarrassed during the examination. Furthermore, the instrument may not be able to detect the physiological changes in habitual liars.

_____ (A) Polygraphs can only detect the emotional state of the individual.
_____ (B) There is no consensus regarding the effectiveness of polygraphs.
_____ (C) Polygraphs may have trouble detecting people who commonly lie.

● VOCABULARY ●
01 extinction [ikstíŋkʃən] n. 멸종   regrettably [rigrétəbli] ad. 유감스럽게도   colonize [kálənàiz] v. 식민지로 개척하다
02 polygraph [páligræf] n. 거짓말 탐지기   instrument [ínstrəmənt] n. 기계, 기구   physiological [fìziəládʒikəl] a. 생리적인
    misleading [mislí:diŋ] a. 오도하는, 오해의 소지가 있는

03 | The legs are the most essential part of the body in an insect's daily life. Besides basic functions such as jumping, digging, swimming, and running, legs are also used for other special purposes. For example, the mantis is an excellent predator because its front legs are modified to grasp prey. Along the same lines, butterflies have adapted front legs for the cleaning of their antennae.

_____ (A) Legs make it possible for insects to perform basic activities.
_____ (B) The legs of some insects have specialized functions.
_____ (C) Legs are of great importance to insects.

04 | Carl Fisher designed the first highway from coast to coast in the United States. He thought the two and a half million miles of roads existing in 1912 were not really fit for traveling. In fact, most of the roads were dirt. Initially, Fisher's project was estimated to cost ten million dollars. So Fisher asked for the support of car manufacturers. Then he sought help from Frank Sieberling of Goodyear and Henry Joy of the Packard Motor Company. After completion, the highway was named the "Lincoln Highway" after Abraham Lincoln. The name was made by Henry Joy.

_____ (A) The Lincoln Highway was developed by Carl Fisher.
_____ (B) The cost of this project made it necessary to seek financial support.
_____ (C) The majority of roads in the U.S. were unpaved.

정답 p.295

● VOCABULARY ●

03 dig[dig] v. 파다   mantis[mǽntis] n. 사마귀   predator[prédətər] n. 포식 동물
04 estimate[éstəmèit] v. 추정하다   support[səpɔ́ːrt] n. 후원, 지지   manufacturer[mæ̀njufǽktʃərər] n. 제조업자

⬆ 지문을 읽고 물음에 답하시오.

05

A school is a group of fish which travel as a social unit. Usually the fish are of similar size and age, and space out evenly between members. (a) The closeness of the fish in a school can vary with the season and time of day, and depends on the social bonds between members. (b) The advantages of traveling in schools include protection from predators and enhanced foraging. A predator is less likely to attack a large group of fish because large numbers confuse the predator or the school can resemble a large fish. (c) The large numbers can be confusing when the members scatter, making it difficult for an attacking predator to catch an individual fish. (d) Additionally, schools make it easier for the fish to find food because there are more individuals searching and less successful individuals can follow the more successful ones.

1. If the above passage was divided into two paragraphs, which would be the best place to make the break?

(A) (a)　　　　　　　　　　(B) (b)

(C) (c)　　　　　　　　　　(D) (d)

2. Match each paragraph with its main topic. There is one extra answer choice.

Paragraph 1 •　　　　　• Closeness between fish in a school

Paragraph 2 •　　　　　• Characteristics of a school of fish

　　　　　　　　　　　• The benefits of forming a school

● VOCABULARY ●

05 **school** [sku:l] n. 떼, 무리　**social unit** 사회 단위　**depend on** ~에 달려 있다　**bond** [bɑnd] n. 결속
advantage [ædvǽntidʒ] n. 이점　**protection** [prətékʃən] n. 보호　**enhance** [inhǽns] v. 강화하다
forage [fɔ́:ridʒ] v. 먹이를 구하다　**resemble** [rizémbl] v. 닮다　**scatter** [skǽtər] v. 흩어지다
individual [ìndəvídʒuəl] a. 개개의, 일개의

06

The United States is a nation of immigrants. People from countries all around the world have immigrated to America for various reasons. Among them, Pilgrims and the Puritans came to America for religious freedom. (a) In England they were not allowed to worship freely, so they looked for a place where they could practice their religion and live as they wanted to. (b) Quakers, Catholics, and Jews also left their home countries and came to America to observe their own beliefs. (c) Other immigrants have come to America to get away from poverty in their home countries. In Ireland, a deadly disease almost wiped out one of the most important crops, potatoes. Without potatoes, many poor families in Ireland went hungry. There was so little to eat that thousands of people starved to death. Some of these Irish people decided that things were so bad that they had to leave their country. Thus, they came to America. (d) People came from other countries, as well, such as Sweden, Germany, and China. They came for the same reason: the land where they lived just wasn't producing enough food. They came to America with dreams of starting a farm, growing food, and never being hungry again.

1. If the above passage was divided into two paragraphs, which would be the best place to make the break?

(A) (a)　　　　　　　　　　　　(B) (b)

(C) (c)　　　　　　　　　　　　(D) (d)

2. Match each passage with its main topic. There is one extra answer choice.

Paragraph 1　•　　• American immigrants avoiding poverty

Paragraph 2　•　　• American immigrants from all around the world

Entire passage　•　　• U.S. immigrants in search of religious freedom

　　　　　　　　　　• Fight for religious freedom

정답 p.296

● VOCABULARY ●

06　immigrant[ímigrənt] n. 이민자　　immigrate[íməgrèit] v. 이주하다　　Puritan[pjúərətn] n. 청교도
religious[rilídʒəs] a. 종교적인　　allow[əláu] v. 허락하다　　worship[wə́ːrʃip] v. 예배하다, 숭배하다　　practice[prǽktis] v. 수행하다
religion[rilídʒən] n. 종교　　observe[əbzə́ːrv] v. 지키다　　belief[bilíːf] n. 믿음　　get away from ~로부터 벗어나다
poverty[pávərti] n. 가난　　deadly[dédli] a. 치명적인　　wipe out 피폐화시키다　　crop[krɑp] n. 곡물
starve[stɑːrv] v. 굶다

07 Traditionally, the processes of learning, remembering, and forgetting were considered separate and distinct. Today, however, scientists studying memory development and retention have discovered that the contrast between these processes is less evident than previously thought. Research now suggests that memory should be perceived as a learning process in three chronological steps: acquisition, short-term, and long-term.

Recently processed sensory input, such as visual or auditory data, is first stored temporarily in short-term memory. Only a limited amount of information may reside here for 15-30 seconds before it is either abruptly erased or moved to long-term memory. In contrast, long-term memory has the capacity for storing an infinite amount of information and can be accessed for many years without being forgotten.

(A) There are limits to the memory capacity of the human brain.
(B) Long-term memory is more effective than short-term memory.
(C) Memory is organized in sequence by three stages.
(D) Memory theory focuses on how people retain information.

● VOCABULARY ●

07 **process** [práses] n. 과정   **separate** [sépərət] a. 분리된   **distinct** [distíŋkt] a. 별개의   **retention** [riténʃən] n. 보존
contrast [kántræst] n. 차이, 대조   **evident** [évədənt] a. 명확한   **chronological** [krànəládʒikəl] a. 순서대로 된, 연대순의
temporarily [tèmpərérəli] ad. 일시적으로   **abruptly** [əbrʌptli] ad. 갑자기   **capacity** [kəpǽsəti] n. 역량

08

People discard a lot of garbage and rarely pause to consider the consequences of creating so much waste. Over time, the amount of refuse has increased dramatically, forcing scientists to look for ways to reduce or reuse this trash.

Recycling is one way to curtail expanding garbage dumps. Instead of hauling debris to a landfill, collectors take it to a processing plant where machines can remove useful material. Glass is transformed into windows and bottles, while scrap metal is melted down into new sheets. Remaining trash is placed into a furnace and burned to create heat.

The energy from burning garbage can be used to heat water until it transforms into steam, which is then used to produce electricity. Finally, this electricity is redirected back into the processing plant to help fuel the machines or sold to other factories and power companies.

(A) It is better to reduce the amount of garbage than to recycle it.
(B) Recycling provides necessary fuel to manufacturers.
(C) Burning rubbish can provide steam energy to drive machines.
(D) People can recycle garbage to minimize waste and generate energy.

3rd Week

1일

2일

3일

4일

5일

Hackers **TOEFL** Reading Basic

정답 p.296

● VOCABULARY ●

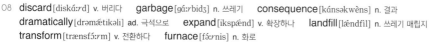

08 discard [diská:rd] v. 버리다   garbage [gá:rbidʒ] n. 쓰레기   consequence [kánsəkwèns] n. 결과
dramatically [drəmǽtikəli] ad. 극적으로   expand [ikspǽnd] v. 확장하나   landfill [lǽndfil] n. 쓰레기 매립지
transform [trænsfɔ́:rm] v. 전환하다   furnace [fɔ́:rnis] n. 화로

🌲 지문을 읽고 물음에 답하시오.

01

The damselfly, which belongs to the same insect family as the dragonfly, is one of the oldest species on the planet. Fossilized specimens show this type of insect to be over 300 million years old, and there are over 4,000 subspecies worldwide. While there is a great deal of variation, in general, damselflies possess the speed, agility, and eyesight required to be excellent predators. Their unique wing apparatus makes them adroit flyers, able to travel long distances and perform impressive feats of aerial acrobatics. Like the dragonfly, the lifecycle of this species has three distinct stages: the egg, the nymph, and the winged-adult.

Damselflies mate while in flight over lakes or ponds, and their eggs are usually laid in vegetation that floats on or protrudes from the water's surface. As many aquatic species prey on the damselfly, including fish, frogs, and birds, the female ensures that the hundreds of eggs produced during the mating period are deposited in a variety of locations to increase the chances of the young surviving. It takes about one week from the time the egg has been laid for the nymph to emerge. This phase of the lifecycle is spent underwater, and the nymph is a voracious predator that feeds on larvae, tadpoles and even small minnows. After several months, the nymph leaves the water, crawling up a plant stem or up onto a rock, until its entire body is out of the water. Its outer skin dries out, then splits open and an adult damselfly emerges. The body of the winged-adult is a shiny blue or green and has an elongated abdomen. The male's wings are brightly colored, while the female's are usually clear with colored markings. After the wings have completely dried and its body has hardened, the adult is able to fly.

● VOCABULARY ●

damselfly [dǽmzəlflài] n. 실잠자리   dragonfly [drǽgənflài] n. 잠자리   specimen [spésəmən] n. 표본
possess [pəzés] v. 가지다   agility [ədʒíləti] n. 민첩함   predator [prédətər] n. 포식자   apparatus [æ̀pərǽtəs] n. 기관
adroit [ədrɔ́it] a. 능숙한   nymph [nimf] n. 애벌레   vegetation [vèdʒətéiʃən] n. 식물   protrude [proutrúːd] v. 튀어나오다
voracious [vɔːréiʃəs] a. 대식하는   abdomen [ǽbdəmən] n. 배

Directions: An introductory sentence for a brief summary of the passage is provided below. Complete the summary by selecting the THREE answer choices that express the most important ideas in the passage. Some sentences do not belong in the summary because they express ideas that are not presented in the passage or are minor ideas in the passage. **This question is worth 2 points.**

Drag your answer choices to the spaces where they belong. To remove an answer choice, click on it. To review the passage, click on **View Text**.

The damselfly undergoes several transformations during the course of its lifecycle.

-
-
-

Answer Choices

(A) Numerous fertilized eggs are laid in a variety of locations to improve survival rates.

(B) Most of the lifecycle is spent in the water, swimming around to find food.

(C) After exiting the water via a plant stem, the damselfly sheds its skin and opens its wings.

(D) Frogs and other small animals prey on the eggs.

(E) The nymphs hatch from the eggs underwater and feed off many small organisms.

(F) Male bodies are distinct from female one, which are quite transparent.

정답 p.297

🔺 지문을 읽고 물음에 답하시오.

02 | Chemistry is an important part of the fabric of daily life. Many of the items and substances used regularly by people are the direct result of the efforts of individual chemists and the industry as a whole. Products that fall into this category include, among others, paints, dyes, soaps, and plastics. However, byproducts that result from the manufacture of many chemicals pose a significant environmental and health threat to nearby communities. The physical well-being of local residents is often detrimentally affected by the contamination of the air and water, and there is a direct impact on the local environment.

In the past, there was very little concern regarding the manner in which toxic byproducts were disposed of. In the earliest stages of this industry, unused chemicals were frequently dumped in nearby bodies of water, such as rivers and lakes. However, as opposition to this practice grew, producers began to construct on-site storage facilities, usually in the form of underground containers. While this initially resolved local concerns, as the storage facilities aged, the chemicals would often seep out and eventually pollute the water.

Recently, several new procedures have been utilized to limit the harmful effects of chemical waste. The most significant one is the method of waste reduction, in which companies make a concerted effort to lower the amount of byproducts generated. Recycling has also been applied to substances that can be broken down into their component elements and reused. For those substances that cannot be recycled, specialized facilities have been created to store them in a secure manner. It is hoped that science will be able to develop techniques to deal with these in the future.

● VOCABULARY ●────────────

chemistry[kémɚstri] n. 화학   fabric[fǽbrik] n. 구성, 조직   substance[sʌ́bstəns] n. 물질   byproduct[báiprɑ̀dʌkt] n. 부산물
manufacture[mæ̀njufǽktʃɚr] n. 제조   detrimentally[dètrəméntli] ad. 해롭게   contamination[kəntæ̀mənéiʃən] n. 오염
toxic[tɑ́ksik] a. 독성의   facility[fəsíləti] n. 시설   eventually[ivéntʃuəli] ad. 결국   utilize[júːtəlàiz] v. 이용하다
concerted[kənsɚ́rtid] a. 공동의   component[kəmpóunənt] a. 구성하는   secure[sikjúɚr] a. 안전한

Directions: An introductory sentence for a brief summary of the passage is provided below. Complete the summary by selecting the THREE answer choices that express the most important ideas in the passage. Some sentences do not belong in the summary because they express ideas that are not presented in the passage or are minor ideas in the passage. **This question is worth 2 points.**

Drag your answer choices to the spaces where they belong. To remove an answer choice, click on it. To review the passage, click on **View Text**.

Certain aspects of the chemical industry have negatively affected modern society.

●

●

●

Answer Choices

(A) Chemical byproducts have been shown to harm both people and wildlife.

(B) Nobody panicked about poisonous waste initially, so it was discarded incautiously into the natural environment.

(C) Factory owners have made a concerted effort to cease production of any chemical that may pollute.

(D) Scientists are working to find a way to manage contained waste products.

(E) Secure storage is the most practical method to deal with waste.

(F) The industry now focuses on reducing and reusing the harmful substances.

정답 p.297

5일 정보 분류표(Category Chart) 문제

정보 분류표 문제 살펴보기

정보 분류표(Category Chart) 문제는 지문에서 설명하고 있는 범주들을 파악한 후 각 범주에 대한 세부 정보를 알맞게 분류하여 정리하는 유형이다. 정보 분류표 문제는 지문당 0~1개가 출제되며, 요약(Summary) 문제가 출제되지 않는 지문에서 출제된다.

지문 내에서 정확한 정보를 찾아내고 분류하는 능력은 독해의 기본이며, 또한 정보 분류표(Category Chart) 문제를 풀기 위해서 꼭 필요한 능력이다. 따라서 지문에 어떠한 중요 정보가 어떤 방식으로 서술되는지 파악하고, 정확한 사실을 찾아서 분류하는 연습이 필요하다.

질문의 형태

정보 분류표(Category Chart) 문제에서는 선택지(Answer Choices)와 범주표(Category Chart)가 주어진다. 실전에서는 정답을 클릭하여 알맞은 범주 칸에 끌어다 놓으면 된다.

Directions: Select the appropriate phrases from the answer choices and match them to the type of to which they relate. Two of the answer choices will NOT be used. **This question is worth 3 points.**

> Drag your answer choices to the spaces where they belong. To remove an
> answer choice, click on it. To review the passage, click on **View Text**.

Answer Choices	Category 1
	●
	●
	●
	Category 2
	●
	●

지시: 보기에서 적절한 구를 골라서 관련된 항목에 알맞게 짝지어라. 이 문제는 3점이다.
속하는 자리에 선택 항목을 끌어다 놓아라. 선택 항목을 삭제하려면 그 위에 클릭하라. 전체 지문을 다시 보려면 View Text 아이콘을 클릭하라.

▣ 선택지의 형태

보기 개수는 표에 정답으로 들어가는 것보다 많이 주어진다. 정답으로 선택해야 할 정보가 5개이면 보기는 7개, 선택해야 할 것이 7개이면 보기는 9개가 주어진다.

점수 또한 달라지는데, 선택해야 할 정답이 5개인 경우는 5개 모두 맞게 선택하면 3점 만점, 4개만 맞추면 2점, 3개만 맞추면 1점, 2개 이하를 맞추면 0점이다. 선택해야 할 정답이 7개인 경우는 7개 모두 맞게 선택하면 4점 만점, 6개만 맞추면 3점, 5개만 맞추면 2점, 4개만 맞추면 1점, 3개 이하를 맞추면 0점이다.

▣ 오답의 분석

지문의 내용과 상반되거나 지문에 언급되지 않은 보기는 오답으로 간주된다.

▶ 문제 풀이 전략

1. 문제에 제시된 표에 어떤 범주가 있는지 먼저 확인한 후, 지문을 읽으며 각 범주에 해당하는 세부 정보를 찾아 분류한다.

2. 정답이 될 수 있는 보기는 범주를 뒷받침하는 중요 정보들이다. 거의 재진술(Restate)되어 있으므로 재진술되었다고 판단되는 지문의 부분과 보기를 꼼꼼하게 비교해 본다.

3. 오답은 지문에 쓰인 단어나 비슷한 단어로 이루어질 수 있으므로 주의한다. 학습할 때 오답이 되는 이유 또한 잘 정리한다. (예: 거짓 진술, 지문에 나오지 않는 정보 등)

Daily Check-up

🌲 주어진 지문을 읽고 두 가지 범주와 각 범주에 해당하는 세부 정보를 바르게 분류한 것을 고르시오.

01 | The difference between weather and climate is often misunderstood. Weather is defined by atmospheric conditions, such as wind speed, precipitation, barometric pressure, or temperature, at any given location. More precisely, it is the combination of these variables at a particular moment in time and place. Climate, on the other hand, is a description of the average weather conditions over a certain time period, for example, during the summer or winter seasons. It can also be said that geographic regions experience specific types of climates. Northern climates tend to be cool and dry, while equatorial climates are generally hot and humid.

(A)

평균 날씨	날씨
• 추움/건조, 더움/습함 • 특정 시간에 걸친 날씨	• 바람, 비, 대기압 등 • 대기

(B)

날씨	기후
• 대기 상태 • 기상 변수 조합, 특정 순간 & 장소	• 한 기간에 걸친 평균 날씨 • 지리 지역에 따른 특이 기후

(C)

북쪽 기후	적도 기후
• 겨울에 춥고 건조	• 여름에 덥고 습함

● VOCABULARY ●

01 **define** [difáin] v. 정의하다 **atmospheric** [ætməsférik] a. 대기의 **precipitation** [prisìpətéiʃən] n. 강우
variable [vέəriəbl] n. 변수 **geographic** [dʒì:əgrǽfik] a. 지리의 **equatorial** [ì:kwətɔ́:riəl] a. 적도의

02 Surface ocean currents are mainly caused by the force of wind. For this reason, they acquire characteristic clockwise spirals in the northern hemisphere and counterclockwise spins in the southern hemisphere, similar to the wind patterns of these regions. They are also generally affected by seasonal changes, particularly around the equator. Deep ocean currents, however, are propelled by increases or decreases in salinity and water temperatures. Thermohaline circulation, for example, pertains to the deep ocean basin currents driven by changes in the concentration of salt. This is referred to as a submarine river because it runs deep in the ocean and is not directly visible.

(A)

표면	심해
• 염도로 야기됨 • 원인: 물 온도 변화 • 직접적으로 안 보임	• 반/시계 방향 회전 • 원인 1: 바람 • 원인 2: 계절

(B)

표면 해류	심해 해류
• 풍력 • 소용돌이/회전 → 바람 패턴 • 적도에서 발생	• 소금 & 물 • 기저 • 바다 깊이 흐름

(C)

S 해류	D 해류
• 바람에 의해 • ↗북 / ↘남 • 계절적 변화에 영향	• 소금 & 물 온도 ↕ 에 의해 • 직접적으로 안 보임

정답 p.298

● VOCABULARY ●

02 **current**[kə́:rənt] n. 해류　**clockwise**[klɑ́kwàiz] a. 시계 방향의　**spiral**[spáiərəl] n. 소용돌이
hemisphere[hémisfiər] n. (지구의) 반구　**counterclockwise**[kàuntərklɑ́kwaiz] a. 반시계 방향의　**equator**[ikwéitər] n. 적도
propel[prəpél] v. 추진하다　**salinity**[səlínəti] n. 염도　**thermohaline circulation** 열염 순환　**pertain to** ~에 속하다
basin[béisn] n. 분지

03

The root system of a plant is composed of many individual roots. While many variations exist, there are two primary types: a taproot system and a fibrous root system. A taproot is a straight root that tapers as it grows down into the earth and forms a main root. From the main root other roots may develop. This makes these types of plants difficult to transplant, as the root system will often remain after the actual plant has been removed. The fibrous root system is established once the initial stage of plant growth has been completed. It consists of many equal-sized roots that branch off from the stem.

Answer Choices	Taproot System	Fibrous Root System
Is a challenge to relocate		
Has components with similar dimensions		
Is the second phase of plant development		
Follows a direct vertical path		

04

A hot-water geyser is the result of surface water that gradually drops down through the ground. Then the water is heated by geothermal energy. Also, it is forced through the broken rock by convection until it reaches the surface. In cold-water geysers, however, CO_2 provides the energy for the eruption. The column of water in a cold-water geyser creates the pressure required to maintain the CO_2 in solution and in small bubbles. When the pressure decreases, the CO_2 is allowed to outgas and the CO_2 bubbles expand. This is similar to the transformation of water into steam in a hot-water geyser, where the steam bubbles expand to move water.

Answer Choices	Cold-Water Geyser	Hot-Water Geyser
Requires the heat of the earth		
Is dependent on Carbon dioxide		
Is pushed through fractured rock		
Erupts with the reduction of water force		

● VOCABULARY ●

정답 p.298

03 **taper** [téipər] v. 점점 가늘어지다   **transplant** [trænsplǽnt] v. 옮겨 심다

04 **geyser** [gáizər] n. 간헐천   **geothermal** [dʒìːouθə́ːrməl] a. 지열의   **convection** [kənvékʃən] n. 대류

🔺 주어진 지문을 읽고 아래 범주표의 빈칸에 알맞은 답을 차례대로 고르시오.

05 | Archaeologists date fossils by using various methods such as stratigraphy, half-life dating, etc. The oldest and most widely used method is stratigraphy, the study of strata, or layers, based on the hypothesis that newer layers are usually formed on top of older layers. Archaeologists can estimate the amount of time that has passed since deeper rocks and fossils are older than those found above them. For an accurate estimate, however, the fossil should be in the same position and the composition of the earth should have remained the same.

Another method of fossil dating is to use the half-life of the radioactive isotope. Radioactive atoms decay into stable atoms by a simple mathematical process. Half of the available atoms will change in a given period of time, known as the half-life. For example, radioactive isotope Potassium-40 can be used to date fossils. It decays into argon gas at a known rate. By using Potassium-40, which has a long half-life of 1.3 billion years, archaeologists can discern the earth's age.

| Stratigraphy dating | • Measures the age of fossils based on the age of the rocks beneath them and those above them
• |
| Half-life dating | • Uses decline levels of radioactive atoms to estimate age
• |

Answer Choices

(A) Makes determinations based on numerical calculations
(B) Assumes more modern planes of rock are situated on top of older ones
(C) Calculates the elapsed time between the initial deposit and fossilizations

● VOCABULARY ●

05 **stratigraphy**[strətígrəfi] n. 층위학　**half-life dating** 반감기 연대 측정법　**strata**[stréitə] n. 지층
hypothesis[haipάθəsis] n. 가설　**radioactive isotope** 방사성 동위원소　**decay**[dikéi] v. [물리] 자연 붕괴하다
potassium[pətǽsiəm] n. 칼륨　**argon**[άːrgɑn] n. 아르곤(기체 원소)　**discern**[disə́ːrn] v. 파악하다, 분별하다

🔺 지문을 읽고 물음에 답하시오.

01 | Martian weather is quite harsh and differs substantially from Earth's weather. On Mars (sometimes called the Red Planet), fall and winter temperatures can drop to -143°C. It creates fatal conditions for unprotected human visitors. In spring and summer, temperatures rising to 18°C pose hazards as well. This is because Mars has no discernible ozone layer and human skin burns due to exposure to sunlight. On the contrary, on Earth, the presence of the ozone layer helps protect human skin. What the two planets do have in common is a four-season year, although the eccentric elliptical orbit of Mars tends to make each season longer than those on Earth. Especially, the nearly circular orbit of Earth ensures that the seasons are equally divided into four three-month periods with peculiar weather conditions.

The level of violent storms is another difference between the two planets. Mars is known to experience long-term rainfalls that have caused severe flooding. They are so destructive that they have occasionally burst dammed up craters with waters traveling at more than 160km/h. This water flow is 1,000 times the force of typical flooding on Earth's North American continent.

● VOCABULARY ●

harsh [hɑːrʃ] a. 가혹한   fatal [féitl] a. 치명적인   pose [pouz] v. (위험성을) 지니다   discernible [disə́ːrnəbl] a. 식별할 수 있는
eccentric [ikséntrik] a. 별난, (궤도가) 편심적인   elliptical [ilíptikəl] a. 타원의   peculiar [pikjúːljər] a. 특유한, 독특한
burst [bəːrst] v. 파열시키다   dammed up 둑으로 막은

1. Which of the sentences below best expresses the essential information in the highlighted sentence in the passage? *Incorrect* choices change the meaning in important ways or leave out essential information.

   (A) Although Mars' aberrant orbit causes it to have seasons that last much longer than those on Earth, the two planets are alike.

   (B) Despite Mars' longer seasons due to its peculiar orbit, it displays a four-season year identical to Earth's.

   (C) Both Mars and Earth experience similar seasonal changes throughout the years due to their common orbital structure.

   (D) The oval-shaped orbit of Mars extends the length of each season, but the planet still has a four-season year.

2. **Directions**: Select the appropriate phrases from the answer choices and match them to the type of weather to which they relate. **This question is worth 3 points.**

   Drag your answer choices to the spaces where they belong. To remove an answer choice, click on it. To review the passage, click on **View Text**.

Answer Choices	Mars' weather
(A) Frigid temperatures are cold enough to cause human deaths.	●
(B) The ozone layer helps prevent people's skin from burning.	●
(C) Lack of protective layer allows dangerous rays to enter atmosphere.	●
(D) Particles in the sky illuminate it to a deep red color.	
(E) Flood waters are so fierce that they have pushed through several river dams.	**Earth's weather**
(F) Four seasons are roughly the same length but have distinctive weather.	●
(G) Prolonged precipitation causes terrible flood waters moving at breakneck speeds.	●

정답 p.299

🌲 지문을 읽고 물음에 답하시오.

02

The earliest examples of Greek pottery were merely adorned with abstract designs, such as circles, arcs, triangles, and wavy lines. With the creation of the black-figure style, however, Greek pottery made significant progress. In order to achieve this effect, the design was sketched in outline, and then filled in using refined clay as paint. The piece would then be fired in a kiln, with the subsequent oxidization process producing a reddish-orange color. The temperature was then increased and oxygen was removed, turning the vessel black. The final stage required that oxygen be allowed back into the kiln, returning the vessel to its reddish-orange color, with the exception of the painted layer, which remained glossy-black. While the style was a dramatic improvement over previous techniques, it could only depict figures and objects in silhouette.

Red-figure pottery, the mode that eventually superseded the black-figure style, is widely considered the zenith of Hellenic ceramics. In this method, the figure outlines, details, and the background are painted black, while the form itself is left unpainted. The result is that the figure takes on the reddish tone of iron-rich Athenian clay once the vessel has been fired. This made it possible to create more accurate and natural depictions, providing an enduring record of Greek life.

● VOCABULARY ●

adorn[ədɔ́ːrn] v. 장식하다　　arc[ɑːrk] n. [기하학] 호, 원호　　kiln[kiln] n. (벽돌 등을 굽는) 가마
subsequent[sʌ́bsikwənt] a. 그 다음의　　oxidization[àksədizéiʃən] n. 산화　　glossy[glási] a. 광택이 나는
depict[dipíkt] v. 묘사하다　　silhouette[sìluét] n. 실루엣　　supersede[sùːpərsíːd] v. 대체하다　　zenith[zíːniθ] n. 정점
Athenian[əθíːniən] a. 아테네의　　enduring[indʒúəriŋ] a. 영구적인

1. The word "superseded" in the passage is closest in meaning to

(A) exceeded

(B) surmounted

(C) replaced

(D) transcended

2. **Directions**: Select the appropriate phrases from the answer choices and match them to the type of weather to which they relate. **This question is worth 3 points.**

> Drag your answer choices to the spaces where they belong. To remove an answer choice, click on it. To review the passage, click on **View Text**.

Answer Choices	Black-figure pottery
(A) Used purified clay to produce the image	●
(B) Allowed figures to be portrayed realistically	●
(C) Was decorated with geometric designs	●
(D) Included shapes that lacked detail	
(E) Had intricate and complex backgrounds	Red-figure pottery
(F) Had the smooth and shiny black layer after baked	●
(G) Is thought to be the apex of Greek pottery	●

정답 p.300

4th

Week

리딩 실전 연습하기

1일 Progressive Test 1

🔺 지문을 읽고 물음에 답하시오.

01 | In old times, it was normal for women in the U.S. to make dresses on their own. Occasionally some men learned the rudiments of sewing and mending. However, women were usually responsible for making dresses. Because ready-made dresses cost too much, ordinary women had no choice but to make their garments at home. This job was so time-consuming that sometimes just one dress was in use at one time. Only when the old one was worn-out would a new one be made. Thus, a woman would own just one dress at any given time in her life. Unlike the fancy dresses captured in portraits, women commonly wore loose dresses around the house. These clothes were not able to be handed down because they were recycled in scraps as dust cloths or quilts.

On the other hand, women who could afford ready-made dresses had more options. This is because the number of designs and materials available from professional seamstresses was substantial. So buyers had a wide array of colors and patterns from which to choose. In addition, the quality of ready-made dresses was high. Expert dressmakers made precise measurements and could alter the garments to ensure an exact fit. And they made dresses that were durable. Moreover, they knew which fashions were trendy and which were not. Therefore, women who purchased dresses from them were guaranteed to always be in style.

● VOCABULARY ●────────────

rudiment[rúːdəmənt] n. 기초   sew[sou] v. 바느질하다   mend[mend] v. 수선하다   ready-made[rèdiméid] a. 기성품의
time-consuming[táimkənsùːmiŋ] a. 시간이 많이 소모되는   worn-out[wɔ́ːrnàut] a. 닳아 해진
fancy[fǽnsi] a. 화려한, 고급스러운   capture[kǽptʃər] v. 담다, 포착하다   portrait[pɔ́ːrtrit] n. 초상화
commonly[kámənli] ad. 대개   loose[luːs] a. 헐렁한   hand down 물려주다   recycle[riːsáikl] v. 재활용하다
scrap[skræp] n. 조각   dust cloth 걸레   quilt[kwilt] n. 퀼트   seamstress[síːmstris] n. 재봉사
dressmaker[drésmèikər] n. 양재사   durable[djúərəbl] a. 튼튼한

1. The word "rudiments" in the passage is closest in meaning to

   (A) crafts
   (B) basics
   (C) merits
   (D) traits

2. The word "given" in the passage is closest in meaning to

   (A) unique
   (B) magnificent
   (C) particular
   (D) monotonous

3. According to the passage, women's old clothes couldn't be passed down to younger generations because

   (A) they were used to teach women how to make dresses
   (B) pieces of them were reused for other purposes
   (C) children preferred fancy clothing bought in stores
   (D) they were beyond repair and were thrown away

4. According to the passage, which of the following is a characteristic of ready-made dresses?

   (A) They were made from expensive materials.
   (B) They were popular among the lower class.
   (C) They were made to last a long time.
   (D) They were similar in style to modern dresses.

정답 p.301

02 | The leaders of the American colonies found it difficult to find support for their fight for independence. One major problem was that farmers did not want to participate in the army during harvest seasons. As a result, in the late 1770s, the government pledged to give land to soldiers who fought in the war in return for military service. In spite of what the government promised, only a few enlisted. Unlike in Europe, where most farmers were not landowners, the majority of American farmers owned their land. And American farmers were wealthy in comparison to the European counterparts. There was simply no incentive for them to risk their lives for what they already had. For the most part, only the slaves who had no economic power were interested in such compensation, so they served in the army instead of farmers or other middle class citizens.

➡ Another was that the leaders did not have the full backing of the public. Twenty percent of the colonists were still loyal to Britain and fifty percent were neutral to the war, mostly because they thought independence was impossible. The widespread indifference of settlers to the independence movement made it difficult for revolutionaries to gain or maintain supporters. As the war progressed, public support dwindled. However, after a major victory against the British with the help of France, support for Britain was quickly abandoned. Seeing that Britain was more vulnerable than they had believed, colonists began to have faith that independence was possible and many joined the revolution. Despite Britain's military might, the American colonists won their independence in 1781.

● VOCABULARY ●

support[səpɔ́ːrt] n. 지원   independence[ìndipéndəns] n. 독립   participate[pɑːrtísəpèit] v. 가담하다, 참여하다
harvest[hɑ́ːrvist] n. 수확   pledge[pledʒ] v. 약속하다   enlist[inlíst] v. 입대하다   economic power 경제력
compensation[kàmpənséiʃən] n. 보상, 배상   serve[səːrv] v. 복무하다   backing[bǽkiŋ] n. 지지, 후원
colonist[kɑ́lənist] n. 식민지 이주자   loyal[lɔ́iəl] a. 충성스러운   neutral[njúːtrəl] a. 중립적인
dwindle[dwíndl] v. 점차 감소하다   victory[víktəri] n. 승리   against[əgénst] prep. ~에 반하여
abandon[əbǽndən] v. 버리다, 포기하다   despite[dispáit] prep. ~에도 불구하고   military[mílitèri] a. 군사의
might[mait] n. 힘, 세력

1. According to the passage, what can be inferred about the fight for independence?

   (A) The public gave the war leaders wholehearted support for their contribution.
   (B) The government's efforts to induce the public to take part in the army were not effective.
   (C) Those who joined the army during the war did not receive expected compensation.
   (D) The land ownership of slaves was confirmed by the law in exchange for their military service during the War.

2. The word "Another" in the passage refers to

   (A) problem
   (B) army
   (C) economic power
   (D) compensation

3. It can be inferred from paragraph 2 that the remaining thirty percent of the people in colonial America

   (A) believed that the slaves should fight the battle
   (B) brought the War of Independence to an end
   (C) refused the military aid of France
   (D) were proponents of the Revolutionary War

   Paragraph 2 is marked with an arrow [➡].

4. The word "dwindled" in the passage is closest in meaning to

   (A) lingered
   (B) consolidated
   (C) diminished
   (D) exploded

정답 p.301

🌲 지문을 읽고 물음에 답하시오.

03

As in Europe, there was a change in working relationships in the United States during the Industrial Revolution. Before the Industrial Revolution, employers typically lived near their employees, where they formed close-knit communities. Employers and employees even sometimes shared the same housing. Because of these intimate living arrangements, there were plenty of opportunities for interaction. As a result, people not only shared occupations, they also formed tight friendships and depended on one another both inside and outside the workplace. Yet even in informal circumstances when not engaged in actual labor, workers freely shared knowledge with one another about their crafts. Thus people learned a variety of job skills. This situation changed with the introduction of the factory system.

Even though the factory system, which was designed to house manufacturing operations, was an essential part of the Industrial Revolution, it gave rise to friction between the employers and the employees. The success of the factory became more important than intimacy among workers. Productivity and efficiency, rather than cooperation and sharing, was the goal of the new system. Employees in factories worked long hours. Often they fought bitterly with their companies over low pay and unsafe work conditions. However, they were rarely compensated for the risks. Moreover, workers did not develop proficiency in a range of tasks as they had in earlier times. Instead, workers in factories performed simple jobs over and over. Each worker made only a small part of the finished product, and the work was often boring. And because they used machines instead of their own hands to produce the parts of a final product, it was harder for workers to be proud of their work. At times, in fact, they felt like machines themselves.

● VOCABULARY ●

the Industrial Revolution 산업 혁명   employer[implɔ́iər] n. 고용인   typically[típikəli] ad. 일반적으로
employee[implɔ́ii:] n. 직원, 피고용인   close-knit[klóusnìt] a. 밀집하게 조직된   share[ʃɛər] v. 공유하다
opportunity[àpərtjúːnəti] n. 기회   job skill 직업 기술   introduction[intrədʌ́kʃən] n. 도입, 창시
intimacy[íntəməsi] n. 친밀도

1. The word "they" in the passage refers to

(A) arrangements
(B) opportunities
(C) people
(D) occupations

2. Which of the sentences below best expresses the essential information in the highlighted sentence in the passage? *Incorrect* choices change the meaning in important ways or leave out essential information.

(A) The plant was of importance in the Industrial Revolution, but it generated conflict between the employers and the employees.
(B) The factory system caused the employers and the employees to be on bad terms and it was incidental to the Industrial Revolution.
(C) Because the factories were crucial to manufacturing operations in the Industrial Revolution, a lot of them were constructed.
(D) Disagreement between the employers and the employees in the Industrial Revolution resulted from manufacturing operations.

3. According to the passage, which of the following is true of the employees in the Industrial Revolution?

(A) They were satisfied with receiving a professional education.
(B) They became increasingly devalued in the workplace.
(C) They had more opportunities for advancement in their jobs.
(D) They began moving to rural areas for a comfortable house.

4. According to the passage, all of the following were difficulties factory workers faced EXCEPT

(A) insufficient salaries
(B) long working day
(C) complex tasks
(D) insecure work environment

정답 p.302

04

When raw materials ran short in England, many Englishmen continued their glass business in the New World. They moved to New Jersey where raw materials were abundant. In particular, South Jersey was rich in the silica or fine white sand that was needed for making glass. In addition, there was an ample supply of limestone, which was added to improve the glass.

However, initially the glass industry in the U.S. did not develop well due to a lack of technology and poor economic conditions. Although several glasshouses were operated in the colonies, they didn't prosper. It was in 1739 when a German-born manufacturer named Caspar Wistar set up the first successful glasshouse. Production began in Salem, New Jersey with distinctive tables and glassware. By 1760, the company, known as Wistar Glass Works, was producing flasks, glass bottles, and spice jars. ■ Wistar's company was important as the cradle of early American glassworks, and the pieces produced there were highly regarded for their quality. ■ The glass was the work of individual glassblowers who used refined glass to make objects of their own design. ■ Wistar was also successful with applied glass and pattern molding. ■

➡ Wistar's success soon inspired opportunities in other areas. For instance, several glassblowers left Wistar Glass Works in 1779 and established a production facility near Philadelphia. The sands in the area were ideal, and there were plenty of trees for fuel. In addition, Philadelphia provided a large market for the craftsmen to sell their glassware. Other entrepreneurs followed, and the region eventually became known as Glassboro. The quality and variety of glassware produced in Glassboro was unsurpassed. Thus, it quickly developed a reputation as the center of the American glass industry. Today there is a museum in Glassboro devoted to the history of South Jersey glass and bottles.

● VOCABULARY ●

run short 부족하다　　**abundant**[əbʌ́ndənt] a. 풍부한　　**silica**[sílikə] n. 규토　　**fine**[fain] a. 고운　　**ample**[ǽmpl] a. 충분한
limestone[láimstòun] n. 석회암　　**glasshouse**[glǽshàus] n. 유리 공장　　**operate**[ápərèit] v. 운영하다
distinctive[distíŋktiv] a. 특색 있는　　**glassware**[glǽswɛ̀ər] n. 유리 제품　　**cradle**[kréidl] n. 발상지, 요람
glassblower[glǽsblòuər] n. 유리 세공사　　**refine**[ri:fáin] v. 정제하다　　**unsurpassed**[ʌ̀nsərpǽst] a. 탁월한

1. According to the passage, why did glass workers in Britain transfer to the U.S.?

(A) To seek better working conditions

(B) To pursue economic freedom

(C) To improve glass-making technology

(D) To acquire materials for glasswork

2. The word "initially" in the passage is closest in meaning to

(A) periodically

(B) in the beginning

(C) as a matter of fact

(D) appropriately

3. Look at the four squares [■] that indicate where the following sentence could be added to the passage.

Their creativity made Wistar a success with refined glass designs.

Where would the sentence best fit?

Click on a square [■] to add the sentence to the passage.

4. According to paragraph 3, which of the following is true of Glassboro?

(A) It was founded by the owner of Wistar Glass Works.

(B) It became prominent in the US glass industry.

(C) It surpassed South Jersey in production quantity.

(D) It is the site of America's largest glass museum.

Paragraph 3 is marked with an arrow [➡].

정답 p.302

05

A World's Fair is any of the large expositions that have been held around the world since the first one in London in 1851. These events offered an opportunity for a country to showcase its technological and scientific progress to other nations and, therefore, they also boosted the pride of their citizens. These exhibitions usually lasted between three and six months, and included many more months of preparations and planning.

The most famous World Fair held in the United States was the 1893 World's Columbian Exposition in Chicago. The exhibition celebrated the 400th anniversary of Columbus' "discovery" of the New World. In addition, it was notable because it marked the end of the rebuilding efforts in Chicago, which had been destroyed by a great fire just twenty years prior. The fair brought more than twenty-six million visitors, and established Chicago as one of the most influential and important cities in America.

In order to increase the public's interest in this event, George Ferris, a notable engineer, was hired to build a carnival ride that would premiere at the fair in a special area. As a result, he introduced the first Ferris Wheel, a 250-foot high turning wheel that could carry 60 passengers at a time. People lined up for hours for an opportunity to ride the Ferris Wheel and to look out at the city from the top. His invention has become an internationally recognized symbol of exhibitions and public entertainment.

Perhaps the longest-lasting impact of the Chicago World Fair, however, was the development of theme parks. The success of this exposition attracted the attention of entrepreneurs, who began to develop private amusement parks based on the World Fairs format. The most famous of these was Disneyland, which succeeded by mixing novelty rides with displays of scientific technology to attract both adults and children. These venues continue to be popular tourist attractions throughout the world.

1. Which of the sentences below best expresses the essential information in the highlighted sentence in the passage? *Incorrect* choices change the meaning in important ways or leave out essential information.

(A) People considered World Fairs to be a success if the host country was able to astound the other nations with its technology.

(B) The exhibitions were best suited to advanced countries with citizens that were concerned with technical development.

(C) Most of the members of a country felt satisfaction when their nation has a more impressive display than the others.

(D) World Fairs increased the self-esteem of many people by allowing nations to reveal their advances to the world.

2. Why does the author mention "Columbus' "discovery" of the New World" in the passage?

(A) To suggest that Chicago was a landing point for Columbus' explorations

(B) To explain how the exhibition was named and what it honored

(C) To give an example of the most interesting topics at the exhibition

(D) To compare the purpose of the Chicago World Fair with that of the others

3. The word "impact" in the passage is closest in meaning to

(A) effect

(B) formation

(C) basis

(D) achievement

4. The word "these" in the passage refers to

    (A) entrepreneurs

    (B) amusement parks

    (C) World Fairs

    (D) novelty rides

5. According to the passage, which of the following is NOT mentioned as the contribution of World Fair in Chicago?

    (A) It increased the stature of the host city.

    (B) It introduced a popular ride to the world.

    (C) It led to the reconstruction of Chicago.

    (D) It brought up the creation of similar enterprises.

6. **Directions**: An introductory sentence for a brief summary of the passage is provided below. Complete the summary by selecting the THREE answer choices that express the most important ideas in the passage. Some sentences do not belong in the summary because they express ideas that are not presented in the passage or are minor ideas in the passage. **This question is worth 2 points.**

> Drag your answer choices to the spaces where they belong. To remove an answer choice, click on it. To review the passage, click on **View Text**.

World Fairs were important events due to innovative exhibitions and their influence.

-
-
-

(A) The Ferris Wheel was unveiled for the first time at the Chicago World Fair.

(B) Chicago was selected to host the World Fair because of its influence.

(C) Disneyland was unique in that it combined rides with scientific exhibits.

(D) The Chicago World Fair influenced the development of amusement parks.

(E) London was the first place where a World Fair started to be held.

(F) The World Fair in Chicago was a success for the city that hosted it.

정답 p.303

 **VOCABULARY**

exposition[èkspəzíʃən] n. 전시회   opportunity[ùpərtjú:nəti] n. 기회   showcase[ʃóukèis] v. 전시하다
technological[tèknəládʒikəl] a. 기술적인   progress[prágrəs] n. 진보   boost[bu:st] v. 북돋우다
preparation[prèpəréiʃən] n. 준비   celebrate[séləbrèit] v. 축하하다   anniversary[æ̀nəvə́:rsəri] n. 기념일
establish[istǽbliʃ] v. 확고히 하다   influential[ìnfluénʃəl] a. 영향력 있는   premiere[primíər] v. 첫 개봉하다
entertainment[èntərtéinmənt] n. 오락   theme park 테마파크   entrepreneur[à:ntrəprənə́:r] n. 사업가
amusement park 놀이공원   novelty[návəlti] n. 참신함   venue[vénju:] n. 장소

2일 Progressive Test 2

🔺 지문을 읽고 물음에 답하시오.

01 | During the 1800s, the start of the Industrial Revolution in America caused a flood of unskilled workers to relocate to urban areas. Before long, factory workers outnumbered farmers by three to one. However, the city life was not exactly what the migrants expected. Their working hours were long and demanding. An average worker at a Pittsburgh steel mill, for example, worked 363 days a year and was not allowed any breaks for resting or eating meals. Many people experienced severe digestive problems from a constantly poor diet. Working conditions were so terrible that their lungs and hearing deteriorated in just a few years. After a long day at the mill, factory workers would walk home to eat and sleep for only a few hours before starting the whole process over again the next day.

As technology developed and automated machines began to replace humans, working hours gradually decreased. However, the advancement in technology did not improve working conditions. Rather, wages dropped and people were demoted to positions that required low skill or no specialized training. Also, the machinery was dangerous. It was usually operated in crowded spaces, and there were no safety rules. As a result, there were frequent accidents that resulted in serious injury or even death. Eventually, workers began to form labor unions to fight for better working conditions. In the twentieth century, a series of laws protecting workers' rights were finally established.

● VOCABULARY ●────────────────

flood[flʌd] n. 물결   unskilled[ʌ̀nskíld] a. 비숙련의   relocate[rìːlóukeit] v. 이동하다   before long 얼마 지나지 않아
outnumber[àutnʌ́mbər] v. ~의 수를 앞지르다   demanding[dimǽndiŋ] a. 힘든   average[ǽvəridʒ] a. 보통의
steel mill 제철소   experience[ikspíəriəns] v. 겪다   digestive problem 소화 장애
constantly[kʌ́nstəntli] ad. 계속적으로   diet[dáiət] n. 식단   lung[lʌŋ] n. 폐   deteriorate[ditíəriərèit] v. 나빠지다
wage[weidʒ] n. 임금   demote[dimóut] v. 강등시키다

1. According to the passage, at the outset of the Industrial Revolution in the United States

   (A) jobs were difficult to find in rural areas
   (B) factories preferred skilled workers
   (C) many flocked to cities in search of jobs
   (D) farming was more profitable than manufacturing

2. Why does the author mention "An average worker at a Pittsburgh steel mill" in the passage?

   (A) To describe urban migration in the nineteenth century
   (B) To provide an example of tough working conditions
   (C) To highlight the increase in unskilled laborers
   (D) To show the development of steel mill industry

3. According to the passage, factory workers suffered from all of the following EXCEPT

   (A) vision problems
   (B) trouble with hearing
   (C) stomach illnesses
   (D) breathing problems

4. According to the passage, the introduction of automated machines resulted in

   (A) improved working conditions
   (B) the loss of many jobs
   (C) additional training programs
   (D) lower pay and lower status at work

정답 p.304

지문을 읽고 물음에 답하시오.

02 | The world's beaches are being eroded faster than at any other time in modern history. Whether gently sloping and sandy or steep and rugged, beaches are at risk due to a number of factors. Many of these are directly related to human activity. For instance, societies frequently rely on hydroelectric power and construct dams that prevent sand and soil in the river from reaching the sea. In many places, this has actually caused the beach to shrink. Another reason for the erosion of coastlines is that people build homes and roads directly on the rocky slopes. ■ The construction weakens the cliff face and can even lead to rockslides or other harmful incidents. ■ When severe ocean storms such as hurricanes hit the weakened cliff, the waves damage the coastline and entire homes fall into the sea. ■ Though such occurrences are often attributed to natural phenomena, people contribute to their development. ■

Human activity is not the only thing responsible for erosion and shrinking beaches. Along coasts that have steep underwater slopes, waves naturally become quite large as they approach the shore. The constant crashing of large waves against the rocks continually erodes them and makes them weak. Climate change is also a real threat to the beaches. Global warming is rapidly melting the polar ice caps and causing the oceans to rise. As the water level rises, the already shrinking sandy beaches will continue to get smaller and smaller. This could radically impact not only the way local residents live but also the coastal tourism industry.

● VOCABULARY ●

gently[dʒéntli] ad. 완만하게   steep[stiːp] a. 비탈진   rugged[rʌ́ɡid] a. 울퉁불퉁한   directly[diréktli] ad. 직접적으로
prevent[privént] v. 막다   shrink[ʃriŋk] v. 줄어들다, 작아지다   erosion[iróuʒən] n. 부식, 침식   coastline[kóustlàin] n. 해안선
rocky[rʌ́ki] a. 바위가 많은   weaken[wíːkən] v. 약화시키다   face[feis] n. 표면   rockslide[rʌ́kslàid] n. 암석 미끄럼 사태
entire[intáiər] a. 모든   ice cap 만년설

1. The word "rugged" in the passage is closest in meaning to

(A) unstable
(B) dangerous
(C) delicate
(D) uneven

2. According to the passage, dams are responsible for which of the following?

(A) Allowing minerals to reach the ocean
(B) Impeding the flow of particles to the sea
(C) Elevating the sea level
(D) Creating the sandy seashore

3. Look at the four squares [■] that indicate where the following sentence could be added to the passage.

These events are often most dramatic during extreme weather.

Where would the sentence best fit?

> Click on a square [■] to add the sentence to the passage.

4. According to the passage, which of the following is NOT an effect of coastal erosion?

(A) Rockslides
(B) Deformation of coastlines
(C) Hurricanes
(D) Destruction of residences

03   Although academic publishing in America existed in the eighteenth century, there were relatively few academic publications before the mid-nineteenth century. The reason the industry took such a long time to develop is that agriculture dominated the workplace and the illiteracy rate was very high. Thus, readership for those early academic publications was very small. But with the rise of urbanization, overall literacy increased and several institutions of higher learning established independent presses. These publishing houses were dedicated to spreading scholarship to society. Most were affiliated with Ivy League schools, such as Harvard University in Cambridge, Massachusetts.

As the academic publication industry grew, the desire for education also rose. Some people began to advocate funding schools with an education tax. However, some property owners opposed the tax because they were afraid of losing their exclusive social privileges. Prior to 1840, for instance, education was highly specialized and only affordable for the wealthy. The prospect of free public education was a threat to the established elite. Despite the resistance, a few notable members of the elite, such as the politician and educator Horace Mann, vigorously promoted public education. In his *Common School Journal*, Mann argued that the public should not remain ignorant and that children of all backgrounds should receive training. He believed that education could solve many of society's problems, so he argued that it should be accessible to the public. As a result of Mann's efforts, the idea of public education supported by tax dollars flourished in Massachusetts. In 1852, it became the first state to offer universal education for children. Ultimately, the Massachusetts public education system became the foundation for public education in the rest of the US.

● VOCABULARY ●

academic[ækədémik] a. 학문의   publication[pÀbləkéiʃən] n. 출판물, 출판   agriculture[ǽgrikÀltʃər] n. 농업
dominate[dámənèit] v. 지배하다   illiteracy rate 문맹률   oppose[əpóuz] v. 반대하다   tax[tæks] n. 세금
exclusive[iksklú:siv] a. 독점적인, 한정된   privilege[prívəlidʒ] n. 특권   flourish[fləːriʃ] v. 활기를 띠다

1. According to the passage, why did early academic publications have few readers?

   (A) People were not interested in scholarship.
   (B) People could not afford to buy them.
   (C) The literacy rate was low at that time.
   (D) The agriculture industry was understaffed.

2. The phrase "established" in the passage is closest in meaning to

   (A) exhibited
   (B) maintained
   (C) founded
   (D) prohibited

3. According to the passage, which of the following is true of Horace Mann?

   (A) He opposed using taxes to fund public schools.
   (B) He became a teacher in the Massachusetts public school system.
   (C) He started an academic journal at Harvard University.
   (D) He believed public education offered solutions to social ills.

4. The word "flourished" in the passage is closest in meaning to

   (A) thrived
   (B) subsided
   (C) endured
   (D) emerged

정답 p.305

04

In the past, zoos were managed in a careless way. There was a general lack of concern for the animals. Also, staff members were not usually well trained. People who worked at zoos were typically unskilled laborers. Often they did not have experience with or interest in animals at all. And they weren't held accountable for the safety of the animals. ■ Zookeepers were only concerned with keeping animals in their cages. ■ If an animal was unable to produce offspring, the zookeepers would simply capture new animals rather than breed the existing animals. ■ Furthermore, the animals were given food that was unwholesome. ■

Animal lovers began to argue that animals should be well cared for and treated with respect simply as living creatures. Due to the efforts of animal rights activists, laws have been passed to regulate zoos. Present standards and methods at zoos must comply with laws for exhibiting animals. Only persons who have a certificate in the capture, handling, and care of animals are hired as zookeepers. In addition, the premises must be safe for animals, and food must meet safety requirements. If inspectors find problems, a zoo's license can be revoked.

As a result of these regulations, many zoos now have their own staff training programs, which concentrate on animal safety and professional development. Staff members are responsible for the health of the animals. Because they are held accountable, they are keenly interested in learning about preventive medicine and animal nutrition. Training is also available in higher education institutions. Courses offered at universities for prospective zookeepers include such subjects as species management, animal behavior, and zoo workplace environment and safety. With these efforts, zoo animals are now receiving balanced meals and also have a landscape that suits their needs for play, just like in the wild.

● VOCABULARY ●

zookeeper [zúːkìːpər] n. 동물원 관리자　**offspring** [ɔ́ːfsprìŋ] n. 새끼, 자손　**capture** [kǽptʃər] v. 잡아들이다, 생포하다
unwholesome [ʌ̀nhóulsəm] a. 건강에 나쁜　**comply** [kəmplái] v. (규칙에) 따르다　**certificate** [sərtífikət] n. 자격증
handling [hǽndliŋ] n. 취급　**course** [kɔːrs] n. 과정　**prospective** [prəspéktiv] a. 장래의　**landscape** [lǽndskèip] n. 경치
suit [suːt] v. 충족시키다

1. Which of the following can be inferred about animals that had difficulty in reproducing in the passage?

   (A) They were exhibited in their cages.

   (B) They were returned to the wild.

   (C) They were given special care.

   (D) They were replaced by new animals.

2. Look at the four squares [■] that indicate where the following sentence could be added to the passage.

   However, as zoo animals began to die off, it became necessary to give the animals proper care.

   Where would the sentence best fit?

   Click on a square [■] to add the sentence to the passage.

3. The word "revoked" is closest in meaning to

   (A) retracted

   (B) corrupted

   (C) granted

   (D) regained

4. Why does the author mention "Courses offered at universities"?

   (A) To explain how difficult it is to become a zookeeper

   (B) To emphasize the improvement in the care of zoo animals

   (C) To provide a list of subjects required for a zookeeping certificate

   (D) To cite a reason why there are only a few zookeepers

정답 p.306

05

During the American colonial period, lawyers were generally not regarded as important people. As such, they were few in number. Citizens of that era thought of lawyers as being neither terribly professional nor profoundly equipped with knowledge. Some were even insulted or vilified. However, as society became increasingly complicated and the dangers of social evil became ever more apparent, people needed lawyers who could handle civil conflict. Soon even their critics began to acknowledge their necessity.

At that time, there were no law schools in the southern region of the United States, so a number of people who were interested in studying law went to England. Most of them went to an institute called the "Inns of Court," which was not a formal school but a practical part of the English law system. Americans who paid their tuition to this institute were largely satisfied and considered their training fruitful even though they later did work of little or no value, such as serving as a clerk or an apprentice to an established lawyer.

Meanwhile, in America, it had become the policy to appoint lawyers for each state and oblige them to handle cases in regional courts. Lawyers were being given respect and power, and most were accorded a position in the Association of American Lawyers. This association was already shaping up to have a very hierarchical system and the ranking of lawyers eventually ascended from those operating on a civic level to those who practiced in federal jurisdictions. Major lawyers of the era were soon a powerful voice in their communities. For example, when the new American nation was founded, many lawyers contributed to enacting the Declaration of Independence and writing the Constitution. There were a number of eminent lawyers among these American founders, including Thomas Jefferson and Samuel Adams.

1. Which of the sentences below best expresses the essential information in the highlighted sentence in the passage? *Incorrect* choices change the meaning in important ways or leave out essential information.

(A) Responding to the increasing complexity of the society and the hazard of the social ills, lawyers became required.

(B) In order to reduce the complexity and danger of society, lawyers were often employed instead of direct conflict.

(C) The increased demand for lawyers resulted from a rise in the number of people involved in civil conflict.

(D) Lawyers were considered essential in society due to their intervention in complicated civil conflict.

2. Why does the author mention "critics" in paragraph 1?

(A) To illustrate the extent to which lawyers were becoming accepted

(B) To demonstrate that many people still opposed the legal profession

(C) To highlight the increasing threat of the new problems in society

(D) To show that lawyers were a contributor to the rise in social tensions

3. Based on the information in paragraph 2, which of the following best explains the term "Inns of Court"?

(A) An established law firm

(B) An official law school

(C) A residence for lawyers

(D) A practical legal enterprise

4. The word "fruitful" in the passage is closest in meaning to

(A) proficient
(B) productive
(C) important
(D) essential

5. The word "those" in the passage refers to

(A) cases
(B) courts
(C) lawyers
(D) jurisdictions

6. **Directions**: An introductory sentence for a brief summary of the passage is provided below. Complete the summary by selecting the THREE answer choices that express the most important ideas in the passage. Some sentences do not belong in the summary because they express ideas that are not presented in the passage or are minor ideas in the passage. **This question is worth 2 points.**

Drag your answer choices to the spaces where they belong. To remove an answer choice, click on it. To review the passage, click on **View Text**.

The legal profession underwent a dramatic transition during the American colonial period.

-
-
-

Answer Choices

(A) Clerks and apprentices in law offices performed difficult duties on behalf of their instructors.

(B) Although regional courts existed, American lawyers were free to practice law in any geographic location.

(C) Initially, lawyers were not deemed significant in American society.

(D) The practice of law ultimately developed into a prestigious profession.

(E) Lawyers who practiced their profession in civic affairs were considered the pinnacle of the profession.

(F) Early American lawyers usually studied law in England as there were few education facilities in the U.S.

정답 p.306

● VOCABULARY ●

colonial [kəlóuniəl] a. 식민지의   period [píəriəd] n. 시대   terribly [térəbli] ad. 대단히
professional [prəféʃənl] a. 전문적인   profoundly [prəfáundli] ad. 심오하게   equip [ikwíp] v. 갖추다
vilify [víləfài] v. 비방하다   social evil 사회악   conflict [kánflikt] n. 분쟁   practical [præktikəl] a. 실무의, 실질적인
tuition [tʃuːíʃən] n. 학비   clerk [kləːrk] n. 사무원   apprentice [əpréntis] n. 수습생   appoint [əpɔ́int] v. 임명하다
oblige [əbláidʒ] v. ~하도록 하다   regional court 지방 법원   accord [əkɔ́ːrd] v. 주다, 수여하다   shape up 체계를 잡다
hierarchical [hàiəráːrkikəl] a. 위계가 잡힌   ranking [rǽŋkiŋ] n. 지위   ascend [əsénd] v. 상승하다
operate [ápərèit] v. 일하다   federal [fédərəl] a. 연방 정부의   jurisdiction [dʒùərisdíkʃən] n. 사법권   found [faund] v. 세우다
enact [inǽkt] v. 제정하다

3일 Progressive Test 3

🔺 지문을 읽고 물음에 답하시오.

01 | The general store sprang up in the United States throughout the nineteenth century. It was a retail store in a small town or rural community that carried a wide variety of goods. Items commonly sold there included flour and white bread. Fresh food items, such as vegetables and fruit, were not commonly sold at a general store because nearly all rural communities cultivated their own food. As such, edible products consisted almost entirely of dry goods. At times, general stores carried special items such as silk, clothing, and tableware from other countries. Overall, though, stores that sold exotic products were exceptional, as imports were considered luxury items.

As the general store usually was located at a crossroad or in a village, it served as a meeting place for members of the community. The storekeeper was an important member not only because he supplied material goods but because he was also the source of news and gossip. Anyone who wanted to know what was going on in the town could visit the general store to get the latest news. Meanwhile, due to its ideal location, the general store typically had a monopoly on local trade. Therefore, it was able to keep prices high. But this advantageous economic position was temporary. Over time, the general store faced competition as the population grew and the economy diversified. In the twentieth century, the general store was gradually replaced by the supermarket, which offered a wider range of goods for cheaper prices.

● VOCABULARY ●

general store 잡화점   spring up 생기다   retail [ríːteil] a. 소매의   flour [fláuər] n. 밀가루
cultivate [kʌ́ltəvèit] v. 재배하다   tableware [téiblwɛ̀ər] n. 식기류   exceptional [iksépʃənl] a. 이례적인
crossroad [krɔ́ːsròud] n. 교차로   supply [səplái] v. 공급하다   gossip [gásəp] n. 소문   monopoly [mənápəli] n. 독점(권)

1. The phrase "sprang up" in the passage is closest in meaning to

   (A) revolved
   (B) emerged
   (C) detonated
   (D) bounced

2. According to the passage, why was fresh food not usually sold at a general store in the 1800s?

   (A) There were no refrigerators at that time.
   (B) People could not afford the high prices of food.
   (C) Most people produced their own food.
   (D) Sanitary conditions of the store were bad.

3. Why does the author mention "silk, clothing, and tableware" in the passage?

   (A) To give an example of particular goods sold in general stores
   (B) To contrast imported items with domestic ones
   (C) To suggest that hand-made goods were prevalent
   (D) To show overseas trade was increased in the nineteenth century

4. According to the passage, which of the following is NOT true of the general store?

   (A) Residents often met there to socialize with each other.
   (B) It was eventually replaced by the supermarket.
   (C) Products were sold at a reasonable price for customers.
   (D) The store was generally situated at a convenient site.

정답 p.307

02 There are a number of reasons why desert snakes are ideal desert dwellers. First, many desert snakes have jaws that are supported from above. This physical characteristic keeps sand out of their mouths as they move through the desert in search of prey. Second, their scales are ridged, allowing them to move and dig into the sand easily. Moreover, desert snakes are adept at dealing with the intense heat of the desert. They usually hunt at night when the air temperature is cool, and they avoid the heat during the day. To escape the heat, some desert snakes burrow under the sand; others find shelter under rocks or in the cool shade of caves. When conditions are particularly extreme, desert snakes adapt by estivating during hot, dry periods.

The most striking characteristic of the desert snake, though, is its ability to conserve water. Snakes take in valuable water both directly and indirectly. Directly, they can drink water when there is an available source. Indirectly, they can get water from the food they eat. However, in desert areas, it is not easy to obtain water. As a result, snakes devise their own strategies to live in extremely dry areas. They try to keep the loss of water to a minimum by making solid rather than liquid waste. ■ Nevertheless, there is a special time when a desert snake must make use of the precious water in its body. ■ When it casts off its skin, it has to moisturize the skin. ■ However, some desert snakes can shed their skin without soaking it in water. ■

● VOCABULARY ●

dweller[dwélər] n. 거주자　　ridge[ridʒ] v. 이랑 모양으로 융기하다　　estivate[éstəvèit] v. 여름잠을 자다 (=aestivate)
striking[stráikiŋ] a. 두드러진　　conserve[kənsə́:rv] v. 보존하다　　devise[diváiz] v. 만들다　　precious[préʃəs] a. 귀중한
cast off 벗다　　moisturize[mɔ́istʃəràiz] v. 수분을 공급하다　　soak[souk] v. 적시다

1. According to the passage, which of the following does NOT help desert snakes live in the desert?

   (A) Jaws and ridged scales
   (B) Excretion of liquid waste matter
   (C) Sleep during the hot season
   (D) Capability to save water

2. The word "striking" in the passage is closest in meaning to

   (A) drastic
   (B) enthusiastic
   (C) inscrutable
   (D) remarkable

3. The word "precious" in the passage is closest in meaning to

   (A) stationary
   (B) vigorous
   (C) valuable
   (D) terrestrial

4. Look at the four squares [■] that indicate where the following sentence could be added to the passage.

   This procedure permits the skin to peel off easily and protect the outer layer from becoming dry.

   Where would the sentence best fit?

   Click on a square [■] to add the sentence to the passage.

정답 p.308

🌲 지문을 읽고 물음에 답하시오.

03

At the turn of the twentieth century in the United States, the General Land Office was responsible for maintaining the country's forest reserves. However, it was better known for its incompetence and fraud than its management of forests. In fact, it was more interested in selling land than protecting it. By the late 1800s, it had disposed of hundreds of thousands of acres of public land. Most of the land was transferred to mining companies or ranchers with commercial interests. In response, critics appealed to elected officials. They warned the government that if it did not provide swift legal protection, national forests would dwindle in fifty years. In 1905, with strong encouragement from forestry advocates, President Theodore Roosevelt signed an executive order that transferred all federally-owned forest reserves to the Department of Agriculture. Then a special division, the Forest Service, was designated to manage the lands.

The Forest Service was responsible for protecting and managing natural resources. ■ In addition, it was authorized to conduct research on all aspects of forestry, rangeland management, and forest resource utilization. ■ This research would give valuable information for successfully managing and conserving national forests. ■ The Forest Service also regulated the logging operations of the lumber industry. ■ Its role was to provide quality water and timber for the nation's benefit. However, it could control only the national forests and had no control over forested areas belonging to the state or over private land. The areas around national forests continued to be degraded, and much of it was converted into grazing land for cattle. Excessive grazing became a major concern because it damaged the ecosystem and destroyed vegetation. Not until 1934 was legislation introduced to control grazing.

● VOCABULARY ●

reserve[rizə́:rv] n. 지정 보호 구역   incompetence[inkάmpətəns] n. 무능력   fraud[frɔːd] n. 부정
rancher[rǽntʃər] n. 농장주   elect[ilékt] v. 선출하다   swift[swift] a. 신속한   rangeland[réindʒlæ̀nd] n. 방목장
timber[tímbər] n. 목재   log[lɔːg] v. 벌목하다   operation[àpəréiʃən] n. 작업   lumber[lʌ́mbər] n. 목재

1. The word "They" in the passage refers to

(A) mining companies
(B) ranchers
(C) critics
(D) elected officials

2. The word "encouragement" in the passage is closest in meaning to

(A) support
(B) prestige
(C) stipulation
(D) command

3. Look at the four squares [■] that indicate where the following sentence could be added to the passage.

It ordered that only fifteen percent of the national forests could be cut.

Where would the sentence best fit?

Click on a square [■] to add the sentence to the passage.

4. According to the passage, all of the following are a function of the Forest Service EXCEPT

(A) researching to manage national forests
(B) controlling logging operations
(C) managing existing forest reserves
(D) supervising private and state forests

정답 p.308

04

Back in the early 1800s, vast herds of buffalo stretched as far as the eye could see. Although they had been hunted for centuries by Native Americans, their numbers were still substantial. Even after European colonization, the buffalo thrived in the areas west of the Mississippi River. In 1870, there were about twelve million buffalo on the American plains. By the mid-1880s, however, the buffalo had been hunted almost to extinction. The number of buffalo being killed for sport and for profit in the mid-nineteenth century was astronomical. The use of guns was a primary reason for the buffalo's rapid demise because many buffalo could be killed in a short time. Also, economic development created a steady market for buffalo skins, and a robust tanning industry developed for processing buffalo hide. In particular, the fact that clothes made from buffalo skin became fashionable and industrialists discovered that buffalo hides could be used for other purposes aggravated the situation. The expansion of the railroad system also contributed to the sharp increase in buffalo hunting, as more settlers came into contact with buffalo territory.

Some compared the boom in the buffalo hunt to the gold rush. Homestead workers who suffered from difficult economic circumstances rushed to hunt for buffalo in hopes of making money. But only a few succeeded because these people did not know how to properly peel off the buffalo skin and how to use tanning methods. Despite these failures, the killing of buffalo continued. One ramification of this situation was that the supply of buffalo exceeded demand and the price of buffalo hide fell. In one famous historical image from Dodge City, Kansas, there is a stack of 40,000 buffalo hides in a corral. Such hides would be worth only one dollar in the mid-1870s.

● VOCABULARY ●

herd[həːrd] n. 가축의 떼, 무리   profit[práfit] n. 돈벌이, 이익, 이윤   astronomical[æ̀strənámikəl] a. 천문학적인
robust[roubʌ́st] a. 활발한   tanning[tǽniŋ] n. 제혁법, 무두질   boom[buːm] n. 붐, 급격한 증가   gold rush 골드러시
peel off 벗겨 내다   ramification[ræ̀məfikéiʃən] n. 결과   hide[haid] n. 짐승의 가죽   corral[kərǽl] n. 가축우리

1. Which of the sentences below best expresses the essential information in the highlighted sentence in the passage? *Incorrect* choices change the meaning in important ways or leave out essential information.

   (A) The number of buffaloes which were killed cruelly was extremely high due to a high demand for the trendy buffalo skins.

   (B) Because buffalo skin garments came into fashion and the hides were utilized for alternate purposes, hunting dramatically increased.

   (C) As a result of newfound uses for buffalo hides by manufacturers, the practice of hunting was severely enhanced.

   (D) A boost in hunting caused people to think of different ways to use the hides, for example, in fashion and manufacturing.

2. According to the passage, all of the following are factors that led to an increase in buffalo hunting EXCEPT

   (A) the growth in buffalo market

   (B) the development of railroad system

   (C) the rise in the use of guns

   (D) the push toward the West

3. According to the passage, few homestead workers achieved success in moneymaking from buffalo hunting because

   (A) they did not possess appropriate weapons

   (B) they were ignorant of where to find buffalo

   (C) they didn't know how to correctly treat buffalo skin

   (D) they were unable to meet the demand in time

4. The word "ramification" in the passage is closest in meaning to

   (A) transformation

   (B) defect

   (C) precedence

   (D) consequence

정답 p.309

05   Stained glass was first used by wealthy Romans in their villas and palaces in the first century A.D. At this time, it was considered a luxury item rather than an artistic medium. As the number of Christian churches built during the ninth and tenth centuries increased, so did the production of decorative stained glass windows. Known as the Gothic period, it was during the twelfth century that the art form witnessed its greatest diversity in design, style, and palette. The use of stained glass expanded during the Renaissance period of art revival and it began to be used in some non-church construction. This diversity in approach, combined with the skilled artistry that developed with the formation of regulated guilds and a wide array of technological advances, elevated the medium to a position of unsurpassed preeminence.

The process of making stained glass has changed little in the past thousand years. Stained glass artisans first make a full-scale working drawing called a cartoon. The glass is then cut, guided by a pattern made from the cartoon. To give the glass different color effects, details such as hands and faces are painted. It is then further exposed to high temperatures to seal the paint. The complicated job of leading, an elaborate procedure in which the glass is combined with strips of bendable metal, comes next. The lead is then sealed or "cemented" with a special mixture and the window can be installed into a space in the wall. The end result is a magnificent blend of color and light.

The colored "see through" type of stained glass is known as cathedral stained glass. This was originally clear glass that had a colored stain applied to it. Stained glass made a major advance in the late 1800s and early 1900s when American glassmakers expanded upon European cathedral glass by making a translucent "milky" glass known as opalescent glass. The addition of opalescent glass has significantly increased the variety of glass available. While other sub-types of stained glass have been developed in recent years, the two basic types used today are still the cathedral and opalescent glass.

1. According to the passage, what caused the increase in the production of stained glass in the 800s and 900s?

   (A) The expansion of secular construction
   (B) The increase in demand for luxury goods
   (C) The advances in artisan technology
   (D) The rise in the number of churches

2. Which of the sentences below best expresses the essential information in the highlighted sentence in the passage? *Incorrect* choices change the meaning in important ways or leave out essential information.

   (A) Once new technologies were discovered, new regulations were set in place to create standards that would improve the overall quality of stained glass.
   (B) In order to assure that stained glass gained ascendancy, institutions were created to develop the talents and technical knowledge of the artists.
   (C) The artisans that produced the stained glass formed associations to ensure that the skills and techniques needed to improve the quality were acquired.
   (D) Stained glass upgraded to be incomparably prominent because it was used in various situations connected with the professional skill of the artists.

3. All of the following are steps in the process of making stained glass EXCEPT

   (A) cutting glass
   (B) mixing cement
   (C) leading
   (D) drawing

4. According to the passage, opalescent glass is distinguished from cathedral glass by its

(A) transparency
(B) uniformity
(C) quality
(D) texture

5. According to the passage, what is the most important non-European contribution to the development of stained glass?

(A) The technique used to insert color into the glass in its liquid form
(B) The use of the glass to decorate private residences and structures
(C) The development of a new style of glass that is somewhat opaque
(D) The creation of the many new types of cathedral glass in use today

6. **Directions**: An introductory sentence for a brief summary of the passage is provided below. Complete the summary by selecting the THREE answer choices that express the most important ideas in the passage. Some sentences do not belong in the summary because they express ideas that are not presented in the passage or are minor ideas in the passage. **This question is worth 2 points.**

Drag your answer choices to the spaces where they belong. To remove an answer choice, click on it. To review the passage, click on **View Text**.

Stained glass has gone through considerable and gradual changes since it was first created.

-
-
-

(A) Stained glass produced during the Gothic period did not show a great deal of variation in style.

(B) Stained glass has always been used exclusively for the decoration of religious buildings.

(C) Cathedral and opalescent glass are the most commonly used forms, although there are many variations.

(D) The basic manner in which stained glass is produced has remained consistent.

(E) As the role of stained glass changed, it became a means for artistic expression.

(F) The organization of artisans into guilds led to important advances in the design of stained glass.

정답 p.310

● VOCABULARY ●

luxury[lʌ́kʃəri] n. 사치품   decorative[dékərətiv] a. 장식적인   combine[kəmbáin] v. 결합하다
artistry[ɑ́ːrtistri] n. 예술적 수완, 기교   guild[gild] n. 상인 단체, 조합   unsurpassed[ʌ̀nsərpǽst] a. 비길 데 없는, 탁월한
preeminence[priémənəns] n. 탁월   artisan[ɑ́ːrtəzən] n. 장인   cartoon[kɑːrtúːn] n. (실물 크기의) 밑그림   seal[siːl] v. 봉하다
complicated[kʌ́mpləkèitid] a. 복잡한   leading[lédiŋ] n. 납 세공   elaborate[ilǽbərət] a. 정교한   strip[strip] n. 가늘고 긴 조각
bendable[béndəbl] a. 구부릴 수 있는   cement[simént] v. 접합하다, 굳게 하다   mixture[míkstʃər] n. 혼합물
magnificent[mægnífəsnt] a. 장엄한   see through 꿰뚫어 보다   incorporate[inkɔ́ːrpərèit] v. 통합시키다, 섞다
mineral[mínərəl] n. 광물   molten[móultən] a. 녹은   tint[tint] v. 연하게 칠하다   translucent[trænslúːsnt] a. 반투명의
opalescent[òupəlésnt] a. 유백색의   expand[ikspǽnd] v. 확장시키다   available[əvéiləbl] a. 이용할 수 있는

4일 Progressive Test 4

🌲 지문을 읽고 물음에 답하시오.

01 | The development of air mail service in the United States began due to a demand for faster mail service. The first planes, the JL-6s bought by the US Postal Service, were slow and had serious fuel leakage problems. These planes were replaced by faster planes, the DH-4s. The initial DH-4 voyage from New York to Philadelphia carried mail for the US Army. At the time, air mail was still a novel concept. Few people dreamed that an intercontinental air mail service was on the horizon. But coast-to-coast mail service was soon provided by a combination of train and air mail. Because pilots relied on visible landmarks to navigate, they only flew during the day. Night transport was reserved for trains. This system took a lot of time and was inefficient, so it did not immediately satisfy demand for faster mail. Consequently, the postal service investigated ways to develop an entire air mail system. To make this development possible they needed night flying.

On February 22, 1921, two DH-4s respectively took off from New York and San Francisco. However, only one plane reached its final destination, Chicago. It was Jack Knight who flew the last two stages of the flight that originated from San Francisco. He flew from North Platte, Nebraska to Omaha and then to Chicago. Despite flying in the night without the aid of fires, he found Chicago after seven hours in the air, arriving at 8:40 A.M. Jack Knight became a national hero who contributed to the development of air mail service.

● VOCABULARY ●───────────

fuel [fjúːəl] n. 연료　**leakage** [líːkidʒ] n. 누출　**replace** [ripléis] v. 교체하다　**initial** [iníʃəl] a. 최초의, 시초의
inefficient [ìnifíʃənt] a. 비효율적인　**night flying** 야간 비행　**take off** 이륙하다　**destination** [dèstənéiʃən] n. 목적지, 행선지

1. According to the passage, why did NOT a mixed system of train and air mail last long?

   (A) It failed to deliver a huge volume of mail.
   (B) It cost a great deal of money to operate.
   (C) It was time-consuming and ineffective.
   (D) It required a large amount of fuel.

2. The word "Consequently" in the passage is closest in meaning to

   (A) As a matter of fact
   (B) Accordingly
   (C) Certainly
   (D) Primarily

3. The phrase "this development" in the passage refers to

   (A) coast-to-coast mail service
   (B) a combination of train and air mail
   (C) the Post Office
   (D) an entire air mail system

4. Why does the author mention "in the night without the aid of fires" in the passage?

   (A) To illustrate the favorable conditions during the flight
   (B) To emphasize Jack Knight's achievement in air mail service
   (C) To argue for the necessity of fire prevention equipment
   (D) To warn people of dangerousness of a night flight

정답 p.311

02 | With greater emphasis placed on education by the United States government, public schools became more prevalent in the late eighteenth century. As funding for public schools became more widely available, public school systems grew and a free textbook system was implemented. But the fruits of these efforts were initially limited. In spite of these changes, children rarely attended school beyond elementary school. Only two percent of the school-age population attended intermediate or middle school and only one percent attended high school. Many school-age children in intermediate and secondary schools left school to work. This was largely due to the fact that the majority of the population still lived in rural, agricultural communities. In rural society, literacy and education were often viewed as luxuries rather than basic requirements.

The development of cities, however, changed the public's perception on secondary education. Urbanization created more jobs that required education, and migration to cities made schools more accessible to children. At the same time, there were changes in labor. Children who moved to cities no longer had to work on farms. Technological advancements such as the development of the telephone reduced the number of youngsters working as messengers. Consequently, more children were able to attend schools. In the middle of the nineteenth century, elementary schools became more widespread. And when educated children reached adulthood in the latter part of the nineteenth century, they wanted their own children to have more opportunity to receive education. These conditions became an impetus for a change in the curriculum, which had remained the same since the early nineteenth century.

● VOCABULARY ●

public school 공립 학교   prevalent[prévələnt] a. 널리 퍼진   funding[fʌ́ndiŋ] n. 재정 지원
implement[ímpləmènt] v. 실행하다   school-age[skú:lèidʒ] a. 취학 연령의   intermediate school 중학교
secondary school 중등학교   accessible[æksésəbl] a. 접근하기 쉬운   youngster[jʌ́ŋstər] n. 아이
messenger[mésəndʒər] n. 심부름꾼   impetus[ímpətəs] n. 자극   curriculum[kəríkjuləm] n. 교육과정

1. It can be inferred from the passage that initially Americans considered education to be

   (A) too expensive
   (B) less important than work
   (C) of poor quality
   (D) a waste of time

2. According to the passage, all of the following increased the education of children EXCEPT

   (A) additional training for teachers
   (B) changes in labor
   (C) growth of urban areas
   (D) technological improvement

3. According to the passage, it can be inferred that if the parents received a higher education

   (A) their children would enter the workforce faster
   (B) their children were more likely to become teachers
   (C) the likelihood their children would go to school would increase
   (D) the supervision of public schools would become better

4. The word "impetus" in the passage is closest in meaning to

   (A) contraction
   (B) transformation
   (C) repression
   (D) stimulus

정답 p.311

03 The cornea is a transparent coating that covers the outside of the lens of the eye. If light comes into the eye, the cornea scatters the ray. Although the cornea appears to be clear and lacking in substance, it is actually a complex group of cells and proteins that provide vital functions for vision. If the cornea becomes damaged, it can adversely impact a person's ability to see. For example, a scratch can create scarring that interferes with light passing through the cornea. But some cornea damage is natural and directly related to age. As people grow older, its function often degrades. The cornea may become less transparent, causing images to appear distorted or blurred. There may also be a loss of sensitivity to different shades of colors.

Another part of the eye that is easily affected by old age is the iris, which is the colored portion of the eye. The iris can change the size of the pupils with muscles that cause contraction and dilation. In this way, the iris helps determine how light rays enter the eyes. But as people grow older, it is common for the iris to lose its ability to adjust their diameter. If this happens, it becomes difficult for the eye to respond directly to changes in light. Growing old can also affect the lens, which is the part of the eye that enables changing focal distance. According to doctors, the lens is altered more profoundly than any other part of the body when people age. In fact, the amount of light that enters the eye of a person at age twenty is six times greater than that entering the eye of a person at age eighty. This is because the lens of elderly people is usually much thicker than lens of a youngster.

● VOCABULARY ●

cornea [kɔ́ːrniə] n. 각막   coating [kóutiŋ] n. 막   lens [lenz] n. 수정체   scatter [skǽtər] v. 확산시키다   ray [rei] n. 광선
distort [distɔ́ːrt] v. 뒤틀다   blur [bləːr] v. 흐리게 하다   iris [áiəris] n. 홍채   pupil [pjúːpəl] n. 동공
contraction [kəntrǽkʃən] n. 수축   dilation [dailéiʃən] n. 확장   diameter [daiǽmətər] n. 지름   focal distance 초점 거리
profoundly [prəfáundli] ad. 심하게   age [eidʒ] v. 노화하다

1. According to the passage, which of the following is NOT true of the cornea?

   (A) It is greatly affected by the aging process.
   (B) It is the external layer of the eye lens.
   (C) It is opaque and lacks in substance.
   (D) It disperses a ray of light entering the eyes.

2. The word "their" in the passage refers to

   (A) pupils
   (B) rays
   (C) eyes
   (D) people

3. The word "altered" in the passage is closest in meaning to

   (A) weakened
   (B) transformed
   (C) contracted
   (D) clarified

4. According to the passage, why does less light enter the eyes of elderly people?

   (A) The iris deteriorates.
   (B) The lens thickens.
   (C) The cornea gets damaged.
   (D) The focal range diminishes.

04

Animals have several ways of surviving in harsh winter weather. Birds usually spend the spring and summer in northern breeding grounds and then migrate to warmer climates in the south. There they can escape the extreme cold of winter and more easily find food. Birds that are not migratory respond in other ways. Penguins, for instance, accumulate fat in their bodies when food is abundant. This fat helps the penguins' bodies stay warm, so they can survive when food is not plentiful during the winter season. Ground animals such as groundhogs and chipmunks are capable of lowering their body temperatures. This decreases their metabolism and thus prevents heat loss and diminishes the need for nutrients. They can go weeks without food, so they do not have to risk exposure during the coldest winter days. Insects often spend the winter as larvae underground. Beneath the surface, some forage for food while remaining protected from cold winds. Others simply remain dormant until warmer weather returns.

A more complex strategy for surviving the winter is freeze tolerance, the ability to endure actual ice formation within the body. The wood frog is one excellent example of how an animal can tolerate freezing. It hibernates at the forest floor. But unlike burrowing animals, the wood frog cannot dig underground. It just inserts itself under fallen leaves where there is minimal insulation and where temperatures are very cold. ■ Because its skin is not a barrier to ice, the frog simply freezes. ■ However, rather than waiting for spontaneous ice formation, it controls the freezing by using bacteria found in the skin. ■ This allows the frog to make adjustments to ensure survival. ■ In other words, the wood frog allows its body to freeze. By doing so, it protects its body from tissue damage.

● VOCABULARY ●

harsh[hɑːrʃ] a. 혹독한　breeding ground 번식지　groundhog[gráundhɔ̀ːg] n. 마멋
chipmunk[tʃípmʌŋk] n. 다람쥐의 일종　larva[láːrvə] n. 유충, 애벌레 (pl. larvae)　freeze tolerance 내한성
endure[indʒúər] v. 견디다　wood frog 송장 개구리　tolerate[tɑ́lərèit] v. 견디다　barrier[bǽriər] n. 방어막, 장벽
spontaneous[spɑntéiniəs] a. 자연적인　adjustment[ədʒʌ́stmənt] n. 조절

1. The word "abundant" in the passage is closest in meaning to

(A) bountiful
(B) potent
(C) raw
(D) salutary

2. According to the passage, which of the following is NOT a method by which animals survive the winter?

(A) Dropping body temperatures
(B) Storing fat within the body
(C) Hibernating in caves
(D) Migrating to warmer areas

3. The author mentions "wood frog" in the passage in order to

(A) show bacteria are important for protection against the cold
(B) demonstrate how frail its skin is during the icy period
(C) give an example of an animal that uses freeze tolerance
(D) compare it to animals that await natural ice formation

4. Look at the four squares [■] that indicate where the following sentence could be added to the passage.

Its blood stops flowing and as much as sixty-five percent of its body becomes ice.

Where would the sentence best fit?

Click on a square [■] to add the sentence to the passage.

05

Around the twentieth century, modern dance appeared as part of the avant-garde movement. Avant-garde dance was a form of experimental expression. It did not require dancers to perform in conventional ballet costume, but rather allowed them to wear casual clothes such as T-shirts and jeans in order to express the feeling of everyday life. Most importantly, avant-garde dance was often performed in the park, in the church, or on the street, unlike traditional dance, which is highly structured and only performed in official places such as concert halls.

Indeed, the basic formats of traditional and modern dance were remarkably different. The traditional approach needed a systematic form and story to the dance, which was almost always produced by choreographers. Modern dance, on the other hand, needed only music and relied for the most part on improvised material. Occasionally, it did not even require this and could at times take on the form of a mime or interpretive dance. Avant-garde dance appealed to various kinds of audiences, including those who were not knowledgeable or refined patrons of the arts. Thus, whoever was interested in art and had an open mind could enjoy avant-garde dance.

An important stylistic difference in avant-garde dance was the way dancers chose to express themselves. They could talk during the dance performance or even sweep the place clean. Dance companies and individual performers found new ways to incorporate their art in a broader performing context. One way in which this was reflected was in their choice of company names. Before the avant-garde movement, troupes were largely named after their resident choreographer such as "Zeferelli's Dance Company" or "The Radoyanov Ballet Troupe" whereas after the development of the movement, they took on their own titles like "Acme." With this step, the emphasis on the role of the choreographers was minimized.

1. The word "It" in the passage refers to

(A) modern dance
(B) Avant-garde dance
(C) form
(D) experimental expression

2. According to the passage, where was avant-garde dance LEAST likely to be performed?

(A) Avenues
(B) Natural parks
(C) Chapels
(D) Concert halls

3. According to the passage, which of the following was a characteristic of dance prior to the avant-garde movement?

(A) It was not reliant upon music.
(B) It followed well-structured forms.
(C) Dance troupes were named freely.
(D) Costumes included casual street wear.

4. According to the passage, people who took pleasure in avant-garde dance

(A) preferred a mime to improvised dance
(B) supported dancers by periods
(C) were not necessarily experts in art
(D) were well-educated in music

5. The word "incorporate" in the passage is closest in meaning to

(A) integrate
(B) change
(C) enter
(D) reduce

6. **Directions**: An introductory sentence for a brief summary of the passage is provided below. Complete the summary by selecting the THREE answer choices that express the most important ideas in the passage. Some sentences do not belong in the summary because they express ideas that are not presented in the passage or are minor ideas in the passage. **This question is worth 2 points.**

Drag your answer choices to the spaces where they belong. To remove an answer choice, click on it. To review the passage, click on **View Text**.

> **The avant-garde dance movement rejected many of the basic tenets of traditional dance.**
>
> -
> -
> -

Answer Choices

(A) Avant-garde troupes were differentiated from traditional ones by the manner in which they represented themselves.

(B) Avant-garde dance gradually developed a more systematic format as the movement matured.

(C) Avant-garde dance showed greater versatility concerning costumes and venues.

(D) The lack of choreographers made it necessary for avant-garde dance companies to develop new naming methods.

(E) As avant-garde developed, choreographers began to take on an increasingly important role.

(F) Avant-garde dance was discriminated from more conventional forms in terms of format and audience.

정답 p.313

● VOCABULARY ●

avant-garde movement 아방가르드 운동   experimental [ikspèrəméntl] a. 실험적인   conventional [kənvénʃənl] a. 전통적인
format [fɔ́ːrmæt] n. 형식   choreographer [kɔ̀:riágrəfər] n. 안무가   improvised [ímprəvàizd] a. 즉흥의
at times 때때로   mime [maim] n. 마임   interpretive [intə́:rprətiv] a. 설명적인(=interpretative)   refine [ri:fáin] v. 세련되다
patron [péitrən] n. 관객   incorporate [inkɔ́:rpərèit] v. 통합하다   broad [brɔ:d] a. 광범위한   context [kántekst] n. 환경, 문맥
troupe [tru:p] n. 안무단, 흥행단   basement [béismənt] n. 지하실   warehouse [wɛ́ərhàus] n. 창고   loiter [lɔ́itər] v. 배회하다
embody [imbádi] v. 통합하다   eliminate [ilímənèit] v. 제거하다   enhance [inhǽns] v. 강화하다

5일 Progressive Test 5

🔺 지문을 읽고 물음에 답하시오.

01 | There were only fifteen periodicals before the American Revolution and each had a life span of less than a year. After the war, more magazines appeared in larger numbers. Before the year 1800, there were seventy that were being published. Most were literary magazines. The golden age of magazine was made possible through the construction of continental railroads, improved printing methods, lower production costs, and the legislation of the Postal Act. In particular, the Postal Act discounted the postal charge for magazines. The improvement and popularization of secondary education also made the magazine industry flourish because it raised the literacy rate.

Advertising was a minor factor when it was introduced in 1741. At that time, publishers got their money directly from circulation revenue. All revenue came from purchases or subscriptions. But advertising soon became a backbone of the magazine industry. Many magazine publishers lowered their magazine prices and production costs by allowing advertisements to be posted. As a result, more people bought magazines due to their affordability. At first, the advertisements were in a designated place at the back of magazines. ■ But later, ads were posted throughout the magazine. ■ *Ladies Home Journal* was the first to use this technique in 1896. ■ Newspaper companies adopted this method as well. ■ As time went by, due to the lure of robust advertisement revenue, a lot of magazine companies entered the industry in pursuit of only profits. This caused the overall quality of magazines to deteriorate.

● VOCABULARY ●

periodical[pìəriádikəl] n. 정기 간행물   **life span** 수명   **literary**[lítərèri] a. 문학의   **golden age** 전성기
continental railroad 대륙 횡단 철도   **the Postal Act** 우편법   **discount**[dískaunt] v. 하락시키다   **postal**[póustl] a. 우편의
charge[tʃάːrdʒ] n. 요금   **secondary education** 중등 교육   **flourish**[flə́ːriʃ] v. 번창하다   **minor**[máinər] a. 미미한, 중요치 않은
circulation[sə̀ːrkjuléiʃən] n. 발행 부수   **backbone**[bǽkbòun] n. 근간, 중추   **overall**[óuvərɔ̀ːl] a. 전반적인
deteriorate[ditíəriərèit] v. (가치를) 저하시키다

1. According to the passage, the peak period of magazines arose from all of the following EXCEPT

   (A) advancement in printing
   (B) increase in postal rates
   (C) reduction in production costs
   (D) building of continental railroads

2. The phrase "golden age" in the passage is closest in meaning to

   (A) anticlimax
   (B) heyday
   (C) gold rush
   (D) boredom

3. Why does the author mention "Newspaper companies" in the passage?

   (A) To clarify how newspapers competed with woman's magazines
   (B) To contrast their advertising methods to those of magazines
   (C) To explain why publishers no longer needed subscription revenue
   (D) To demonstrate the expansion of advertisement

4. Look at the four squares [■] that indicate where the following sentence could be added to the passage.

   Soon after, most modern magazine companies, especially woman's magazines, copied this tactic.

   Where would the sentence best fit?

   Click on a square [■] to add the sentence to the passage.

정답 p.314

02 The French geographer Andre Aubreville popularized the term "desertification" in 1949 to describe land in Africa that had changed from a prolific forest and grassland to a desert. Although Africa is one place that is affected by desertification, there are many others. For instance, there are large desert areas in the western part of North America. In the past, these arid regions were not as vast as they are today, and the desertification of these regions is continuing. In fact, around 75 percent of North America's drylands are quickly becoming desert lands. Many of these areas were formerly grasslands.

➡ There are many reasons why America's drylands are affected by desertification. ■ For one, movement toward the West resulted in large populations settling in the grasslands. Because the climate was so dry, settlers couldn't engage in farming. ■ Instead they raised cattle, and the heavy grazing of the cattle depleted the grasses. ■ Although some believe that the grazing habits of the cattle were the primary reason for desertification, there was one other reason that the lands became a desert. ■ Forest fires were natural and frequent occurrences. Contrary to some people's belief, they are instrumental in providing nutrition to plants. Moreover, the incidence of fire served to balance the ecological system. However, as more and more people settled in the grasslands, there were fewer forest fires. The settlers routinely put out any fires to prevent their homes and towns from burning. This broke the balance of the ecological system, which accelerated desertification.

● VOCABULARY ●

geographer[dʒiágrəfər] n. 지리학자　desertification[dezə̀ːrtəfikéiʃən] n. 사막화　prolific[prəlífik] a. 풍부한
grassland[grǽslænd] n. 목초지　graze[greiz] v. 풀을 먹다, 방목하다　occurrence[əkə́ːrəns] n. 발생
instrumental[ìnstrəméntl] a. 도움이 되는, 수단이 되는　incidence[ínsədəns] n. 발생, 발생률　put out 불을 끄다
balance[bǽləns] v. 균형을 유지하다　ecological system 생태계　accelerate[æksélərèit] v. 가속화하다

1. The word "prolific" in the passage is closest in meaning to

(A) undomesticated
(B) fertile
(C) pliable
(D) withered

2. Look at the four squares [■] that indicate where the following sentence could be added to the passage.

A decrease in forest fires was another contributor to the desertification process.

Where would the sentence best fit?

Click on a square [■] to add the sentence to the passage.

3. According to the passage, which of the following is NOT true of forest fires?

(A) They increase as more people come in flocks.
(B) Plants are supplied with nourishment from them.
(C) They keep the balance of the ecological system.
(D) Desertification expands as they diminish in frequency.

4. In paragraph 2, the author describes desertification by

(A) identifying types of deserts that become arid
(B) discussing countermeasures against desertification
(C) listing the causes of desertification in North America
(D) illustrating the procedure of the West movement

Paragraph 2 is marked with an arrow [➡].

정답 p.314

03

Cotton farming became the main industry in the southern part of the United States after the introduction of Eli Whitney's cotton gin to the South in 1793. Although the soil and climate in the South was ideal for growing cotton, there was one drawback. It took a long time to process after harvest, and the labor involved made it less profitable. Until the cotton gin, a device for removing the seeds from cotton fiber, was developed by Eli Whitney, it took one day to make a pound of thread. The cotton gin dramatically increased the amount of thread produced each day. With this new technology, it was possible to produce fifty pounds of thread in a single day. Whitney demonstrated his cotton gin to a few friends. When they saw how efficient the machine was, they planted their fields with green seed cotton. Soon, there was a great demand for the machine, and cotton industry took off.

A number of other factors contributed to the explosive growth of the cotton industry. Ample supply of cheap labor allowed for year-round production. In addition, workers in the cotton industry needed only minimal skills. This growth of the U.S. cotton industry had a large impact on Britain. In 1830, for instance, the cotton industry accounted for approximately one-half of all British exports. However, they largely depended on America for the raw materials. Without the cotton gin and cotton farms in the southern U.S., a significant percentage of the British workforce would have been forced to find other jobs. *The London Economist*, in fact, mentioned that millions of workers in Britain would be affected if a disaster to the U.S. cotton industry occurred.

● VOCABULARY ●

ideal[aidí:əl] a. 이상적인   labor[léibər] n. 노동   cotton gin 조면기   device[diváis] n. 장치   remove[rimú:v] v. 제거하다
fiber[fáibər] n. 섬유   thread[θred] n. 실   demonstrate[démənstrèit] v. 보여주다   explosive[iksplóusiv] a. 폭발적인
year-round[jíərràund] a. 연중 내내   minimal[mínəməl] a. 최소한의   workforce[wə́:rkfɔ̀:rs] n. 노동 인구

1. The word "drawback" in the passage is closest in meaning to

(A) blunder
(B) contradiction
(C) tendency
(D) disadvantage

2. Which of the sentences below best expresses the essential information in the highlighted sentence in the passage? *Incorrect* choices change the meaning in important ways or leave out essential information.

(A) Cotton-making was highly inefficient until Eli Whitney invented the cotton gin to harvest the fiber.
(B) Eli Whitney developed a machine called the cotton gin that could separate the cotton fiber from the seeds.
(C) The cotton gin successfully improved the quality of cotton by taking out the seeds from the fiber during production.
(D) Eli Whitney's invention reduced the time it took to harvest a pound of cotton thread to only one day.

3. According to the passage, which of the following is NOT mentioned as a factor for the U.S. cotton production boom?

(A) inexpensive labor
(B) Whitney's machine
(C) good weather
(D) year-round production

4. According to the passage, what can be inferred from the comment made in *The London Economist*?

(A) The American cotton industry sometimes suffered from natural disasters.
(B) American cotton was much cheaper than British cotton.
(C) Britain's economy would be devastated without U.S. cotton.
(D) The British objected to the cotton trade with the United States.

정답 p.315

04

Sir Isaac Newton was only a student when his interest in optics began. His interest was aroused in 1664 after reading the works of English physicists Robert Boyle and Robert Hooke on optics and light. Over the next two years, Newton would come into what he called the prime of his age for invention. During this time, he not only wrote *Mathematical Principles of Natural Philosophy*, also known as *Principia*, but also conducted experiments on light as refracted by a glass prism. According to legend, Newton saw a set of glass triangles at a county fair. He bought them, took them home with him, and experimented with them. If the story is true, Newton's trip to the county fair helped change the history of science.

Newton's experiments were novel for his time. In those days, scientists believed that the colors produced by passing light through a prism came from the glass and not the light itself. Descartes, for instance, believed that the material, or medium, transformed the light into the different colors of the spectrum. He thought that white light itself was pure and unchangeable. But Descartes never performed scientific experiments to support his claims. Isaac Newton, on the other hand, carried out very elaborate experiments on light. They were to challenge earlier notions about light. Puncturing a sheet of black paper, Newton passed a light through this hole and then allowed the light to pass through a prism. Thus he found that white light was actually a mixture of varied colored rays in a rainbow or spectrum. Newton went one step further by passing the divided light into another prism. This time, the light converged into its original form. Newton discussed the results of his experiments in a book titled *Optics*. This book is still being used in university physics classes today.

● VOCABULARY ●

Sir[sə:r] n. 경, 선생   optics[ɑ́ptiks] n. 광학   physicist[fízəsist] n. 물리학자   prime[praim] n. 전성기, 한창 때
principle[prínsəpl] n. 법칙, 원리   philosophy[filɑ́səfi] n. 철학   conduct[kəndʌ́kt] v. 수행하다
experiment[ikspérəmənt] n. 실험   refract[rifrǽkt] v. 굴절시키다   elaborate[ilǽbərət] a. 정교한
challenge[tʃǽlindʒ] v. 도전하다   notion[nóuʃən] n. 개념   puncture[pʌ́ŋktʃər] v. 구멍을 내다   ray[rei] n. 광선
spectrum[spéktrəm] n. [물리] 스펙트럼, 분광   converge[kənvə́:rdʒ] v. 한데 모이다   title[táitl] v. 제목을 붙이다

1. The word "conducted" in the passage is closest in meaning to

   (A) removed
   (B) executed
   (C) sought
   (D) transmitted

2. According to the passage, Newton's experiments on light

   (A) questioned previous theories
   (B) led to the discovery of radioactivity
   (C) defined the colors of the rainbow
   (D) were refuted by other scientists

3. The word "converged" in the passage is closest in meaning to

   (A) diffused
   (B) aligned
   (C) came together
   (D) penetrated

4. According to the passage, which of the following is NOT true of Sir Isaac Newton?

   (A) His book *Optics* is used as teaching materials.
   (B) His work influenced Robert Boyle and Robert Hooke.
   (C) He became interested in optics while a student.
   (D) He experimented on light with a black paper.

정답 p.315

05 Although many people are bilingual or trilingual, those individuals with a high degree of proficiency in several languages are known as polyglots, while those with the ability to speak six or more are designated as hyperpolyglots. Recently, there has been considerable debate within the scientific community over whether the extensive linguistic capacities of certain people can be attributed to biological or behavioral factors.

One theory to account for this phenomenon is that polyglots and hyperpolyglots are biologically different from those who are unable to learn more than one or two languages. Several experiments have shown that the cerebral cortexes of these individuals have a distinct shape and structure, particularly in the parietal lobes, areas that are associated with the processing of audio information. In addition, the white matter that connects these components of the brain has a much greater volume. What this suggests is that certain people have a genetic inclination towards language acquisition, which gives them an inherent advantage over others when engaged in this activity. This theory is further strengthened by the fact that specialized aptitude tests have been shown to have predictive power regarding the future linguistic talents of children.

While it is generally accepted that genetic characteristics may impact an individual's ability, recent research has questioned the direct correlation between physiology and aptitude. It has been suggested that as a person utilizes certain aspects of their brain more frequently, it may lead to the alteration of the structure of this organ. Thus, the physical differences found in polyglots and hyperpolyglots could be the result of behavioral factors such as continual language acquisition, rather than the cause. In addition, linguists have pointed out that once an individual has acquired two or more, it becomes much easier to learn subsequent ones. This is because he or she has a better understanding of the fundamental components of the language and the manner in which they are related to each other. This means that it is possible for anyone to become multilingual if he or she is willing to expend the effort required to do so.

1. The word "proficiency" in the passage is closest in meaning to

   (A) fitness
   (B) adaptation
   (C) skill
   (D) profusion

2. Why does the author mention "considerable debate" in paragraph 1?

   (A) To show that there is a dispute about the amount of languages that can be learned
   (B) To emphasize that researchers are uncertain about the origins of lingual abilities
   (C) To illustrate that the subject being addressed is thought to be controversial
   (D) To show that scientists are seldom able to reach a consensus on certain questions

3. The word "inclination" in the passage is closest in meaning to

   (A) detriment
   (B) modification
   (C) predisposition
   (D) correlation

4. Which of the sentences below best expresses the essential information in the highlighted sentence in the passage? *Incorrect* choices change the meaning in important ways or leave out essential information.

(A) Studies have raised doubts about the immediate connection between ability and inherited physical qualities that many people believe in.

(B) The popular belief in the effect of DNA on a particular person's talents has been demonstrated by recent scientific inquiries.

(C) The need to understand the relationship between physical characteristics and aptitude has led to new avenues of research.

(D) Although researchers accept the connection between physiology and individual skills, there are still questions about the nature of this relationship.

5. The word "they" in the passage refers to

(A) components
(B) linguists
(C) languages
(D) differences

6. **Directions**: Select the appropriate phrases from the answer choices and match them to the type of theory to which they relate. **This question is worth 3 points.**

Drag your answer choices to the spaces where they belong. To remove an answer choice, click on it. To review the passage, click on **View Text**.

Answer Choices	Biological Theory
(A) The development of the brain results from how it is used.	•
(B) Once people become bilingual, they find it easier to learn more languages.	•
(C) Inherited traits provide linguistic advantages to some people.	**Behavioral Theory**
(D) The white matter of the brain processes sounds.	•
(E) Future language skills can be foretold through exams.	•
(F) Most people do not understand the basic components of language.	•
(G) Everyone has the potential to master several languages.	

정답 p.316

● VOCABULARY ●────────────────

bilingual[bailíŋgwəl] a. 2개 국어를 말하는   trilingual[trailíŋgwəl] a. 3개 국어를 말하는   debate[dibéit] n. 논쟁
biological[bàiəládʒikəl] a. 생물학적인   behavioral[bihéivjərəl] a. 행태적인   experiment[ikspérəmənt] n. 실험
cerebral[sərí:brəl] a. 대뇌의   cortex[kɔ́:rteks] n. 피질   white matter (뇌·척수의) 백질   component[kəmpóunənt] n. 구성 요소
genetic[dʒənétik] a. 유전적인   inclination[ìnklənéiʃən] n. 경향   acquisition[æ̀kwəzíʃən] n. 습득   inherent[inhíərənt] a. 타고난
correlation[kɔ̀:rəléiʃən] n. 상호 관련   linguist[líŋgwist] n. 언어학자   subsequent[sʌ́bsikwənt] a. 그 이후의

Actual Test

Actual Test

1 Exotic Species in Hawaii

1 ➡ For most of their history, the Hawaiian Islands were totally sheltered from human contact, and the arrival of new species was extremely rare. However, this changed sometime between 1,200 and 1,600 years ago when the Polynesians arrived. They colonized the islands and brought exotic species, such as food crops and livestock, with them. Subsequently, waves of immigrants from European and Asian countries, each with their own plants and animals, brought more nonnative organisms to the islands. Over time, many of these organisms began to successfully reproduce in Hawaii. Some of them became invasive, and their swift dispersal led to a variety of devastating consequences.

2 ➡ When humans first arrived in Hawaii, for example, there were 140 or so species of indigenous birds, and many of them were endemic, meaning they were found nowhere else in the world. But more than half of those original residents are now extinct, and exotic species are partially to blame. Cats originally brought as pets escaped and made easy prey of native birds, which had evolved without mammalian predators. Rats that came over on cargo ships consumed bird eggs and competed with birds for food resources, such as fruit and insects. And the inadvertent introduction of mosquitoes resulted in the spread of avian malaria and avian poxvirus, for which the island birds had no natural immunity.

3 ➡ Another issue stemmed from the fact that Hawaii had no indigenous mammals that were herbivorous, so the native plants did not develop spines or thorns to protect against them. ■ As a consequence, introduced hoofed animals were able to exploit the defenseless plants in Hawaiian forests. ■ This eventually disrupted the natural balance in the forest ecosystem as feral goats indiscriminately ate understory plants, while feral pigs destroyed them by making extensive trail networks and pulling them up to consume their roots. ■ Combined, these activities prevented the growth necessary for the regeneration of the forest. ■

4 Moreover, the introduction of invasive species has caused millions of dollars in economic losses for the residents of Hawaii. One of the primary culprits for this is the Formosan termite. It is believed that this formidable pest originated in a potted plant in a shipment that arrived during the nineteenth century when there was substantial trade between China and the Kingdom of Hawaii. First discovered along Honolulu's waterfront, these termites have found their way to at least six of Hawaii's islands, and their relentless assault has caused extensive property damage. The poor-flying termites are carried by the wind to the rooftops

of buildings. From there, they work their way down into the interior walls, eating any wood they encounter along the way.

1. Which of the following can be inferred about the Hawaiian Islands from paragraph 1?

   (A) New species could not have colonized them without human assistance.
   (B) They had no human inhabitants prior to the arrival of the Polynesians.
   (C) Immigrants were attracted to them due to their unique plants and animals.
   (D) They had no nonnative organisms before European and Asian immigration.

   Paragraph 1 is marked with an arrow [➡].

2. The word "swift" in the passage is closest in meaning to

   (A) prolonged
   (B) rapid
   (C) timely
   (D) gradual

3. What does paragraph 2 say about the native birds of Hawaii?

   (A) A large number of them were exclusive to the Hawaiian Islands.
   (B) More than one hundred of them have gone extinct.
   (C) The total number of species was roughly half of what they are today.
   (D) They migrated to the islands from various places all over the world.

   Paragraph 2 is marked with an arrow [➡].

4. Which of the following is NOT mentioned in paragraph 2 as a contributor to native extinctions?

   (A) cats
   (B) rats
   (C) birds
   (D) mosquitoes

5. According to paragraph 3, why did Hawaii's native plants not have protective spines or thorns?

   (A) Native plants evolved in the absence of natural predators.
   (B) There were no naturally occurring mammals that ate plants.
   (C) Spines and thorns would not have been effective against native herbivores.
   (D) The local climate was not suited for these kinds of adaptations.

   Paragraph 3 is marked with an arrow [➡].

6. The word "exploit" in the passage is closest in meaning to

(A) get rid of
(B) steer clear of
(C) take advantage of
(D) run out of

7. The word "them" in the passage refers to

(A) goats
(B) plants
(C) pigs
(D) networks

8. Why does the author mention "a potted plant" in the passage?

(A) To suggest how the Formosan termite first got to Hawaii
(B) To emphasize the scale of trade between China and Hawaii
(C) To point out a common way that Formosan termites enter buildings
(D) To explain the effect of a common pest on houseplants

9. Look at the four squares [■] that indicate where the following sentence could be added to the passage.

Although these animals were once domesticated and confined, they became wild and entered the forests in ever-increasing numbers.

Where would the sentence best fit?

Click on a square [■] to add the sentence to the passage.

10. **Directions**: An introductory sentence for a brief summary of the passage is provided below. Complete the summary by selecting the THREE answer choices that express the most important ideas in the passage. Some sentences do not belong in the summary because they express ideas that are not presented in the passage or are minor ideas in the passage. **This question is worth 2 points.**

> Drag your answer choices to the spaces where they belong. To remove an answer choice, click on it. To review the passage, click on **View Text**.

After exotic species were introduced to Hawaii, they proliferated, and their presence led to destructive effects.

-
-
-

Answer Choices

(A) Along with the introduction of hoofed mammals came detrimental effects to Hawaii's forests.

(B) Although many introduced species were beneficial to humans, the costs outweighed the benefits.

(C) The extinction of native Hawaiian species can be attributed to the activities of certain exotic species.

(D) A significant amount of economic damage has resulted from the presence of certain invasive species.

(E) After its introduction, the exotic and invasive Formosan termite quickly spread to at least six islands in Hawaii.

(F) Native species evolved without mammalian predators, so they became easy prey and died out.

정답 p.318

Actual Test

2 River Deltas

1 ➡ Deltas develop when river and coastal processes combine to deposit sediment in sufficient quantity to create landforms at the mouths of rivers, where the waterways flow into an ocean or other large reservoir. When a river enters a standing body of water, it is no longer confined to a channel, so its current broadens, and its flow slows down. The reduced flow velocity causes the suspended sediment to separate and settle at the bottom, with larger particles deposited near the mouth of the river and smaller particles dumped further out into the reservoir. Gradually, the sustained deposition creates distinctive landforms that are commonly shaped like the Greek letter Δ, and hence the name.

2 River deltas encompass different parts, such as the delta plain, a somewhat level terrestrial environment where the river meets the ocean. The delta plain is characterized by networks of smaller streams that radiate toward the sea. It can be subdivided into an upper delta plain that has no marine influence and a lower delta plain that contains saltwater. Further from the river's mouth, the delta front is found offshore where deltaic deposits slope downward from sea level to the seafloor. It is the site of rapid sedimentation and can be unstable due to its abrupt slope relative to the delta plain. Beyond this, the finest grains are ultimately deposited as muds in the deeper prodelta.

3 In addition to recognizing the various sections of deltas, scientists classify them based on the force that exerts the greatest impact on their structural appearance. River-dominated deltas are formed by rivers that discharge into protected waters with low wave energy and weak tides. In most cases, they extend far from the original coastline. ■ Deltas that are primarily shaped by seafloor waves or tides are known as wave-dominated or tide-dominated deltas. ■ In the former, breaking waves cause immediate reworking of the sediment, and it is deposited up and down the shoreline as beaches and sandbars. ■ In the latter, the action of the high tides pushes some sediment back toward the mouth of the river, while low tides send the remainder out to sea, forming channels aligned with the direction of tidal currents. ■

4 ➡ Ultimately, deltas are only able to materialize where the underwater environment consists of fairly gentle slopes and where tides and waves are too weak to transport all of the sediment away. Therefore, some very large rivers, such as the Amazon, produce no delta at all. Where conditions are right, however, extensive landforms can develop. The Mississippi River Delta, for instance, covers 12,000 square kilometers of territory that is the

home to around two million people and a tremendous amount of biological diversity.

11. Which of the sentences below best expresses the essential information in the highlighted sentence in the passage? *Incorrect* choices change the meaning in important ways or leave out essential information.

   (A) Where rivers enter large bodies of water, deltas arise when sediment deposition is substantial enough to produce land formations.
   (B) If the amount of the deposited sediment is large enough, waterways may be prevented from entering reservoirs, creating landforms.
   (C) The formation of deltas results when sediment from large bodies of water, such as oceans, is deposited near the mouths of rivers.
   (D) At the place where rivers flow into oceans or other large reservoirs, sediment is deposited in significant quantities near the river's mouth.

12. Why does the author mention "the Greek letter Δ" in paragraph 1?

   (A) To explain how a certain geological feature got its name
   (B) To show the relationship between particle size and distribution
   (C) To identify when a particular landform was originally discovered
   (D) To illustrate how sediments can be deposited in distinctive shapes

   Paragraph 1 is marked with an arrow [➡].

13. What can be inferred about the upper delta plain?

   (A) The vast majority of it is located underwater.
   (B) Its waterways are entirely composed of freshwater.
   (C) Its rate of sedimentation is highest near the river's mouth.
   (D) The water it contains supports marine life.

14. The phrase "relative to" in the passage is closest in meaning to

   (A) compared to
   (B) similar to
   (C) relevant to
   (D) linked to

15. The word "they" in the passage refers to

    (A) river-dominated deltas
    (B) rivers
    (C) protected waters
    (D) weak tides

16. Which of the following is a characteristic of wave-dominated deltas?

    (A) The dispersal of sediment far out to sea
    (B) The pushing of sediment toward the mouth of the river
    (C) The creation of landforms along the coastline
    (D) The forming of channels aligned with the tides

17. What can be inferred about the Amazon River from paragraph 4?

    (A) Its current is too fast for its mouth to form a delta.
    (B) Its delta forms under unique environmental conditions.
    (C) It deposits much of its sediment before it reaches the sea.
    (D) It flows into a body of water with strong waves or tides.

    Paragraph 4 is marked with an arrow [➡].

18. The word "tremendous" in the passage is closest in meaning to

    (A) huge
    (B) marvelous
    (C) certain
    (D) proportionate

19. Look at the four squares [■] that indicate where the following sentence could be added to the passage.

    Perhaps the world's greatest example of this is South Asia's Ganges-Brahmaputra River Delta, which is strongly determined by tidal forces.

    Where would the sentence best fit?

    Click on a square [■] to add the sentence to the passage.

20. **Directions**: An introductory sentence for a brief summary of the passage is provided below. Complete the summary by selecting the THREE answer choices that express the most important ideas in the passage. Some sentences do not belong in the summary because they express ideas that are not presented in the passage or are minor ideas in the passage. **This question is worth 2 points.**

> Drag your answer choices to the spaces where they belong. To remove an answer choice, click on it. To review the passage, click on **View Text**.

River deltas are distinctive land formations that develop near the mouths of rivers.

-
-
-

Answer Choices

(A) Specific conditions are needed for deltas to form, so some rivers have no delta at all while others have considerable ones.

(B) Deltas that are primarily shaped by waves have a different appearance than those that are mainly shaped by tides.

(C) Various types of deltas exist, and their classification is determined by the dominant force influencing their structure.

(D) There are different sections of the river delta, each with their own identifying characteristics.

(E) Because the delta front has a steep slope, it is the place where sedimentation occurs most rapidly.

(F) Although the world's river deltas have some notable differences, they all have some features in common.

정답 p.320

MEMO

MEMO

토플 리딩의 기본서

H|A|C|K|E|R|S TOEFL
READING BASIC

개정 5판 2쇄 발행 2025년 2월 3일

개정 5판 1쇄 발행 2023년 6월 30일

지은이	David Cho │ 언어학 박사, 前 UCLA 교수
펴낸곳	(주)해커스 어학연구소
펴낸이	해커스 어학연구소 출판팀

주소	서울특별시 서초구 강남대로61길 23 (주)해커스 어학연구소
고객센터	02-537-5000
교재 관련 문의	publishing@hackers.com
동영상강의	HackersIngang.com

ISBN	978-89-6542-608-0 (13740)
Serial Number	05-02-01

외국어인강 1위,
해커스인강(HackersIngang.com)

Ⓗ 해커스인강

- 토플 시험에 나올 어휘를 정리한 **단어암기 MP3**
- 토플 리딩/리스닝 실력을 한 번에 높이는 **지문녹음 MP3**
- 해커스 토플 스타강사의 **본 교재 인강**

전세계 유학정보의 중심,
고우해커스(goHackers.com)

Ⓗ 고우해커스

- **토플 보카 외우기, 토플 스피킹/라이팅 첨삭 게시판** 등 무료 학습 콘텐츠
- 고득점을 위한 **토플 공부전략 강의**
- **국가별 대학 및 전공별 정보, 유학 Q&A 게시판** 등 다양한 유학정보

[외국어인강 1위] 헤럴드 선정 2018 대학생 선호브랜드 대상 '대학생이 선정한 외국어인강' 부문 1위

전세계 유학정보의 중심
고우해커스

goHackers.com

HACKERS

TOEFL
READING
BASIC

**TOEFL iBT
최신출제경향
반영**

David Cho

정답 · 해석 · 정답단서

해커스 어학연구소

HACKERS
TOEFL
READING
BASIC

정답·해석·정답단서

해커스 어학연구소

① 핵심어를 통해 주제 예상하기 p.21
01 (C) 02 (B) 03 (A) 04 (C)

01
고릴라와 인간, 영장류, 비슷한, 두 팔과 다리, 열 개의 손가락과 발가락, 32개의 이, 얼굴, 새끼를 돌보다, 복잡한 사회 구조

(A) 고릴라의 복잡한 사회 구조
(B) 영장류의 특징
(C) 고릴라와 인간의 유사점

02
포장, 청결과 신선함, 요소들로부터 보호하다, 외부 환경을 보호하다, 내용물을 식별하다, 배포

(A) 포장과 보호 (B) 포장의 역할 (C) 포장의 특성

03
황소개구리, 크기, 6인치, 등의, 우중충한 녹색, 갈색의, 짙은 회색, 검은색, 배 표면, 흰색, 노란색, 서식지, 중부와 동부 미국

(A) 황소개구리의 특징
(B) 황소개구리의 색깔
(C) 개구리 묘사

04
중세, 단순한 해시계, 14세기, 공공 시계, 조절의 어려움, 스프링 시계, 정확한 기계식 시계, 개선된 정확성, 오늘날, 디지털시계

(A) 시계의 정확성 (B) 다양한 시계 (C) 시계의 발전

② 주제문 찾기 p.23
01 (C) 02 (A) 03 (B) 04 (C)

01
(A) 올챙이가 초식 상태로 유지되면, 올챙이들의 내장은 길어지고 나선형으로 된다.
(B) 육식 상태에서는, 올챙이의 내장은 짧아진다.
(C) 대부분의 올챙이는 초식이지만, 육식 생활 방식에도 적응할 수 있다.

02
(A) 관세 동맹은 회원국에 여러 긍정적인 효과를 내기 위해 결성된다.
(B) 관세 동맹은 보통 경제적 효율을 높이기 위하여 설립된다.
(C) 관세 동맹은 회원국 간에 보다 긴밀한 정치적 문화적 유대를 맺는 것을 돕는다.

03
(A) 연작류의 몸집은 연작류가 충분히 빨리 움직여서 여러 서식지에서 번성할 수 있게 해준다.
(B) 지구상에 가장 흔한 새의 종류는 연작류로 알려져 있는데, 연작류는 여러 흥미로운 특성을 지니고 있다.
(C) 연작류가 지닌 시각적, 청각적 특징은 연작류를 많은 사람들에게 인기 있는 종으로 만들었다.
(D) 연작류는 흥미로운 울음소리를 지니고 있는데, 친자연주의자들과 조류 관찰자들은 이 울음소리를 즐긴다.

04
(A) 바닷물에 사는 물고기의 경우, 신장은 배설물을 농축시키며 수분을 가능한 한 많이 몸으로 다시 보낸다.
(B) 어떤 물고기는 심지어 기능을 바꾸는 특수화된 신장을 가지고 있어서 민물에서 바닷물로 이동할 수 있다.
(C) 신장은 물고기가 체내에 있는 암모니아의 양을 조절하는 것을 돕는다.
(D) 민물고기의 신장은 많은 양의 묽은 소변을 펌프질로 퍼내도록 특별히 맞춰져 있다.

③ 글의 요지를 담은 요약 문장 완성하기 p.25
01 (B) 02 (A) 03 (C) 04 (C)

01
모든 과학자들이 조류와 공룡의 연관성에 대해 동의하는 것은 아니지만, 많은 과학자들은 조류가 공룡에서 진화했다고 확신한다. 최근의 많은 발견들은 조류가 수각류라 불리는 두 발을 가진, 달리는 공룡의 후손이라는 주장을 뒷받침해 주는 것 같다. 예를 들어, 중국에서의 화석 발견 역시 수각류가 오늘날의 조류와 같이 깃털로 덮여 있었다는 뚜렷한 흔적을 보여주었다.

⇨ 증거들은 _____가 _____의 선조라는 것을 시사한다.

(A) 새 – 수각류

(B) 공룡 – 새
(C) 공룡 – 수각류

02

많은 사람들은 사막에 대해 잘못된 견해를 가지고 있다. 대개 사람들이 '사막'이라는 단어를 생각할 때, 그들은 단지 뜨겁고 메마른 장소만 떠올린다. 그러나 추운 사막이 유타 주와 네바다 주의 분지와 산맥 지역, 그리고 서아시아의 일부 지역에 존재한다. 사막에 대한 또 다른 오해는 사막이 다양한 식물이나 동물이 존재하지 않는 불모의 땅이라는 것이다. 그러나 사막은 식물과 동물 종의 다양성에 있어 열대 우림에 버금가는 곳이다.

⇨ 사막의 _____에 있어 많은 _____가 있다.

(A) 오해 – 특징
(B) 동일성 – 동물 종
(C) 범위 – 지리상의 영역

03

1998년에 NASA의 한 연구원이 온실가스와 그것이 지구 온난화에 미치는 영향에 대한 보고서를 제출했다. 그는 대기 중에 이산화탄소와 같은 온실가스가 많이 존재하면 지구 표면을 뜨겁게 만든다고 믿었다. 그러나 다른 사람들은 동의하지 않았다. 그들은 이산화탄소 배출이 증가하고 있긴 하지만, 이산화탄소 배출은 너무 느리게 증가하고 있어서 기온에 영향을 주지 못한다고 주장했다. 게다가, 이산화탄소 배출의 영향에 대한 자료는 확정적이지 않았다.

⇨ 많은 과학자들은 온실가스의 _____에 대해 _____.

(A) 동의한다 – 영향
(B) 동의한다 – 위험
(C) 논의한다 – 영향

04

1930년대에, 미국 대평원의 남부 지역은 Dust Bowl로 불려졌다. Dust Bowl이라고 불려진 것은 그 지역을 휩쓸었던 일련의 맹렬한 먼지 폭풍 때문이었다. 그 시기에는, 긴 가뭄 때문에, 토양이 매우 건조했다. 그 결과, 대부분의 표토가 바람에 의해 날아갔으며 토양을 황폐화시켰다. 수많은 가족들이 일자리를 찾기 위해 Dust Bowl을 벗어났다.

⇨ Dust Bowl의 토양은 _____에 기인하는 _____에 의해 황폐화되었다.

(A) 건조한 토양 – 거대한 폭풍
(B) 평원의 파괴 – 가족들의 이동
(C) 표토의 사라짐 – 강우의 부족

④ 요지를 담은 주제문 고르기   p.28
   01 (A) 02 (A) 03 (C) 04 (B) 05 (A)

01

_____ 예를 들면, 시리얼 한 박스의 값은 3~4달러이다. 그러나, 곡물 값은 약 10센트에 불과하고, 포장비는 90센트이다. 결국, 광고비가 2~3달러에 달하게 된다.

(A) 제품을 광고하는 비용은 제품을 만드는 가격보다 종종 높다.
(B) 시리얼 한 박스에 광고비는 2달러를 넘는다.
(C) 시리얼 한 박스는 그렇게 비싸지 않다.

02

_____ 그것들은 어린 나무로서 번식을 한다. 그것은 부모 나무에 붙어서 영양분을 얻고는 떨어져서 흩어진다. 이 어린 나무는 결국에 부모 나무의 주변의 땅에 뿌리를 내리거나, 멀리 떨어진 해안가까지 옮겨진다. 이 맹그로브 나무들은 넓은 지역에 흩어질 수 있다.

(A) 맹그로브 나무들은 독특한 번식 방법을 가지고 있다.
(B) 맹그로브 나무들은 캘리포니아 해안을 따라 번성한다.
(C) 맹그로브 나무에는 주로 두 종류가 있다.

03

_____ 일전에 송골매라 불리는 새들이 많이 있었다. 문제는 DDT라고 불리는 살충제가 해충들을 죽이기 위해 곡물에 뿌려지면서 시작되었다. 송골매는 DDT가 뿌려진 곡물 위의 해충들을 잡아먹었다. 그 새들이 알을 낳았을 때, 알의 껍질은 매우 얇았다. 그래서, 새끼 새가 부화하기도 전에, 껍질은 부서지고, 새끼들은 죽었다.

(A) 송골매는 전 세계에 걸쳐 발견된다.
(B) 살충제는 곡물 생산을 높이기 위해 사용될 수 있다.
(C) 해충을 죽이기 위한 물질인 살충제는 새도 죽일 수 있다.

04

_____ 요즘 사람들이 매우 바쁘기 때문에, 그들은 더욱 반조리된 음식들을 찾는다. 시장에는 밥과 파스타와 같은 반조리된 음식들이 다양하게 나와 있다. 이러한 제품들은 인기가 높아지고 있으며, 식품 관련 업체들은 반조리된 음식들을 홍보하고 메뉴를 늘리기 위해 노력하고 있다.

(A) 반조리된 음식의 시장은 식품 관련 회사에 의해 결정된다.
(B) 반조리된 음식에 대한 수요는 점점 더 증가하고 있다.
(C) 반조리된 음식은 오늘날 가장 인기 있는 음식이다.

05

_____ 이것은 지진이나 화산 분출과 같은 해저 지각 변동 후에 일어난다. 그 다음에, 파도는 돌을 던졌을 때 일어나는 파동처럼 그 지각 변동 지점에서 모든 방향으로 움직인다. 그 큰 파도가 해안 주변의 얕은 물로 다가오면서, 파도는 높이가 높아져 해안을 때린다. 파도는 100피트 만큼 높은 것도 있다. 하와이는 특히 해일의 위험이 큰 곳이다.

(A) 해일은 일련의 크고 위험한 바다 물결이다.
(B) 모든 파도는 바다 저 너머에서 시작된다.
(C) 해일은 해안에 큰 피해를 초래한다.

① 문장과 문장을 자연스럽게 연결하기   p.33

01
John F. Kennedy는 의회와 대중을 다루는 데 있어 언제나 자신이 가진 것보다 적은 권력을 사용했다. **반대로,** Lyndon Johnson은 언제나 자신이 가진 것보다 조금 더 많은 권력을 사용했다.

02
1945년 8월 6일, 한 미국 폭격기가 남서쪽의 일본 항구인 히로시마에 원자 폭탄을 떨어뜨렸다. **그 후에,** 미국은 1945년 8월 9일 나가사키에 두 번째 원자 폭탄을 떨어뜨렸다.

03
사카린은 치약이나 구강 청정제, 무설탕 껌에 사용되는 인공 감미료이다. **게다가,** 이것은 많은 다이어트 음식에도 사용된다.

04
급속한 산업 성장은 개발 도상 국가들에게 긍정적인 경제적 사회적 이익을 가져왔다. **그럼에도 불구하고,** 이 급속한 산업 성장은 방대한 산업 폐기물도 유발했다.

05
도시는 문명 초기에 확립되었다. **그러므로,** 문명의 역사를 공부하는 것은 도시의 역사를 공부하는 것이다.

06
미국의 사슴들은 작은 동물들의 서식지를 파괴하고, 숲을 훼손시킨다. **따라서,** 정부는 사슴의 개체 수를 억제하기 위한 방책을 찾아야만 한다.

07
새로운 식물의 뿌리는 식물이 자라기 위해 사용하는 물과 무기물을 섭취한다. **다음으로,** 줄기가 위를 향해 자라고, 잎이 나타난다.

08
어떤 교육자들은 영어를 제 2언어로 배우는 학생들은 그들의 모국어로도 교육을 받아야 한다고 생각한다. **반면에,** 어떤 사람은 그들이 영어로만 공부해야 한다고 말한다.

② 구조와 흐름 재점검하기   p.35
01 (A)   02 (C)   03 (A)   04 (A)   05 (C)

01
오늘날, 미국에서는 직장에 가는 사람들의 수가 감소하고 있다. (A) 그들은 출근하는 데에 대중교통을 사용한다. (B) 그들은 직업을 잃은 것이 아니라 오히려 재택근무자로 알려진 새로운 형태의 고용자가 되었다. (C) 이러한 현상은 컴퓨터의 보급과 인터넷의 상용화에 기인한다.

02
인간의 뇌는 컴퓨터보다 더 많은 능력을 가지고 있다. (A) 그것은 창조하고, 자발적으로 시작하고, 연역하고, 결론에 도달하고, 의심하고, 논리적으로 추론하는 능력을 가졌다. (B) 반대로, 컴퓨터는 연산만 할 수 있는데, 그것은 곱하고, 나누고, 더하고, 빼고, 루트를 끌어내는 정도이다. (C) 사실상, 인간의 뇌는 억만 조의 신경세포로 이루어져 있다.

03
많은 버섯들은 먹을 수 있지만, 몇몇은 먹으면 치명적이다. (A) 사람들은 그들이 먹고자 하는 버섯의 종류를 선별할 수 있어야 한다. (B) Amanita라는 버섯은 먹을 수 있는 버섯처럼 보인다. (C) 하지만, 그것의 독은 먹으면 거의 죽음을 가져올 수 있다.

04
중국인들은 지진을 예측하기 위해, 자연을 관찰하는 방법을 사용했다. (A) 중국 과학자들은 후에 현대적인 과학적 방법과 장비를 사용했다. (B) 시골의 중국인들은 지진 전에 동물들이 이상한 행동을 하는 것을 보고 뭔가 잘못되었다는 것을 알았다고 한다. (C) 그들은 또한 우물 안 물의 수위나 냄새의 변화를 알아차리기도 했다.

05
수천 개의 다른 단어들은 글자를 바꿈으로써 만들어질 수 있다. (A) 예를 들어, 'house(집)'에서 한 글자만 바꿔도 완전히 다른 것, 'mouse(쥐)'가 만들어진다. (B) 글자의 순서를 바꾸는 것 또한 다른 단어를 만드는데, 'pin(핀)'을 'nip(꼬집다)'으로, 'last(마지막)'를 'salt(소금)'나 'slat(널빤지; 강타하다)'으로 바꾼다. (C) 게다가 글자의 순서를 바꾸는 것은 많은 철자 실수를 야기할 수 있다.

③ 정확하게 파악하고 분류하기   p.37
01 (A)   02 (C)   03 (C)

01
구어는 단어가 입을 통해 발음되는 의사소통 체계이다. 이것은 모음과 자음으로 이루어져 있다. 모음은 열린 소리이고, 자음은 상대적으로 닫힌 소리이다. 전자는 성도에서의 수축에 의해 생겨 들리는 잡음이 없는 소리인 반면, 후자는 수축에 의해 생겨 들리는 잡음이 있는 소리이다.

(A) 모음 – 자음
(B) 구어 – 보디랭귀지
(C) 열린 소리 – 닫힌 소리

02

대부분의 꿈은 REM 수면 동안 일어난다. REM 수면 동안 깨는 사람은 거의 항상 그들이 꿈꾸고 있던 것을 기억한다. 반대로, 비 REM 수면 상태에서 깨는 사람들은 그들의 꿈을 기억할 가능성이 15% 정도이다. 두 단계에서 경험하는 꿈의 종류 또한 다르다. REM 수면에서 깬 사람들에 의해 보고된 것들은 종종 비논리적이고 기괴하다. 한편, 비 REM 상태에서 사람들은 종종 더 정상적인 생각과 같은 꿈을 꾼다. 비 REM 수면의 꿈은 감정적으로 시각적으로 거의 그만큼 충만해 있지 않다.

(A) REM 수면 중의 비논리적인 꿈 – REM 수면 중의 정상적인 꿈
(B) REM 수면의 종류 – 비 REM 수면의 종류
(C) REM 수면 중의 꿈 – 비 REM 수면 중의 꿈

03

뇌의 좌반구가 손상되었을 때 말하기에 심각한 장애가 올 수 있다. 좌반구는 의사소통과 관련된 특정 움직임을 통제하는 일을 전문적으로 다루는 것처럼 보인다. 청각 장애인으로 태어나서 손동작으로 의사소통을 하는 사람들에게 있어서, 좌뇌의 손상은 수화 능력에 심각한 영향을 미칠 수 있다. 이와 비교해서, 우반구는 외부 세계에서 정보를 받고 분석하는 데 훨씬 더 관련되어 있는 것으로 보인다. 그러므로 우뇌의 손상으로 곡조의 차이를 알아낼 수 없게 되거나 사람의 얼굴을 알아보기 힘들어지는 결과를 초래할 수도 있다.

(A) 좌반구의 구조 – 우반구의 구조
(B) 좌반구의 반응 – 우반구의 반응
(C) 좌반구의 기능 – 우반구의 기능

(4) 정보 정리하기   p.39
　　 01 (B)   02 (A)

01

대부분 미국 도시들의 심장부에는 중심 상업지가 있는데, 공공건물, 은행, 백화점, 고층 빌딩, 호텔 등을 포함한다. 게다가, 사람들의 밀집도가 높은 것으로도 특징지어진다. 보통 이 중심지를 둘러싸고 있는 지역은 좀 더 가난하고 보기 흉한 상업 시설과 낡고 황폐한 다양한 주거지이다. 이 퇴색한 도시 지역은 슬럼(빈민가)이라고 불린다. 최저 소득층이 이곳에 산다.

(1)	(2)
· 도시 중앙을 둘러싼다	· 많은 상업 건물들을 포함한다
· 경제적으로 불리한 처지에 있는 사람들이 사는 곳이다	· 인구가 조밀하다

(A) 교외 지역 – 도심
(B) 슬럼 – 중심 상업지
(C) 도심 – 중심가

02

도기류는 여러 종류의 제품으로 분류될 수 있다. 고대로부터 거의 같은 기술로 생산되어 온 질그릇이 더 대중적인 예 중 하나이다. 그것은 혼합된 점토로 만들어진 다음 굳을 때까지 굽힌다. 굳은 정도는 열에 노출된 시간의 길이, 그리고 어떤 온도에서 굽히느냐에 달려 있다. 다른 예인 석기는 유약이 발명되고 난 후에 발달했는데, 유약은 원래 장식적 목적으로 물기 있는 점토에 도포되었던 특별한 칠이었다. 도공들은 유약칠이 된 항아리나 사발이 가열될 때 구멍이 없어지고 방수가 된다는 것을 발견했다.

(1)	(2)
· 특별한 칠로 장식되었다	· 혼합된 점토로 만들어진다
· 굽힌 후에 작은 구멍을 잃고 습기에 저항성을 가지게 된다	· 수천년 간 똑같은 방식으로 생산되어 왔다

(A) 석기 – 질그릇
(B) 혼합 점토 – 석기
(C) 도기류 – 유약칠된 그릇

3일   정확한 정보를 머릿속에 정리한다

(1) 정보 재확인하기   p.43
　　 01 (B)   02 (A)   03 (A)   04 (B)   05 (A)

01

미국인 지질학자인 John Wesley Powell은 로키 산맥 일대에 대해 조사를 수행했다.

(A) 로키 산맥 일대는 미국인 지질학자 John Wesley Powell이 이 일대를 조사하기 전까지는 발견되지 않았다.
(B) 미국 지질학자인 John Wesley Powell은 로키 산맥 일대의 조사에 관여했다.

02

지구의 천연자원의 감소는 주로 인구의 증가 때문이다.

(A) 인구 증가의 결과로 지구의 천연자원이 감소했다.
(B) 인구의 증가 때문에, 미래에는 천연자원이 없을 것이다.

03

맨해튼 프로젝트는 미국이 2차 세계 대전 중에 원자 폭탄을 개발하려는 계획의 암호명이었다.

(A) 2차 대전 동안 원자 폭탄을 개발하려는 미국의 계획은 맨해튼 프로젝트라고 불렸다.
(B) 원자 폭탄을 개발한 후에, 미국은 암호명 맨해튼 프로젝트를 결정했다.

04

대통령 Harry Truman은 1945년 모든 미국인을 위해 정부가 운영하는 건강 보험 체계를 제안했으나 의회에서 이 제안은 통과되지 못했다.

(A) 대통령 Harry Truman과 의회는 1945년 제안된 모든 미국인을 위한 정부가 운영하는 건강 보험 체계를 거부하는 것에 동의했다.
(B) 의회는 1945년 정부가 운영하는 전국민 건강 보험 체계에 대한 Truman의 제안을 부결했다.

05

카네기 홀은 역사적인 콘서트 홀로 1891년 5월 5일 러시아 작곡가 Peter Ilich Tchaikovsky가 야간 개장 공연을 한 후 많은 유명 음악가들을 유치해 왔다.

(A) 카네기 홀에서 공연한 유명한 음악가들 중에 Peter Ilich Tchaikovsky는 여기서 공연을 처음으로 한 사람이다.
(B) 러시아 작곡가 Peter Ilich Tchaikovsky의 공연을 필두로, 모든 중요한 음악가들은 역사적인 콘서트 홀인 카네기 홀에서 콘서트를 공연해 왔다.

---

② 정보의 그림화하기   p.46
   01 (C)   02 (B)   03 (A)

01

독사는 독을 가진 뱀이다. 독사는 길고 뾰족한 이빨인 한 쌍의 독니를 가진 것으로 특징지어진다. 이 독니는 위의 턱의 앞에 붙어 있다. 독사가 공격할 때, 독사는 독니를 통해 그것의 희생물에게 독을 내보낸다.

02

사람이나 동물들을 특정 지역으로부터 경계 짓는 울타리는 많은 모양과 크기와 형태를 취한다. 예를 들면, 19세기 북미와 같은 수목이 울창한 지역에서는 split rail fence, post and rail fence, hurdle fence와 같은 많은 형태의 목재 울타리들이 발달되었다. Split rail fence는 움직일 수 있는 울타리이고, 나무나 다른 장애물들 주변에 지그재그 형태로 놓일 수 있다.

03

기하학은 공간에 있는 물체를 연구하는 것이다. 하나의 재미있는 물체는 'Reuleaux Triangle'이다. 그것은 3개의 변이 있는 도형으로 각 변은 중심이 마주한 모서리에 있는 원의 일부이다. 이와 같은 맥락에서, 'Reuleaux Heptangle'은 3개의 변 대신에 7개의 변을 가진 비슷한 모양이다.

---

③ 질문 속에 들어 있는 답 찾기   p.48
   01 (C)   02 (C)   03 (C)   04 (B)

01

지역 사회에 대한 연구는 몇몇 건물의 위치 분포에 유형이 있다는 것을 보여준다. 예를 들면, 공장과 창고는 일반적으로 철로와 연관되어 있으며, 값비싼 집들은 더 높고 건조한 지역을 차지한다. 게다가, 쇼핑 지구는 도로가 만나는 곳에 위치하고, 큰 아파트 단지는 보통 상업 지구에 가까이 위치한다.

–을 제외하고 다음의 모든 것이 철로 근처에서 발견될 수 있다.

(A) 창고   (B) 공장   (C) 쇼핑 지구

02

동물은 방향에 대한 탁월한 감각을 가지고 있다. 고양이와 개는 그들의 집으로 가는 길을 찾는 방법을 배울 필요가 없다. 새들은 겨울 서식지로부터 여름 서식지까지 수천 마일을 여행하지만, 길을 잃지 않는다. 몇몇은 심지어 그들이 작년에 둥지를 틀었던 바로 그 나무나 목초지에 돌아온다. 한편, 태평양 연어는 그들이 태어났던 바로 그 계곡에 알을 낳기 위해 바다를 가로질러 헤엄친다.

어떤 동물이 여름 서식지를 찾기 위해 수천 마일을 여행하는가?

(A) 개와 고양이   (B) 태평양 연어   (C) 새

03

초기 일본인 작가들은 중국어에 의해 많은 영향을 받았다. 그들의 글자 체계가 없었던 일본인들은 한자를 차용했고, 그들의 필요에 맞추었다. 이것은 712년에 완성된 고대의 가장 완전한 작품인 'Kojiki'(고대사의 기록)와 이보다 8년 후에 완성된 'Nihon shoki' (일본 연대기)에서 명백히 나타난다.

언제 'Nihon shoki'가 완성되었는가?

(A) 704   (B) 712   (C) 720

04

1차 세계 대전 이후, 미국 경제는 빠른 성장을 보였다. 그러나 1929년의 Wall Street Crash는 이러한 성장에 뜻밖의 종료를 가져왔고, 전 세계적인 불황을 이끌었다. 1930년대의 대공황 동안 수천 명의 매우 가난한 미국인 가족들이 동부 해안과 시골 농업 지역을 떠나 직업을 찾기 위해 서부 해안과 캘리포니아로 피난했다.

대공황 기간 동안, -을 제외하고 다음의 모든 곳으로 많은 가난한 미국인들이 일자리를 찾으러 갔다.

(A) 서부 해안   (B) 동부 해안   (C) 캘리포니아

④ 정보를 제대로 이해하기   p.51
   01 (A)   02 (B)   03 (B)

01

1860년 이전에는 고무가 브라질에 있는 아마존 열대 우림의 나무에서 수확되었다. 그 공정은 비쌌으며 지속적인 공급을 확실히 하는 것이 어려웠다. 따라서, 식물학자들은 고무나무를 온실에서 기르는 것을 시도하였다. 이것은 성공적이었고, 고무나무의 종자는 싱가포르와 다른 영국의 아시아 식민지로 옮겨졌다. 플랜테이션이라고 불린 조직적인 농장이 만들어졌으며 고무나무의 광범한 재배가 가능해졌다.

고무나무는 _____.
(A) 옮겨 심어진 후 넓은 땅에서 재배되었다
(B) 공정 비용을 낮추기 위해 영국으로 옮겨졌다
(C) 1860년대 전에 아마존 열대 우림에서 가장 풍부했다

02

스칸디나비아 지역은 북유럽에 위치해 있으며, 스칸디나비아 반도에서 그 이름이 유래한다. 스칸디나비아 지역은 대륙의 덴마크와 스칸디나비아 반도의 가장 큰 두 나라인 노르웨이와 스웨덴을 포함한다. 많은 핀란드 민족주의자들이 반대하기는 하나, 핀란드가 포함되기도 한다. 영어에서는, 스칸디나비아를 이루는 나라들은 종종 Nordic 국가라고 알려져 있다.

Nordic 국가들 중 _____.
(A) 핀란드는 스칸디나비아 국가로 여겨지는 것에 호의적이다
(B) 노르웨이는 스칸디나비아 반도에 위치해 있다
(C) 덴마크는 가장 작은 국가로 여겨진다

03

1920년대에, 여성들의 의복은 여성들의 새로운 경제적 사회적 자유를 반영했다. 여성들의 패션은 여성들의 순종하지 않는 경향과 전통으로부터 벗어나려는 욕구를 반영했다. 여성들의 의복은 입기 쉬워졌으며, 더욱 캐주얼해지고 편해졌다. 예를 들어, 치마의 기장은 짧아졌으며, 여성들은 바지를 더 많이 입기 시작했다.

1920년대 여성들의 의복은 _____.

(A) 크게 재봉되었고 헐렁했다
(B) 향상된 지위를 나타냈다
(C) 전통적인 양식을 따랐다

① 문장 완성하기   p.55
   01 (A)   02 (B)   03 (C)   04 (1) (B) (2) (A)

01

우표 수집은 어떤 사람에게는 ____ 취미일 수도 있지만 다른 사람들에게는 돈 낭비일 수도 있다.

(A) 이익이 많은   (B) 안정된   (C) 쓸모없는

02

어떠한 상황에서는 불쾌한 감정을 드러내는 것보다는 ____ 하는 것이 현명한 것일지도 모른다.

(A) 표현하다   (B) 숨기다   (C) 보이다

03

홍보에 관해서라면, 현직 대통령은 명백히 다른 후보들보다 언론과의 접촉 기회가 더 많다. ____ 관직에 오른 사람으로서, 대통령은 어디에 있든지 자동적으로 언론이 따라다닌다.

(A) 반복적으로   (B) 즉시   (C) 이미

04

많은 사람들이 예상하는 것과는 반대로, 진짜 부자들은 그들의 옷을 __(1)__ 하게 입지 않는다. 그들은 다른 사람들에게 좋은 인상을 주기 위해 화려한 옷을 입을 필요가 없다. 부가 보장되어 있는 그들은 __(2)__ 하고 평범하게 보이는 여유가 있다.

(1) (A) 실용적인   (B) 화려한   (C) 수수한
(2) (A) 겸손한   (B) 다양한   (C) 이상한

② 아는 뜻으로만 쓰이지 않는 단어의 뜻 확인하기 p.57
   01 (C)   02 (C)   03 (B)   04 (B)

01

부시먼 족은 그들이 선택한 곳이면 어디에서든지 샘을 점령했고 피그미 족이 음식으로 의존하는 동물을 쌌다.

(A) 놀이   (B) 술책   (C) 동물

02

인터넷에서 음악을 다운받는 사람들은 모든 저작권법을 준수해야 한다.

(A) 주의 깊게 관찰하다
(B) 기념하다
(C) 고수하다

03

미국의 헌법과 권리장전은 기본 인간의 권리와 3가지의 정부 부서를 만들었다. 이 부문은 입법, 행정, 사법부이다.

(A) 식물 줄기의 자연적인 일부 (가지)
(B) 기관의 한 부분 (부문, 지부)
(C) 물의 자연적인 지류

04

카리브 해에서는 일부 인구가 혼혈 미국 인디언과 아프리카 혈통이다.

(A) 하강; 낙하   (B) 혈통; 가계   (C) 갑작스런 공격

---

③ **동일한 의미를 가진 단어 찾기**　　　p.59
　　01 (A)　02 (C)　03 (B)　04 (B)　05 (A)

01

Piaget는 아이들이 자라나면서, 정신적 설계, 혹은 세상을 이해하는 것을 가능하게 하는 생각들의 집합체를 형성한다는 결론을 내렸다.

(A) 생각   (B) 규칙   (C) 방법

02

바람의 방향을 나타내는 데 쓰인 최초의 도구로 알려진 것은 고대 그리스의 천문학자에 의해 만들어졌으며 사람의 몸과 같은 형태였다.

(A) 따르다   (B) 유지하다   (C) 나타내다

03

달에는 공기가 없기 때문에 밤에 달 표면의 기온은 섭씨 영하 230도 이하로 떨어질 수 있다.

(A) 유지하다   (B) 떨어지다   (C) 오르다

04

식물을 먹는 공룡들의 대부분이 전반적으로 기온이 높고, 잎이 큰 식물들이 풍부했던 중생대에 북미에 서식했다.

(A) 영양분이 많은   (B) 풍부한   (C) 부족한

05

생물학자들은 바닷가재, 새우, 게와 같은 새로운 수중 생물의 종들을 전 세계의 심해와 산호초에서 계속 발견하고 있다.

(A) 발견하다   (B) 추구하다   (C) 연구하다

---

④ **지칭하는 것 찾기**　　　p.61
　　01 (C)　02 (C)　03 (A)　04 (C)　05 (C)

01

아이들이 어른들을 닮으려고 하는 것과 같이, 한 나라의 이민자들은 현지 시민들의 습성이나 사고방식을 차용함으로써 그들을 모방하고 싶어할 수 있다.

(A) 어른들   (B) 이민자들   (C) 현지 시민들

02

유럽에서 소련과 서방 동맹국들 사이의 분쟁이 심화되어 냉전이 되었다. 1949년 7월, 미국은 북대서양 조약을 승인했다. 미국은 향후 20년간 공격에 대항하기 위한 공동의 방어를 약속하며 캐나다와 서유럽 10개국과 결합하였다.

(A) 소련   (B) 북대서양 조약   (C) 미국

03

시베리아 바이칼 호수는 일반적인 호수처럼 보인다. 아이들은 그것의 얼어붙은 표면 위에서 아이스하키를 하며 웃는다.

(A) 바이칼 호수   (B) 아이스하키   (C) 일반적인 호수

04

화학물질을 방출하는 것은 많은 일반적인 식물들이 자신들을 먹고자 하는 곤충이나 동물들에 대항해 싸우는 하나의 방법이다.

(A) 곤충   (B) 동물   (C) 식물

05

지구에서 가장 맹렬한 폭풍들 중 일부는 대서양의 허리케인이며, 그것은 시속 74마일에 달하는 바람을 만들어낸다.

(A) 지구   (B) 폭풍   (C) 허리케인

① 함축된 의미 추론하기   p.65
01 O   02 X   03 X   04 O   05 O
06 X   07 O

01
디젤엔진 차는 더 효율적이지만 대부분의 사람들은 가솔린엔진 차를 구입한다.
⇨ 효율성은 차를 선택하는 데 가장 중요한 기준이 아닐 수도 있다.

02
기독교가 귀족 사회에 널리 퍼지기 시작한 것은 6세기가 되어서이다.
⇨ 6세기 전에 기독교가 귀족들 사이에 퍼졌다.

03
생물학자 Ludwig von Bertalanffy의 이론들 중에, 일반체제이론(the General Systems Theory)은 가장 널리 받아들여졌다.
⇨ Ludwig는 일반체제이론이라는 단 하나의 이론을 발전시켰다.

04
오래전에 회화는 주로 초상화를 의미하였다.
⇨ 오래전에 초상화는 가장 두드러진 회화의 종류였다.

05
북부 평원의 원주민들은 추운 기간 동안 따뜻함을 유지하기 위해 천막에 건초를 넣는다.
⇨ 건초는 열 보존능력을 가지고 있다.

06
어린이 안전용기는 약물 중독 사망 사고를 크게 줄였다.
⇨ 어린이 안전용기는 아픈 아이들을 치료한다.

07
심지어 '무성 영화'도 완전히 소리가 없는 것은 아니었다. 극장에 소규모의 오케스트라가 있었다.
⇨ 무성 영화는 음악 연주가 동반되었다.

② 새로운 사물이나 개념에 대한 추론하기   p.67
01 (A)   02 (C)   03 (B)

01
Poison은 사용하는 사람들을 매우 매력적으로 만든다. 그것은 호박, 꿀, 딸기, 그리고 다른 향료들의 혼합물을 함유하고 있다. 많은 전문가들은 그것을 풍부하고, 동양적인 꽃의 향기로 분류한다. 그래서 Poison은 특별히 로맨틱한 사용에 추천된다.

(A) 향수   (B) 비키니   (C) 술

02
2003년 1월, worm이 세계적으로 120,000개의 시스템을 감염시켰다. 이것은 모든 사람들의 삶을 어렵게 만들었다. 한국에서, worm은 특별히 골칫거리였는데 이 나라의 높은 인터넷 보급률 때문이다. 이로 인해, worm은 더욱 빨리 확산되었고 많은 컴퓨터 사용자들에게 영향을 미쳤다. 재발의 경우에 더 잘 대비하기 위해서, 사람들은 필요한 보안 프로그램을 설치해야 한다.

(A) 생물학적 질병   (B) 곤충   (C) 컴퓨터 바이러스

03
Tube는 도시 개발 계획의 일환으로 시 공무원인 Charles Pearson에 의해 처음으로 런던에 제안되었다. 이것은 도시와 교외의 많은 수의 승객들을 운송하기 위해서 사용된다. 10년의 논의 끝에, 의회는 3.75마일(6km)에 이르는 지하철로의 건설을 승인하였다. Tube 공사는 1860년 길을 따라 도랑을 만들고, 지하를 파고, 그 위에 다시 도로를 복구하는 일로 시작되었다. 1863년 1월 10일, 선로가 개통되었다.

(A) 터널   (B) 지하철   (C) 도시 계획

③ 지문에 근거한 정확한 사실 추론하기   p.69
01 (A) O (B) X   02 (A) X (B) O
03 (A) X (B) O

01
미국의 지역 음식은 사람들이 한 지역에서 다른 지역으로 이동함에 따라 비 지역적 음식이 되어 가고 있다. 예를 들어, 뉴잉글랜드의 유명한 구운 콩은 켄터키나 아이다호에서도 제공된다. 또한 칠리의 인기는 멕시코 국경 지대로부터 나라 전역으로 퍼져 나갔다. 이에 더하여, 메인 지방의 바닷가재와 다른 동부 해안의 해산물 특산품은 남부와 서부 지역에서도 제공된다.

(A) 원래, 지역 음식은 고유의 지역에서만 제공되었다.
(B) 미국 음식의 인기는 다른 나라로 퍼졌다.

02
소화 동안에, 음식 속의 당은 위나 소장으로부터 혈액 속으로 흡수된다. 혈류 내의 당의 양은 건강을 유지하기 위하여 반드시 일정 범위 내에서 유지되어야만 한다. 인슐린이라는 호르몬은 혈액 속에서

당을 꺼내 개별 세포로 들어가도록 유도함으로써 혈당량을 건강한 범위 내에서 유지하도록 돕는다.

(A) 인슐린은 당을 만드는 물질이다.
(B) 인슐린의 부족은 사람의 건강을 해칠 수 있다.

03
태양계의 천체들은 원에 가까운 타원형의 궤도로 태양 주위를 돌고 있다. 이에 더하여, 행성은 태양 주위를 한 방향으로 움직이고, 태양과 같은 방향으로 회전한다. 주요 천체 중에, 행성인 수성과 왜성인 명왕성은 약간의 차이를 보인다. 그들은 가장 중심에서 벗어났고 가장 기울어진 공전 궤도를 보인다.

(A) 수성과 명왕성은 태양과 다른 방향으로 회전한다.
(B) 수성과 명왕성은 가장 표준에서 벗어난 공전 궤도를 보인다.

---

④ 작가의 수사 이해하기   p.71
   01 (C)   02 (B)   03 (C)

01
미국의 여성들은 여성 운동과 남성 지지자들의 공동된 72년간의 노력 끝에, 1920년 투표할 수 있는 권리를 취득하였다. 하지만 여성의 투표권은 여전히 많은 정치인들과 보수적인 교회 단체, 그리고 여성들은 오직 가정 내에서의 완전한 자유만을 필요로 한다고 믿었던 여성 자신들에 의해서조차 반대되었다.

작가는 _____하기 위해 지문에서 _____을 언급한다.
(A) 남성 지지자 – 차별법에 의해 희생당한 집단을 예시하기 위해
(B) 많은 정치인들 – 그들을 교회 단체의 정치적인 성향과 대비시키기 위해
(C) 여성 자신들 – 여성 참정권에 대한 적대감을 강조하기 위해

02
열과 빛을 제공하기 위한 목적으로 불을 통제한 것은 인류의 최초의 큰 업적 중의 하나이다. 그러나 그 유용성에도 불구하고 불의 스스로 유지될 수 있는 특성은 만일 통제되지 않는다면 불을 극도로 위험하게 만든다. 파괴적인 화재는 단 하나의 담배꽁초로 인한 사고로부터 시작될 수 있다. 불은 인류의 가장 좋은 친구이면서 동시에 가장 무서운 적인 것이다.

작가는 _____하기 위해 지문에서 _____을 언급한다.
(A) 단 하나의 담배꽁초 – 좀 더 조심한다면 불이 쉽게 통제될 수 있음을 제시하기 위해
(B) 좋은 친구 – 불의 유용한 측면을 묘사하기 위해
(C) 무서운 적 – 사람들이 불의 본성을 어떻게 잘못 이해하였는지 보여주기 위해

03
유콘 지역에서 발견된 주요 금광상의 관문으로 증명된 후 알래스카는 1959년 미국의 49번째 주가 되었다. 그러나 90여 년 전, 국무장관 Seward는 러시아로부터 알래스카를 7,200,000달러에 구입하기 위해 의회를 설득하는 데 큰 어려움을 겪었었다. 수년 동안 이 거래의 현명함을 알아채지 못했던 사람들은 알래스카를 'Seward의 어리석음(Seward's Folly)'이라고 불렀다.

작가는 _____하기 위해 지문에서 _____을 언급한다.
(A) 49번째 주 – 미국이 알래스카의 중요성을 간과하였다는 의견을 지시하기 위해
(B) 7,200,000달러 – Seward가 알래스카에 실제 가치보다 많은 돈을 지불했음을 주장하기 위해
(C) Seward의 어리석음 – 알래스카 매입과 관련한 몇몇 대중의 실망을 보여주기 위해

* 각 문제에 대한 정답단서는 지문해석에 파란색으로 표시되어 있습니다.

1일   일치(Fact) 문제

Daily Check-up

p.78

01 (A) F   (B) T   (C) F
02 (A) F   (B) F   (C) T
03 (A) F   (B) F   (C) T

01

중국, 한국, 동부 시베리아, 일본 등지가 원산지인 카멜레온 망둥이는 1950년대에 샌프란시스코 만에 들어왔다. 그것은 오래된 굴이나 대합조개 껍질을 보금자리 터로 이용하고, 껍질 내부 표면에 한 층으로 알을 낳는다. 그러나 샌프란시스코 만에는 굴 양식장이 없기 때문에, 카멜레온 망둥이는 대개 산란 장소로 캔과 병을 이용한다.

(A) 샌프란시스코 만에는 굴 양식장이 없기 때문에 카멜레온 망둥이가 알을 낳기 어렵다.
(B) 캔과 병은 보통 카멜레온 망둥이가 샌프란시스코 만에 알을 낳는 데 이용된다.
(C) 샌프란시스코 만에서 카멜레온 망둥이는 알을 낳는 데 굴 양식장보다 캔이나 병을 더 선호한다.

02

Louis-Jacques-Mande Daguerre는 1839년 프랑스에서 최초의 사진술의 발견으로 명성을 얻었다. Daguerre는 그의 발견에 있어 Joseph-Nicephore Niepce라는 이름의 또 다른 프랑스인의 도움을 받았다. 1827년에 Niepce와 Daguerre는 제휴를 형성했고 세계 최초의 실용적 사진술을 완성하는 데 함께 작업했다. 1833년 Niepce의 갑작스런 죽음 뒤 몇 년 후 Daguerre는 다게레오타입 기법을 발표했다. 이 다게레오타입은 1839년부터 1860년까지 인기를 끌었다.

(A) Daguerre는 1833년에 혼자서 다게레오타입 기법을 발표하기 위해 Niepce가 죽을 때까지 기다렸다.
(B) Niepce와 Daguerre가 다게레오타입 기법을 발표한 후, Niepce는 1833년에 죽었다.
(C) Niepce는 불행하게도 다게레오타입의 발표를 보기 전인 1833년에 죽었다.

03

서기 400년 이후에 이집트어는 그리스 알파벳으로 작성되었다. 그것은 그리스어에는 존재하지 않는 이집트어의 소리를 나타내기 위

한 몇 개의 글자를 더 갖고 있다. 이러한 형태의 이집트어는 콥트어라고 불리고, 마침내 오늘날 이집트에서 사용되는 언어인 아랍어로 대체되었다. 결국, 고대 이집트의 문자 언어인 콥트어는 소멸되고 단지 그림 기호를 사용한 글자인 상형문자만 남았다.

(A) 고대 문자 언어인 콥트어는 상형문자에 의해 대체되었다.
(B) 그리스인들은 쓰기를 위해 이집트의 상형문자를 차용했다.
(C) 콥트어는 사라진 반면에 상형문자는 지속되었다.

p.80

04 5번째 문장
05 3번째 문장
06 4번째 문장
07 3번째 문장
08 5번째 문장

04

1920년 10월, 사람들은 당황하며 그들의 주식을 급히 팔기 시작했다. 하루 만에 거의 1,300만 주가 뉴욕 증권 거래소에서 팔렸다. 이것이 '미국 금융 시장의 폭락'이라고 알려져 있는 위기의 시작이었다. 그것은 곧 전 세계에 영향을 미쳤다. 많은 사람들이 그들의 모든 돈을 잃었고, 은행과 기업들은 문을 닫았으며, 실업률이 높아지기 시작했다. 상황은 대초원 지대에서의 가뭄으로 악화되었다.

'미국 금융 시장의 폭락'이 미친 영향을 가리키는 문장에 밑줄을 그으시오.

05

연어는 담수에서 산란하고 그들의 성숙기를 바다에서 보낸다. 성숙한 연어가 일정한 나이에 도달하면 그들은 그들이 태어난 강으로 다시 이동하고 상류로 헤엄치기 시작한다. 산란은 바닥이 작은 돌과 자갈로 이루어진 유속이 빠르고 산소가 풍부한 물에서 일어난다. 일단 산란하면, 성숙한 연어는 죽는 것이 일반적이다.

연어가 알을 낳는 조건을 설명하는 문장에 밑줄을 그으시오.

06

매일 또는 매년 특정한 시간에 닭은 알을 낳고, 사람들은 졸음이 오고, 나무는 잎을 떨어뜨린다. 이런 모든 것들, 그리고 더 많은 것들이 일정한 방식으로 일어난다. 그것들은 '내부 시계'라고 불리는 어떤 것 때문에 발생한다. '내부'라는 말은 '~의 안'을 의미하며, 내부 시계는 모든 동식물의 특정 부위의 안에 존재한다. 내부 시계는 주위 세계로부터 신호나 메시지를 받는다. 이러한 신호 중 일부는 빛, 열, 어둠, 추위를 포함한다.

내부 시계의 정의를 진술하는 문장에 밑줄을 그으시오.

07

박쥐 날개는 넓은 막이나 피부로 덮인 심히 연장된 손과 앞다리 뼈로 이루어져 있다. 피부가 발목 근처의 아래쪽 다리에 붙어 있기 때문에 날개가 몸의 길이이다. 강한 근육을 이용해서, 박쥐는 새처럼 단지 날개를 위아래로 퍼덕거리는 것이 아니라 초당 20회까지 평영과 같은 동작으로 앞쪽으로 나아가며 공기를 가르며 유영한다. 박쥐는 또한 갈매기나 매와 상당히 비슷하게 기류를 타고 활공할 수 있다.

박쥐와 새가 나는 방식의 차이를 기술하는 문장에 밑줄을 그으시오.

08

미주리 강과 미시시피 강에서 태평양까지의 철로를 만든 최초의 철도 회사는 Central Pacific과 Union Pacific이었다. Central Pacific은 새크라멘토에서 시에라네바다 산맥 너머에 이르는 철로를 건설했다. 그들은 다리를 건설하고 터널을 파는 데 힘든 시간을 보냈다. 한편, Union Pacific은 네브래스카 주의 오마하를 벗어나 서쪽으로 철로를 짓기 시작했다. 평야에서는 공사가 더 빨랐지만, 그들은 도중에 인디언들과 싸워야 했다. 이 Central Pacific과 Union Pacific 철로는 1869년 5월 유타 주 Promontory에서 만나 함께 연결되었다.

Union Pacific 철로를 건설하는 데 있어서의 문제를 기술하는 문장에 밑줄을 그으시오.

p.82

09 (B) 10 (B) 11 (C)

09

사나운 회색곰은 미국 서부의 산맥에 살던 초기 정착민들의 삶에 위험한 존재였다. 이 거대한 동물은 음식을 훔쳤다. 그것은 또한 많은 사람들, 소, 말의 생명을 앗아 갔다. 이러한 이유로, 정착민들은 회색곰에 대항해 전쟁에 나섰다. 1931년까지 회색곰은 5개의 서부 주에서 대대적으로 죽임을 당했다. 오늘날 사람들은 회색곰이 멸종할지 모른다고 걱정하고 있다.

다음 중 이 지문에 의해 뒷받침되는 문장은?
(A) 초기 정착민들은 식량을 얻기 위해 회색곰을 죽였다.
(B) 회색곰의 수는 20세기 초에 급격히 줄었다.
(C) 회색곰은 목재 산업에 위협이 되었다.

10

전 세계적으로 일상적인 일에서 사용되고 있는 로봇이 이미 5,000개를 넘었다. 자동차 제조업은 이러한 기계로 만들어진 조수의 유용함을 인식하고 있는 한 업계이다. 방사능 물질을 처리하는 공장들 또한 로봇을 이용하는데, 그 작업이 인간의 안전에 위협이 되기 때문이다. 일부 과학자들은 로봇을 위한 인공 지능, 즉 AI에 대한 연구를 하고 있다. 그것의 이용으로 몇몇 로봇들은 의사 결정 능력

을 갖게 되는 수준에 이르게 될 수 있다. 그러나 미래의 로봇이 인간의 일을 완전히 이어받지는 못할 것이다. 결국, 로봇들은 단지 기계에 불과하다.

지문에 의하면, 미래의 로봇은
(A) 인간의 안전을 위협하지는 않을 것이다
(B) 인간을 완전히 대체하지는 않을 것이다
(C) 방사능 물질을 실험하지 못할 것이다

11

사람들이 기차로 하루에 수백 마일을 여행하기 시작하자 시간을 계산하는 것이 문제가 되었다. 철도 또한 출발과 도착에 대한 시간표를 만들 필요가 있었지만 모든 도시는 다른 시간을 갖고 있었다. 철도 관리자들은 100개의 다른 철도 시간대를 만듦으로써 그 문제를 처리하고자 노력하였다. 그러나 지나치게 많은 철도 시간대로 인해 다른 철도 노선은 때때로 다른 시간 체계에 놓여 있었고, 시간표를 짜는 것이 여전히 혼란스럽고 확실하지 않았다. 마침내, 1883년 11월 18일에 철도 회사들의 재촉에 따라 미대륙에 대한 4가지의 표준 시간대가 도입되었다.

지문에 의하면, 다음 중 4가지 표준 시간대에 관해 사실인 것은?
(A) 그것은 철도 시간표를 짜는 것을 어렵고 혼란스럽게 만들었다.
(B) 그것은 짧은 시간 동안만 지속되었다.
(C) 그것은 철도 회사들의 요구에 의해서 시행되었다.

Daily test

p.84

01 1. (C) 2. (D) 3. (A) 4. (D)

LASER라는 말은 '복사의 유도 방출에 의한 광 증폭'을 의미한다. 기본적으로 레이저는 램프 전구에서 나는 빛의 종류와 같지만, 차이점이 있다. [2]전구에서 나오는 빛은 방 전체에 분산되거나 퍼진다. 레이저에서 나오는 빛은 아주 가는 광선으로 나아간다. 처음에 과학자들은 어떤 수정이나 가스를 통해 빛을 비춤으로써 빛이 퍼지는 것을 막을 수 있다는 점을 발견했다. 동시에, [3]거울이 수정이나 가스를 통해서 빛을 앞뒤로 반사할 때 빛이 증폭되거나 강해진다. 이런 식으로 빛은 하나의 직선 형태의 초광선이나 레이저로 이동하게 된다.

여러 가지 일을 하는 데 다양한 레이저가 이용 가능하다. 제조업에서, 레이저의 빛 에너지는 금속 물질을 용접하거나 수리하고, 석조 건물에서 먼지를 태워 없애기 위한 열이 될 수 있다. 레이저는 또한 병원에서도 이용된다. [4]레이저 빛 광선의 열 작용은 도구를 살균하거나 정교한 수술 중에 작은 혈관을 접합할 수 있다. 통신에서, 레이저 광선은 동시에 많은 음성 메시지와 TV 신호를 전송할 수 있다.

1. 지문의 단어 diffused는 의미상 ~와 가장 가깝다.

(A) 작아진 (B) 놓여진
(C) 고루 퍼진 (D) 적용된

2. 지문에 의하면, 레이저에서 나오는 빛과 전구에서 나오는 빛의 차이는 무엇인가?

(A) 전구에서 나오는 빛이 더 밝다.
(B) 레이저에서 나오는 빛이 더 분산된다.
(C) 전구에서 나오는 빛이 더 강하다.
(D) 레이저에서 나오는 빛이 더 가늘다.

3. 지문에 의하면, 과학자들은 빛을 증폭시키기 위하여 무엇을 사용했는가?

(A) 거울 (B) 가스
(C) 금속 (D) 가는 광선

4. 지문에 의하면, 레이저는 병원에서 어떻게 이용되는가?

(A) 메시지 신호를 보내는 데
(B) 도구를 용접하는 데
(C) 먼지를 없애는 데
(D) 혈관을 접합하는 데

p.86

02 1. (D) 2. (D) 3. (A) 4. (B)

혜성은 때때로 더러운 눈덩이라고 불리는데 그것들의 물질의 반 이상이 얼음과 먼지이기 때문이다. 그것들의 엄청난 수가 태양계의 맨 가장자리에 산다. [1]그것이 태양에 가까이 접근할 때, 그것은 하나의 거대한 머리와 두 개의 꼬리를 만들어 낸다. [2]혜성의 머리는 코마와 핵으로 구성된다. 작고 밝은 핵(직경이 10km 미만인)은 코마의 가운데에서 보인다. 혜성이 태양에 접근함에 따라 그것들은 거대한 꼬리를 발달시킨다. 모든 혜성은 두 개의 꼬리인 이온 꼬리와 먼지 꼬리를 갖고 있는데 그것은 머리로부터 수백만 킬로미터만큼 뻗어 있다.

영국 천문학자인 Edmond Halley는 1531년, 1607년, 1682년의 밝은 혜성들에 대한 기록이 3개의 혜성 모두가 아주 유사한 궤도를 갖고 있음을 보여준다는 사실에 주목했다. 그는 3개의 혜성 모두가 사실상 외부 행성이 갖고 있는 중력의 힘에 의해 갇힌 동일한 혜성이었다고 결론지었다. [4]그는 나아가 그 혜성이 1758년과 1759년 사이에 돌아올 것이라고 예측했다. 그 혜성은 1758년 크리스마스 밤에 다시 나타났고, 이후 그 고(故) 천문학자의 명예를 기리면서 이름 붙여졌다.

1. 지문에 의하면, 언제 꼬리가 만들어지는가?

(A) 혜성이 태양계의 맨 가장자리에 도달할 때
(B) 혜성이 유사한 물체 주위를 돌 때
(C) 혜성이 밝은 핵을 형성할 때
(D) 혜성이 태양에 가까이 갈 때

2. 지문에 의하면, coma는 어디에 있는가?

3. 지문의 단어 predicted는 의미상 −와 가장 가깝다.

(A) 예고하다 (B) ~인 체하다
(C) 추월하다 (D) 수행하다

4. 지문에 의하면, 왜 헬리 혜성은 그 이름을 얻게 되었는가?

(A) 1758년 크리스마스 밤을 기념하기 위해
(B) Edmond Halley의 예측을 인정하기 위해
(C) 혜성의 크기에 대한 Edmond Halley의 이론을 기억하기 위해
(D) 심화된 천문학 연구의 필요성을 인식하기 위해

2일 불일치(Negative Fact) 문제

Daily Check-up

p.90

01 (C) 02 (B) 03 (A) 04 (A)

01

사슴은 주로 숲에 살지만 사막과 툰드라, 늪 그리고 높은 산 중턱과 같은 다양한 서식지에서 발견된다. 그들은 또한 도회지나 공원 같은 도시 지역에서도 발견되어 왔다. 사슴들은 그들의 변화하는 환경에 적응하는 능력 덕분에 다양한 지역에 살며 번성할 수 있었다.

다음 중 사슴이 사는 곳으로 언급되지 않은 곳은?
(A) 도시 지역 (B) 사막 (C) 정글

02

프레스코 벽화의 기원과 발달이 명확하지는 않지만, 프레스코 벽화의 흔적은 기원전 2000년 크레타 섬의 미노스 문명으로 거슬러 올라간다. 예술가들은 그리스, 로마, 비잔틴 제국에 걸쳐 프레스코 벽화를 계속해서 그렸다. 그리스의 프레스코 벽화 중 남아 있는 것은 거의 없지만, 로마 프레스코 벽화의 많은 예들이 헤르쿨라네움과 폼페이에서 발견된다. 서기 약 250년에서 400년까지 초기 기독교인들은 로마 지하 묘지를 간단한 프레스코 벽화로 장식하기까지 했다. 지하 묘지는 로마에서 주로 발견된 무덤이었다.

지문에 의하면, 프레스코 벽화는 −만 제외하고 다음 모두에서 그려졌다.
(A) 로마 제국 (B) 이슬람 제국 (C) 비잔틴 제국

03

모든 눈송이가 모든 면에서 똑같은 것은 아니다. 균일하지 않은 온

도, 먼지의 존재, 그리고 다른 여러 요소들로 인해 눈송이는 불균형적인 모양이 될 수 있다. 그러나 많은 눈송이들이 대칭적인 것은 사실이다. 이것은 눈송이의 모양이 물 분자 내부의 배열을 반영하기 때문이다. 얼음이나 눈과 같은 고체 상태에서의 물 분자는 서로 약한 결합을 형성한다. 이처럼 정렬된 배열로 인해 대칭적인 육각형 모양의 눈송이가 만들어진다.

지문에 의하면, 다음은 -만 제외하고 모두 균형이 맞지 않는 눈송이를 만들어 낸다.
(A) 약한 결합　　　(B) 불규칙한 온도　　(C) 먼지

04

지각 아래의 암석층을 맨틀이라고 부른다. 이것은 두께가 약 2,900 킬로미터이고 지구 질량의 대부분을 포함한다. 맨틀의 상부는 딱딱하지만 더 깊은 지점에서는 열로 인해 암석이 오히려 액체처럼 움직이게 된다. 그러나 고압이 암석이 녹지 못하도록 막는다. 그것은 1,000도를 초과하는 온도에서 '플라스틱'이 되고 흐를 수 있다. 그 플라스틱들은 주로 철(Fe), 마그네슘(Mg), 알루미늄(Al), 규소(Si), 산소(O) 화합물로 구성된다.

지문에 의하면, 맨틀의 플라스틱은 -로 구성되지 않는다.
(A) 탄소　　　　　(B) 마그네슘　　　　(C) 산소

p.92

05 (B)　06 (A)　07 (C)　08 (C)

05

1789년에서 1850년 사이에 미국은 세계에서 두드러진 민주주의 국가 중 하나로 자리 잡았다. 인구는 400만 명 이하에서 2,300만 명 이상으로 증가했다. 동시에 영토를 세 배 이상 증가시켜 거의 300만 제곱마일의 영토를 포함하게 되었다. 그 국가의 세력 증가는 18개의 주를 추가함으로써 나타났다.

지문에 의하면, 다음 중 1789년에서 1850년 사이에 미국에서 일어난 일이 아닌 것은?
(A) 인구가 증가했다.
(B) 영토가 세 부분으로 나누어졌다.
(C) 미국의 세력이 성장했다.

06

두 사람이 대화에 참여할 때, 그들은 서로 특정한 거리를 유지하는 경향이 있다. 이러한 개인 간의 거리는 체취나 경멸 때문이 아니라 오히려 보이지 않는 경계의 제약 때문이다. 모든 사람은 다른 개인과의 관계를 결정하는 친밀도를 표현하기 위해 이러한 경계를 만든다. 흥미롭게도, 개인 간의 일반적인 거리는 문화마다 다르다. 북미 사람들은 다른 문화권의 사람들보다 개인 사이에 더 큰 공간을 요구한다.

다음 중 개인 간의 거리에 관해 사실이 아닌 것은?
(A) 그것은 다른 개인에 대한 존중의 부족에서 연유한다.
(B) 그것은 문화마다 다르다.
(C) 그것은 대개 다른 지역보다 북미 지역에서 더 넓다.

07

William Wordsworth는 자연에 대한 시인으로 가장 잘 알려져 있다. 그는 1770년 4월 7일에 영국 Cockermouth에서 태어났다. Wordsworth의 삶은 평화로웠고 단조로웠다. 그러나 그가 프랑스에 두 번째로 방문하는 동안 프랑스 혁명에 흥미를 느꼈고, 자유를 위한 투쟁자들의 대열에 합류하기로 결심했다. 그러나 그의 가족은 찬성하지 않았고, 그에게 돈을 보내는 것을 중단했다. 자금의 부족으로 그는 1792년 말에 영국으로 돌아갔고, 이후 그는 자신의 삶을 시에 바치기로 결심했다.

지문에 의하면, 다음은 -만 제외하고 모두 Wordsworth에 관해 사실이다.
(A) 그는 프랑스 혁명에 관심을 갖게 되었다.
(B) 그는 결국 그의 삶을 시에 바치기로 결심했다.
(C) 그는 프랑스에서 태어났다.

08

항생제가 특정한 미생물의 성장을 억제하거나 파괴하는 반면에, 그것들은 또한 유독한 부작용을 일으킨다. 페니실린과 같은 일부 항생제는 아주 심하게 알레르기를 일으키고, 피부 발진과 쇼크를 일으킬 수 있다. 테트라사이클린과 같은 다른 항생제들은 장에 기생하는 박테리아 수에 큰 변화를 일으키고 진균류와 다른 미생물에 의한 중복 감염을 야기시킬 수 있다. 현재는 사용이 제한되고 있는 클로람페니콜은 심각한 혈액 질환을 일으키고 스트렙토마이신의 사용은 귀와 신장 손상을 일으킬 수 있다.

지문에 의하면, 다음은 -만 제외하고 모두 항생제의 부작용이다.
(A) 신장 손상　　　(B) 피부 발진　　　(C) 두통

p.94

09 (C)　10 (B)　11 (C)

09

밤 하늘은 이상한 무지개 빛깔로 가득 차 있다. 거대한 색채의 띠가 하늘을 가로질러 나부끼다가 그 후에 사라진다. 때때로 라디오가 작동을 멈추고 일부 지역에서 전기가 나간다. 이러한 이상한 일들은 대개 지구의 북극 또는 남극 부근에서 일어난다. 과학자들은 그것들이 태양 폭풍에 의해 일어난다고 믿고 있다. 태양 폭풍의 시기 동안, 태양은 강력한 에너지를 지구로 발사한다. 이처럼 특별히 강력한 에너지는, 한 개의 보다 무거운 핵을 가진 새로운 물질을 형성하기 위해 두 원자의 핵이 융합, 즉 결합할 때 생성된다. 이 과정은 융합이라고 불린다. 융합은 아주 높은 온도를 필요로 하고 엄청난 양의 에너지를 생산해 낸다.

지문에 의하면, 다음은 -만 제외하고 모두 사실이다.
(A) 극지방에서는 하늘의 희한한 현상이 일반적이다.

(B) 태양 폭풍의 시기 동안 태양으로부터의 강력한 에너지가 지구에 도달한다.

(C) 융합으로 높은 온도와 많은 에너지가 발생한다.

10

매년 나무는 자신의 둘레에 새로운 한 겹의 나무를 두른다. 그래서 나무 둥치나 가지가 잘릴 때, 고리처럼 보이는 나무의 겹들이 있다. 쓰러진 나무를 보아도 나이테를 볼 수 있다. 나무의 나이테를 셈으로써 사람들은 그 나무가 얼마나 오래되었는지 가늠할 수 있다. 나무는 매년 새로운 나이테를 만들지만, 모든 나이테가 같은 것은 아니다. 습하고 따뜻한 해에는 나무의 나이테가 잘 자라는 반면, 춥고 건조한 해에는 거의 자라지 않는다. 그러므로 얇은 나이테는 추운 해를 나타내고 두꺼운 나이테는 따뜻한 해임을 보여준다. 연속적인 해들의 여름과 겨울이 결코 완전히 같지는 않기 때문에 나무의 나이테는 불규칙한 패턴을 보인다. 예를 들어, 두껍고 얇은 나이테는 어떤 특정한 패턴 없이 번갈아 나타난다.

지문에 의하면, 다음은 -만 제외하고 모두 사실이다.
(A) 나무의 나이테는 불규칙적이다.
(B) 나무의 나이테는 따뜻한 날씨 동안은 거의 자라지 않는다.
(C) 나무의 나이테의 개수는 나이를 나타낸다.

11

수력은 물이 댐을 통과하면서 생산된다. 더 많은 물이 댐을 통과할수록 더 많은 에너지가 생산된다. 수력 전기는 터빈이라고 불리는 장치에 의해 생산된다. 터빈은 자석으로 둘러싸인 금속 코일을 포함한다. 자석이 금속 코일 위로 회전할 때 전기가 생산된다. 이러한 터빈들은 댐의 내부에 위치해 있고, 낙하하는 물이 자석을 회전시킨다. 댐은 깨끗하고 오염이 되지 않은 에너지를 제공하지만, 그것들은 환경에 해를 끼칠 수도 있다. 산란하기 위해 강을 이용하는 어종들은 종종 댐에 의해 다치기도 한다. 북서부 지역에서는 수력 발전소가 컬럼비아 강에 건설된 이래로 홍연어와 송어의 수가 1,600만 마리에서 250만 마리로 감소했다.

지문에 의하면, 다음은 -만 제외하고 모두 사실이다.
(A) 생산되는 에너지의 양은 댐을 지나가는 물의 양에 비례한다.
(B) 에너지의 발생은 자석의 회전에 따라 좌우된다.
(C) 수력 발전 시스템은 많은 종에게 해로운 수질 오염을 종종 야기한다.

Daily Test

01 1. (C) 2. (A) 3. (C)

[3D]팝 아트 운동은 전후(戰後) 사회의 풍족함을 반영하는 대중문화에 대한 매혹에 의해 특징지어진다. 그것은 미국 예술에서 가장 두드러졌지만 곧 영국으로 확산되었다. [1/3B]수프 캔과 분말 세제, 연재만화, 소다수 병과 같은 일상적인 물건들을 찬양하면서 그 운동은 평

범한 것들을 아이콘으로 변화시켰다. [2/3A]팝 아트는 거리, 슈퍼마켓, 대중 매체로부터의 이미지를 도용함으로써 기존의 예술계를 조롱하는 방식에 있어 다다이즘의 직접적인 계승자이다. 게다가 상업적인 기술을 수용함으로써, 팝 아트 예술가들은 그들 자신을 바로 앞선 추상적 표현주의 운동으로부터 차별화하여 자리매김했다.

대표적인 팝 아트 예술가는 Roy Lichtenstein, Roy Hamilton, Jasper Johns, Robert Rauschenberg 그리고 Claes Oldenburg 같은 사람들이다. 그러나, 진정으로 팝 아트를 대중 앞에 선보인 사람은 Andy Warhol이었다. 그의 콜라병과 Campbell 수프 깡통, 영화 스타들을 이용한 스크린 인쇄물들은 20세기 도상학의 한 부분이다.

1. 팝 아트는 -만 제외하고 다음 대상 모두를 소재로 삼았다.

(A) 수프 캔   (B) 소다수 병
(C) 소총   (D) 연재만화

2. 지문에 의하면, 다음 중 사실인 것은?

(A) 팝 아트 예술가들은 기존 예술의 많은 법칙들을 조롱했다.
(B) 팝 아트 예술가들은 광고에 사용된 기법을 사용하는 것을 꺼렸다.
(C) 팝 아트 예술가들은 스스로를 추상적 표현주의 사조와 동일시했다.
(D) 팝 아트 예술가들은 Andy Warhol의 작품 때문에 명예를 손상받았다.

3. 지문에 의하면, 다음은 -만 제외하고 모두 팝 아트에 관해 사실이다.

(A) 그것은 다다이즘에서 유래했다.
(B) 그것의 특징은 일상적인 사물을 찬양했다.
(C) 그것은 단지 미국에서만 유행했다.
(D) 그것은 전후 사회의 부를 보여주었다.

02 1. (C) 2. (C) 3. (D)

[1]인공 암초는 어류 수를 증가시키고, 현존하는 서식지를 보호하고, 낚시 기회를 증가시키기 위해 수중 환경에 흔히 추가된다. [2A]그러한 인공 암초를 정당화하는 일반적인 이유는 그것들이 어린 물고기를 어장에 끌어들임으로써 어류의 생산을 향상시킨다는 것이다. 이러한 점에도 불구하고, [2B]해양 환경에 대한 광범위한 조사는 여전히 인공 암초가 단지 어류를 유인하기만 하는 것인지 또는 실제로 생산의 증가를 가져오는지를 밝혀야만 한다.

1999년 11월 동안, 한 인공 암초가 작은입우럭의 어획을 증가시키기 위해 시카고 남부의 미시간 호수에 만들어졌다. 연구원들은 현재 작은입우럭을 유인하고(또는 하거나) 생산하는 데 대한 이 인공 암

2주 2일 불일치(Negative Fact) 문제 279

2nd Week Hackers TOEFL Reading Basic

초의 효율성을 조사하고 있다. 어류를 유인하는 것과 생산하는 것 사이의 차이는 중요한 것이다. 예를 들어, [20]인공 암초가 작은입우럭을 유인하기는 하지만 추가적으로 생산하지는 않는다면, 그것들의 수는 결국 감소할 것이다. 반대로, 인공 암초가 추가적인 작은입우럭을 생산한다면, 추가된 생산이 어획량을 상쇄시킬 수 있고, 더 안정적인 수의 작은입우럭을 공급할 수 있을 것이다.

1. 다음 중 인공 암초를 추가하는 것에 대한 동기가 아닌 것은?

(A) 어류 수를 증가시키기 위해
(B) 현재의 서식지를 보호하기 위해
(C) 물고기를 연구하기 위한 연구 방법을 증진시키기 위해
(D) 낚시 기회를 증가시키기 위해

2. 지문에 의하면, 다음은 −만 제외하고 모두 인공 암초에 관해 사실이다.

(A) 인공 암초는 어류 생산을 강화시키기 위해 환경에 더해진다.
(B) 인공 암초의 효과에 대해서는 아직 논의 중이다.
(C) 인공 암초는 추가적인 작은입우럭을 생산한다.
(D) 인공 암초가 단지 어류를 유인만 한다면 어류 수는 결국 줄게 될 것이다.

3. 지문의 단어 offset은 의미상 −와 가장 가깝다.

(A) 공급하다
(B) 개선하다
(C) 감소시키다
(D) 상쇄시키다

3일 어휘(Vocabulary) 문제

Daily Check-up

p.102

01 odor   02 commanded   03 exhibited
04 desire   05 specific

01
자연적인 몸의 냄새를 숨기기 위한 욕구는 많은 향수의 원료로 쓰이는 향인 머스크의 발견과 이용을 초래했다.

02
군대는 Sioux의 추장 Sitting Bull을 체포하라고 명령했다. 군인들은 막사를 포위하고 전사들에게 항복하라고 명령했다. 여자와 아이들은 군인들이 총을 찾기 위해 천막집을 수색하자 겁에 질렸다.

03
많은 박물관과 도서관, 그리고 기록 보관소들이 New Deal 예술 프로젝트의 작품들을 설명하고 전시했다. 전시된 그림, 도서, 포스터, 그리고 악보 필사본은 비상 근로 프로그램에 관한 예술품과 문서 이상이었다.

04
1800년대가 끝나갈 무렵, 미국 인디언들은 서부를 되찾기 위한 투쟁에서 패배하고 있었다. 그들의 땅과 과거의 생활 방식으로 돌아가고 싶은 열망이 증가했다. 그들은 그러한 바람을 Wovoka라는 이름의 Paiute족 인디언에 의해 시작된 관습으로 표현했다. 그(Wovoka)는 인디언들에게 Ghost Dance라 불리는 신성한 춤을 추라고 말했다.

05
때때로, 광고주들은 옹호 광고를 사용함으로써 사회에 영향을 준다. 옹호 광고의 목적은 대중이 특정한 제품을 구매하도록 설득하는 것이 아니라, 특정한 문제에 대한 대중의 관점을 바꾸는 것이다.

p.103

| 06 (A) | 07 (B) | 08 (C) | 09 (A) | 10 (C) |
| 11 (A) | 12 (B) | 13 (C) | 14 (A) | 15 (B) |

06
그 경치는 어떠한 지표수도 없어 메마른 불모의 땅으로 보인다.

(A) 건조한   (B) 젖은   (C) 텅 빈

07
곤충들은 지구상에 사는 생명체의 생존에 결정적이다. 곤충들이 없다면 식물들이 그들의 씨를 운반할 대체 수단이 없기 때문에 많은 식물들이 죽게 될 것이다.

(A) 알맞은   (B) 극히 중대한   (C) 원래의

08
동면은 겨울의 추위에 대한 적응 형태이고, 겨울에 동물은 수면 상태에 들어간다. 이러한 수면과 같은 상태에서는 동물들의 체온, 심장 박동수, 그리고 에너지 필요량이 감소한다.

(A) 죽은   (B) 게으른   (C) 움직이지 않는

09
그들의 물리적 구조를 바꿈으로써 적응해온 식물들은 건생식물이라 불린다. 선인장과 같은 건생식물들은 대개 물을 저장하고 보유하는 특별한 수단을 가지고 있다. 그것들은 흔히 잎이 거의 또는 전혀 없는데, 이것이 물의 증발을 감소시킨다.

(A) 보유하는   (B) 가치 있는   (C) 흐르는

10

초기 인류는 태양, 지구, 달, 별의 규칙적인 운동이 시간을 측정하는 훌륭한 방법을 만들어 낸다는 것을 발견했다. 일출과 일몰은 낮과 밤을 구분하는 데 사용되었다. 그러나 결국 사람들은 더욱 정밀하거나 정확하게 시간을 표현하는 것이 필요해졌다.

(A) 솔직하게　　　(B) 완전하게　　　(C) 정밀하게

11

사막에 사는 동물들은 적응하는 많은 방법들을 가지고 있다. 일부 동물들은 전혀 물을 마시지 않지만 씨나 식물에서 수분을 얻는다. 다른 동물들은 야행성으로, 낮 동안 자고, 단지 밤에만 먹고 사냥하기 위해 나온다.

(A) 밤에 활동적인　　(B) 항상 습한　　(C) 초식성의

12

11세기 중엽쯤, 황제의 권위가 떨어짐에 따라 군사 법원은 권력을 잃기 시작했다. 그러나 정권이 사회의 새로운 주인에게 넘어간 후에도, 군사 법원은 그것의 권리의 일부를 유지했다.

(A) 강화되었다　　(B) 약화되었다　　(C) 통치했다

13

빙하는 높은 산악 지역, 즉 여름에 녹거나 증발하는 양보다 훨씬 많은 양의 눈이 겨울 동안 내리는 지역에서 형성된다. 눈은 층층이 쌓여 결국 증가하는 무게로 인해 눈송이들이 한데 모이거나 압착된다.

(A) 퍼진　　　(B) 녹은　　　(C) 압축된

14

어떤 과학자들은 보통 성별에 상관이 지식을 전수하는 영장류와 달리, 돌고래는 사냥을 하거나 도구를 사용하는 방법을 주로 새끼 암컷에게 가르친다고 믿는다.

(A) 지식을 전수하다
(B) 정보 이용을 제한하다
(C) 인지를 높이다

15

1999년에, Euro라고 불리는 기준 화폐 단위가 유럽 연합에 속하는 모든 국가들에서 출범되었다. 그 이후로, 모든 이체, 신용카드 지불금, 그리고 저당 융자가 이 공동 통화를 이용하여 계산되어 왔다.

(A) 투자 은행　　(B) 화폐 양식　　(C) 기금

p.106

16 (B)　17 (A)　18 (D)　19 (C)　20 (C)

16

자동차 판매가 지속적인 경기 침체로 인해 올해 10~20퍼센트 정도 감소할 것 같다.

(A) 감소하다 　　　　　　　(B) 변동하다
(C) 감소하다 　　　　　　　(D) 감소하다

17

나이가 든 직원들은 그들의 사고에 있어서 보수적인 경향이 있는데, 새로 고용된 직원들은 혁신적이고 창조적이다.

(A) 진보적인 　　　　　　　(B) 보수적인
(C) 보수적인 　　　　　　　(D) 보수적인

18

미국은 전쟁으로 피폐한 유럽의 붕괴를 막기 위해 음식, 보급품, 그리고 신용 대부를 제공해 오고 있었다.

(A) 막다 　　　　　　　　　(B) 막다
(C) 막다 　　　　　　　　　(D) 돕다

19

피부 질환은 성인에게는 드물게 전염되지만, 때때로 어린이에게는 전염되는 경우가 있고, 신생아에게는 아주 전염성이 강하다.

(A) 드물게 　　　　　　　　(B) 드물게
(C) 항상 　　　　　　　　　(D) 드물게

20

1922년에 유명한 이집트의 페미니스트인 Hoda Shaarawi가 고의적으로 그녀의 베일을 벗기 전에, 사회적 지위가 있는 모든 중산층과 상류층 여성들은 공공장소에서 베일을 썼다. 그러나, 1935년에 이르러 베일은 이집트에서 선택 가능해졌다. 반면에 아라비아 반도에서는 오늘날까지 의무적인 것으로 남아 있다.

(A) 의무적인 　　　　　　　(B) 의무적인
(C) 무관심한 　　　　　　　(D) 의무적인

Daily Test

p.108

01　1. (C)　2. (D)　3. (A)

Frank Lloyd Wright은 20세기 전반에 가장 두드러진 건축가들 중의 한 사람이었다. 그는 'Taliesin'이라 불리는 자신의 홈 스튜디오 복합 시설을 설계했고, 그것은 1911년 위스콘신 주의 Spring Green 근처에 지어졌다. 그 복합 시설은 한쪽에는 호수가 보이고 반대쪽에는 Wright의 스튜디오가 보이는 전망을 가진 독특한 L자 모양의 낮은 1층 구조물이었다. 그러나 Taliesin은 화재로 두 번 파괴되었다. 현재의 건물은 Taliesin III이다.

그의 가장 유명한 집인 'Fallingwater'는 1935-1939년에 펜실베이니아 주의 Bear Run에 E.J. Kaufmann을 위해 지어졌다. 이 집은 거주자를 자연환경에 가까이 두고자 하는 Wright의 소망에 따라 설계되었다. 놀랍게도, Fallingwater는 건물 일부의 아래로 흐르는 개울을 가지고 있었다. 그 건축물은 연속된 발코니와 테라스로 이루어져 있고 모든 수직재에 돌을, 수평물에 콘크리트를 사용하였다.

1. 지문의 단어 prominent는 의미상 −와 가장 가깝다.

(A) 일반적인   (B) 눈에 띄지 않는
(C) 눈에 띄는   (D) 소박한

2. 지문의 단어 distinctive는 의미상 −와 가장 가깝다.

(A) 열등한   (B) 평범한
(C) 인기 있는   (D) 독특한

3. 지문의 단어 occupants는 의미상 −와 가장 가깝다.

(A) 거주자   (B) 건축가
(C) 환경론자   (D) 경치

p.110

02   1. (D)   2. (C)   3. (D)

과학자들은 한때 심해에는 생물이 거의 없다고 믿었다. 이러한 믿음은 지구상에 존재하는 대부분의 생명체가 광합성, 즉 식물이 햇빛으로부터 에너지를 생성하는 과정에 의존한다는 사실에서 비롯되었다. 햇빛은 단지 수면 아래 600피트까지만 투과할 수 있기 때문에 과학자들은 심해에서 생물 집단을 발견하고 놀랐다. 이 유기체들은 다른 에너지원을 갖고 있었다. 다시 말해, 그들은 광합성이 아니라, 특정한 미생물이 화학 반응을 일으킴으로써 에너지를 생성하는 과정인 화학 합성에 의존했다.

심해 동물들은 열수구 주변에 살면서, 열수구 용액이 흐르는 해저에서 나오는 화학 물질로 생명을 유지한다. 화학 합성을 하는 유기물은 해저에서 살거나 해저 아래에서 산다. 미생물 매트가 열수구 주변의 해저를 덮고 있는 곳에서 달팽이나 서관충과 같은 초식자들은 미생물 매트를 먹고, 포식 동물들은 그 초식자들을 먹으러 온다. 가장 흥미로운 초식자 중의 하나는 서관충이다. 과학자들이 이 서관충을 연구했을 때, 산소를 조직까지 운반하는 적혈구의 단백질인 헤모글로빈을 그들의 몸속에서 발견했다. 게다가 그들은 이 서관충이 독특한 냄새를 갖고 있다는 것을 발견했다.

1. 지문의 단어 penetrate는 의미상 −와 가장 가깝다.

(A) 위치하다   (B) 수송하다
(C) 형성하다   (D) 투과하다

2. 지문의 단어 clusters는 의미상 −와 가장 가깝다.

(A) 개체들   (B) 조각들
(C) 집단들   (D) 식물들

3. 지문의 단어 investigated는 의미상 −와 가장 가깝다.

(A) 분류했다   (B) 얻었다
(C) 개척했다   (D) 조사했다

4일   지시어(Reference) 문제

Daily Check-up

p.114

01 areas
02 New York
03 languages
04 (1) Spiders (2) Spiders (3) females
05 (1) Chlorophyll molecules (2) Green plants
06 (1) The brain (2) the left hemisphere

01
바위투성이의 뉴잉글랜드 해안을 따라 모래와 자갈 해변으로 된 작은 지역들이 있는데, 이것들 중 일부는 빙하의 잔해로부터 생성되었고, 반면 일부는 바다 폭풍우의 작용에 의해 생겨났다.

02
Joseph Glidden은 뉴햄프셔 주에서 태어났고 이후 그가 1842년까지 살았던 뉴욕으로 옮겨 갔다. 결혼 후, 그는 그곳에서 일리노이 주로 이사했고, 북부 일리노이 주에 위치한 Dekalb에 농장을 구입하였다.

03
거의 세계 인구의 절반이 인도유럽어를 사용한다. 유럽과 인도 지역에서 주로 발달한 이 어족의 다양한 언어들은 어휘와 문법에 있어 몇 가지 특성들을 공유한다.

04
거미는 농작물을 해치는 베짱이와 메뚜기를 먹는다. 그들은 또한 질병을 옮기는 파리와 모기를 먹는다. 이처럼 그들은 주로 해로운 곤충들을 먹고 살지만, 일부는 올챙이, 작은 개구리, 작은 물고기, 그리고 심지어는 쥐도 잡아먹는다. 가장 흥미로운 것은 대부분의 암컷이 수컷보다 몸집이 더 크고 힘이 세며 때때로 암컷 거미가 수컷을 잡아먹는다는 사실이다.

05

지구상의 생명체를 위한 근본적인 에너지원은 태양이다. 햇빛은 녹색 식물의 엽록소 분자에 의해 흡수되는데, 엽록소 분자는 이 에너지의 일부를 열량으로 변형시킨다. 녹색 식물은 자가 영양 유기체이다. 즉, 녹색 식물은 합성과 생장을 위한 원료를 제공하는 데 주변 환경으로부터 흡수되는 무기화합물만을 필요로 한다.

06

뇌는 많은 필수적인 작업을 수행하기 위해 함께 일하는 여러 다른 구성 요소를 지닌 중요한 기관이다. 뇌는 우리 신체의 사고, 추론, 기억, 감정을 지배하고 균형과 움직임, 통합 조정을 통제한다. 뇌는 두 부분으로 나누어져 있는데 좌뇌와 우뇌가 그것이다. 전자(좌뇌)는 잠재의식이고, 후자(우뇌)는 우리의 기억이나 꿈이 만들어지는 곳이다.

p.116

07 (C)   08 (B)   09 (C)   10 (C)   11 (A)

07

전투 개미는 사회적 포식자로 여겨지는데, 이들은 항상 떼를 지어 먹이를 찾는다. 일단 수천 마리의 개미가 모여 무리를 형성하게 되면 그들은 협력하여 먹이를 찾고 공격한다. 각각의 무리와 공습에 참가하는 거대한 수로 인해 이 생물들은 많은 다른 종류의 곤충들을 압도할 수 있고 이들을 나중에 먹기 위해 그들의 거처로 옮겨 올 수 있다.

08

화석 연료는 수백만 년 전에 죽은 식물과 동물의 잔해로부터 형성된다. 화석 연료가 생성되기 위해서는 극도로 고온 다습한 기후 조건이 요구된다. 이러한 기후 조건은 전 세계적으로 여러 지역에서 찾아볼 수 있지만, 특별히 늪지나 이와 비슷한 지역이 최적의 조건을 제공한다. 이러한 이유로, 과거에 거대한 내해로 덮여 있었던 지역인 텍사스에서 광대한 매장량이 발견되었다. 물이 점차적으로 증발함에 따라 이 지역은 유기체의.잔해가 탄소 에너지(석탄)로 전환되는 데 이상적인 환경을 생성하였다.

09

야생벌 중에 많은 종류가 경작지에서 점차적으로 보기 힘들어지고 있다. 야생벌의 줄어드는 개체수는 여러 가지 요인의 결과이다. 가장 심각한 문제는 살충제의 사용인데 이러한 독성 물질은 종종 야생종에게 해로운 영향을 미친다. 다른 주요한 요인은 꿀벌이나 알팔파 잎벌과 같은 외래종 벌의 도입인데 이들이 종종 가능한 먹이 자원을 독점하기 때문이다. 이에 더하여, 대부분의 현대 농장들은 오직 한 종류의 작물만을 기르기 때문에, 꽃의 다양성 감소가 이러한 곤충들의 감소에 기여하고 있다.

10

태어난 후 6-10주 사이에 사회적 미소(social smile)가 나타난다. 이 사회적 미소는 어른들의 미소나 상호 작용에 대한 반응으로써 일어난다. 사회적 미소라는 그 명칭은 독특한 과정으로부터 유래하였는데, 그 과정에 의해서 유아들은 사람을 사회적인 행위에 끌어들이며, 기쁨을 표현함으로써 그렇게 한다. 유아들이 그들의 환경을 더욱 더 잘 감지하게 될수록 미소는 더욱 다양한 상황에 대한 반응으로 일어난다. 유아는 그들이 친근한 장난감을 보았거나 어려운 일을 수행한 것에 대해서 칭찬을 받았을 때 미소짓게 된다. 이러한 미소는 사회적 미소와 같이 발달상의 기능을 수행하는 것으로 간주된다.

11

색채 유리 제작의 기원은 로마인들과 이집트인들로부터 살아남은 많은 표본들로 인해 고대 사회로까지 거슬러 올라갈 수 있다. 3-4세기 경에, 비록 매우 적은 수이기는 했지만 기독교 성당들이 각각 다른 색깔의 얇은 유리 조각들로 장식되기 시작하였다. 그러나, 스테인드글라스 창문이 절정에 이른 것은 점점 더 복잡한 디자인을 이용하여 만들어졌던 중세 동안이다. 시간이 흐르면서 스테인드글라스는 정교하고 다채로운 예술의 형태로 발전하였다.

p.118

12 (C)   13 (C)   14 (B)   15 (1) (B) (2) (A)

12

어류는 맛을 느끼는 능력을 가지고 있다. 어류는 그들의 입술과 혀, 그리고 입 전체에 미뢰를 가지고 있다. 촉수어나 메기와 같은 일부 어류는 수염을 가지고 있는데, 그것은 미각 구조를 갖춘 수염이다. 촉수어가 먹이가 될 무척추 벌레를 찾기 위해 수염으로 모래를 파는 것을 볼 수 있는데, 촉수어는 그들의 입이 닿기도 전에 벌레의 맛을 볼 수 있다.

(A) 촉수어   (B) 수염   (C) 벌레

13

빙하는 오랜 기간에 걸쳐 크고 두꺼운 얼음덩어리로 압착되는 눈으로 이루어진다. 빙하는 눈이 얼음으로 변할 만큼 오랫동안 한 위치에 머무를 때 생성된다. 빙하를 독특하게 만드는 것은 그것의 움직이는 능력이다. 순전히 그 부피 때문에 빙하는 마치 매우 느린 강과 같이 움직인다. 어떤 빙하는 축구장만큼 작은 반면 어떤 빙하는 백 킬로미터 길이 이상으로 커지기도 한다.

(A) 강   (B) 축구장   (C) 빙하

14

해양 포유류는 모든 다른 포유류와 같은 특징들을 갖고 있지만, 그것들은 바다에서의 삶에 적응하고 순응하여 왔다. 오랜 기간 동안 해저에서 머무를 수 있기 위해서, 그들은 근육에 여분의 산소를 저장하고, 또한 육지 포유류보다 몸 크기에 비례하여 더 많은 혈액을 갖

고 있다. 특히 해양 포유류의 대부분은 바다에서 체온을 유지하는 데 두꺼운 털보다는 두꺼운 기름이나 지방층에 더 의존한다.

(A) 육지 포유류   (B) 해양 포유류   (C) 몸 크기

15

1776년 미합중국이 탄생하였을 때는 도로가 거의 없었다. 원래의 13개 주는 대서양에 있었으며 사람들은 앨러게니 산맥을 넘기가 매우 어려웠다. 산맥의 서쪽으로 이동한 사람들은 쉽게 접촉할 수 없었고, 동부 해안으로부터 물품을 보내고 받을 수 없었다. 그들은 몇 개의 운하를 건설했지만, 운하는 매우 많은 비용이 들었다. 도로는 건설하기가 어려웠고 기후 조건으로 인해 일년 중 특정 시기 동안은 도로로 여행하는 것이 불가능했다.

(1) (A) 상품   (B) 운하   (C) 산맥
(2) (A) 도로   (B) 운하   (C) 조건

Daily Test

p.120

01 1. (D) 2. (A) 3. (B) 4. (B)

건강한 성인은 매일 밤 평균 7.5시간의 수면을 취하고, 대부분의 사람들은 6.5시간에서 8.5시간 동안 잠을 잔다. 뇌파 전위 기록 장치(EEGs)의 도움으로 뇌파를 추적하면서, 연구원들은 (전수면 단계를 포함한) 수면의 여섯 단계를 밝혀냈다. 각각의 단계는 독특한 뇌파 주파수로 특징지어진다.

0단계는 잠의 전조 단계로 뇌의 낮은 진폭과 빠른 진동수의 알파파로 특징지어진다. 이 단계에서 사람은 편안해지고, 졸림을 느끼고 눈을 감게 된다. 1단계부터 4단계의 수면은 때때로 NREM(비급속안구운동) 수면으로 구분된다. [4]1단계에서는 안구가 움직이기 시작하고 주기적인 알파파가 진폭이 더 낮고 진동수가 더 느린 불규칙한 세타파로 바뀐다. 2단계의 뇌파 기록은 수면 방추라 불리는 뇌 활동에서 나타나는 빠른 진동수의 연속을 보여준다. 3단계와 4단계는 대개 잠이 든 후 30분에서 45분 후에 일어난다. 3단계에서는 더 적은 수면 방추가 있지만, 높은 진폭과 저주파 델타파가 나타난다. 이러한 뇌파가 50퍼센트 이상 동안 일어나게 되면 수면의 4단계로 들어가게 된다. 전체적으로 이러한 수면의 네 단계를 거치는 데는 약 30분이 소요된다.

1. 지문의 단어 Each는 -을 가리킨다.

(A) 건강한 성인   (B) 뇌파
(C) 수면   (D) 단계

2. 지문의 단어 Here는 -을 가리킨다.

(A) 0단계   (B) 1단계
(C) 4단계   (D) NREM

3. 지문의 단어 that은 -을 가리킨다.

(A) 눈   (B) 세타파
(C) 알파파   (D) 기록

4. 지문에 의하면, 다음 중 수면 동안의 뇌 활동에 관해 사실인 것은?

(A) 알파파는 사람이 잠에서 깨어날 때 나타난다.
(B) 1단계 수면에서 알파파는 사라진다.
(C) 낮은 진동수 델타파는 깊은 잠의 결과이다.
(D) 4단계 수면에서는 뇌 활동이 일어나지 않는다.

p.122

02 1. (C) 2. (D) 3. (D) 4. (C)

중세에는 아주 소수의 사람들만이 책을 소유하고 있었는데 책들은 손으로 한 장씩 한 줄씩, 소위 필경사라 불리는 사람들에 의해 베껴 써야만 했기 때문에 희귀하고 비쌌다. 그러나 1440년경에, 이 모든 것을 바꾸어 놓은 일이 일어났다. Johannes Gutenberg가 활판 인쇄기를 고안하였는데 이는 책을 더 빨리 더 저렴하게 대량으로 만들어 낼 수 있게 하였고, 그 결과 다음 100여 년 동안 책의 판매를 1,000만 권 이상으로 끌어올렸다.

Gutenberg가 인쇄한 최초의 책은 성경이었다. 그때 당시, 성경이나 다른 책들을 집에 소유하게 된 것은 사람들의 생활 방식에 변화를 가져왔다. 한 가지 주된 변화는 사람들이 라틴어보다는 영어나 독일어, 프랑스어 혹은 이탈리아어 등 그들 자신의 언어로 인쇄된 책을 원했다는 것이다. 또 다른 변화는 그것이 교회의 권위를 어느 정도 앗아 갔다는 것이다. Gutenberg의 인쇄기 이전에는 성경이 라틴어로 쓰여 있었기 때문에 대부분의 사람들이 그것을 읽을 수 없었다.

1. 지문의 단어 they는 -을 가리킨다.

(A) 중세   (B) 사람들
(C) 책들   (D) 필경사들

2. 지문의 단어 this는 -을 가리킨다.

(A) 책을 만들기 위한 종이의 부족
(B) 책의 충분한 공급
(C) 숙련된 필경사들의 부족
(D) 책의 희귀함

3. 아래 문장 중 어떤 것이 지문 속의 음영된 문장의 핵심 정보를 가장 잘 표현하고 있는가? 오답은 문장의 의미를 현저히 왜곡하거나 핵심 정보를 빠뜨리고 있다.

(A) 활판 인쇄기의 고안은 100여 년 동안 수백만 권의 책을 팔았던 Gutenberg의 것으로 여겨진다.

(B) Gutenberg가 활판 인쇄기를 고안하기 전에 사람들은 책을 손에 넣기가 매우 힘들었기 때문에 살 수 있는 능력이 없었다.

(C) Gutenberg 인쇄기의 높아진 효율성 덕분에 생산되고 팔리는 책의 종류가 급격히 증가하였다.

(D) Gutenberg는 책의 대량생산을 가능하게 한 인쇄기를 발명하였고 이는 상당한 수의 책이 판매되는 결과를 낳았다.

4. 지문의 단어 Another는 ~을 가리킨다.

(A) 성경책   (B) 방법
(C) 주된 변화   (D) 언어

5일   문장 간략화(Sentence Simplification) 문제

Daily Check-up

p.126

01 (A)   02 (C)   03 (A)   04 (B)   05 (B)

01
현대 Pueblo 민족의 조상인 Anasazi족은 절벽 거주자로 불렸는데, 그것이 그들이 집을 절벽 면에 지었기 때문이다.

(A) Anasazi족 거주지의 특징 때문에 그들에게 절벽 거주자라는 이름이 붙여졌다.

(B) Anasazi족의 독특한 거주지 때문에 그들은 Pueblo 민족과 동등한 관계에 있었다.

(C) 현대 Pueblo 인디언의 선조들은 한때 절벽에 살았다.

02
토양은 광물의 풍화 작용을 통해 형성되는데, 풍화 작용은 바람, 비, 얼음, 그리고 햇빛의 작용에 의한 것으로 원래의 물질을 더 작은 입자로 쪼개고 그것들의 화학 구성을 바꾼다.

(A) 구성이 달라진 물질은 자연적 기상 현상의 영향을 받는 토양으로부터 만들어진다.

(B) 쪼개진 광물 조각 간의 화학 반응은 기후 현상에 의해 야기된다.

(C) 광물은 풍화 작용에 의해 부서지고 구성 물질이 바뀌는데, 그것이 토양을 만든다.

03
Louis Braille이 1800년대 초 프랑스 군대에서 밤에 긴급 메시지를 전달하기 위해 사용되었던 볼록점 시스템을 보았을 때, 그는 그것들이 밤에 읽기 위한 수단 이상이 될 수 있을 거라고 생각했고 맹인들을 위한 점자로 개조했다.

(A) Louis Braille이 볼록점을 알게 됐을 때 그는 그 체계를 맹인을 위한 의사소통 장치로 재구상했다.

(B) Louis Braille의 볼록점 시스템은 원래 어두운 불빛에서 중요한 정보를 보내기 위해 프랑스 군대에서 사용되었다.

(C) 맹인들은 원래 프랑스 군대가 밤에 사용하던 것과 똑같은 의사소통 수단을 사용할 수 있다.

04
1920년대 이전에는, 여성이 코르셋, 즉 허리를 날씬해 보이게 만들기 위해서 꽉 묶었던 불편한 벨트를 입는 것이 유행이었지만, 결국 이것은 덜 구속적인 종류로 바뀌었다.

(A) 1920년대 이전에는, 여성이 고통스러운 코르셋을 입어서 그들의 몸매를 날씬하게 만들려고 했다.

(B) 1920년대 이전의 고통스러운 코르셋은 인기를 잃고 다른 종류의 속옷이 그 뒤를 따랐다.

(C) 1920년대에 잘 맞는 속옷이 도입되었기 때문에 잘 맞지 않는 속옷은 유행하지 않게 되었다.

05
8세기 동안에 중국 회화의 두 가지 양식은 다양한 굵기의 섬세하고 선명한 선으로 그려지고 수성 물감으로 채워지는 형식을 특색으로 삼는 선 양식과 거의 또는 전혀 윤곽선 없이 불투명 물감으로 색을 넓게 칠하는 뼈대 없는 양식이었다.

(A) 고대 중국 회화는 흐릿하거나 밝은 수성 물감으로 채색하는 경향이 있다.

(B) 고대 중국 회화는 두 가지 특색 있는 스타일인 선 양식과 뼈대 없는 양식으로 분류된다.

(C) 고대 중국 회화 속의 인물은 굵고 가는 선으로 윤곽이 뚜렷하게 그려졌다.

p.128

06 (A) X   (B) X   (C) O   07 (A) O   (B) X   (C) O
08 (A) X   (B) O   (C) X   (D) O

06
조지 왕조 건축 양식은 18세기, 특히 1711년에 왕위에 오른 조지 1세의 통치기로부터 미국 독립 혁명(조지 3세)까지의 양식이다. 이 시기의 건축물은 패턴북, 삽화, 조각을 통해 영국에서 미국으로 수입된 영국의 전례를 충실히 지킨다. 이 양식은 식민지 건축의 제2기로, 부유한 중산층의 출현과 관련되어서 명성, 부, 그리고 성공의 상징이었다. 전쟁이 건설을 중단시켰고 미국인들이 영국과의 연계로부터 자유로워지기를 원했기 때문에 그것은 공식적으로 미국의 독립과 함께 끝났다.

(A) 중산층의 성공은 조지 왕조 양식의 특징이다.

(B) 식민지 시대에 중산층은 돈을 더 많이 벌기 시작했고 유명해졌다.

(C) 조지 왕조 양식은 중산층이 새로 획득한 지위, 성공, 그리고 부를 나타냈다.

07

허드슨 강은 진짜 강이 아니다. 오늘날 강이 흐르는 그 땅은 수백만 년 전에 더 높은 고도에 있었고 그 후 아마도 지진, 침식, 또는 지하수와 같은 지질 인자에 의해 땅이 점점 깊이 가라앉아서 지질학자들이 '익곡'이라고 부르는 것을 형성했다. 땅이 가라앉은 후, 그로 인해 해수가 계곡에 흘러들게 되었다. 계류의 담수와 섞인 염수는 '강어귀'를 형성했다. 염수와 담수의 혼합은 강어귀를 그 지역에 있는 많은 종류의 어류와 다른 바다 생물을 위한 완벽한 서식지로 만들었다.

(A) 몇 가지 지질 현상이 이전에 높은 고도에 있던, 현재는 허드슨 강인 땅을 가라앉게 해서 익곡이 되게 한 것으로 보인다.
(B) 익곡은 높은 위치에 있던 허드슨 강이 지질학적 사건으로 고도가 낮아지고 바다를 따라 흘러 형성되었다.
(C) 지질 활동이 원래의 허드슨 강의 높은 땅을 가라앉게 해서 현재 허드슨 강을 형성하는 익곡을 만들었을 것이다.

08

박테리아는 인간의 삶과 지구상의 생명체에게 필수적인데, 왜냐하면, 그것들이 충치와 출혈성 페스트 같은 인간의 질병을 야기시키는 역할을 하는 것으로 악명 높지만, 또한 건강에 유익하기 때문이다. 예를 들어, 대장에 사는 한 박테리아 종은 필수적인 혈액 응고 요소인 비타민 K를 만들어 낸다. 또한 간접적으로 유익한 박테리아 종들이 있다. 그들은 요구르트에 짜릿한 맛을 주고, 발효시켜 부풀린 빵에 신맛을 준다.

(A) 박테리아는 좋은 특징도 가지지만 그들은 몇몇 심각한 질병의 원인이 된다.
(B) 박테리아의 유익한 특성 때문에, 그들이 해를 끼칠 수 있다는 사실에도 불구하고 생물체에게 필수적이다.
(C) 지구상의 모든 생물은 인간을 포함해서 건강을 유지하기 위해 박테리아를 가지고 있어야 한다.
(D) 박테리아는 해를 끼칠 수 있음에도 불구하고 또한 건강에 유익하기 때문에 생존에 필요하다.

Daily Test

01 1. (C) 2. (B) 3. (D)

'식충 식물'은 곤충을 유인하여 붙잡아 죽이는 식물이다. 또한 식충 식물로서의 자격을 얻기 위해서는 먹이로부터 영양분을 소화하고 흡수해야 한다. 이 식물들은 극소량의 자양물을 가진 지역에서 자라기 때문에 질소의 부족을 보충하기 위해 곤충을 잡는다. 식충 식물의 좋은 예는 Utricularia이다. 그것은 한쪽에 작은 감각 촉수를 지레로 하여 안쪽으로 열리는 함정문이 있는 주머니로 이루어져 있다.

그 식물은 수분을 주머니 밖으로 퍼내어 함정 내부의 압력을 낮게 만든다. 어떤 의심 없는 유기체가 아주 가까이 접근하여 자극에 반응하는 감각 촉수 중 하나에 부딪히면 문이 열리고, 그 희생물이 빨려 들어가고 문이 닫힌다. 놀랍게도 이 모든 과정이 1초도 채 걸리지 않는다. 일단 내부로 들어가면, 먹이는 식물이 분비한 효소에 의해 소화되고 결과로 생기는 영양분은 흡수된다.

1. 아래 문장 중 어떤 것이 지문 속의 음영된 문장의 핵심 정보를 가장 잘 표현하고 있는가? 오답은 문장의 의미를 현저히 왜곡하거나 핵심 정보를 빠뜨리고 있다.

(A) 식충 식물은 부족한 양분 때문에 곤충을 잡아서 섭취함으로써 질소를 얻는다.
(B) 질소가 부족한 환경에 사는 곤충은 식충 식물에게 잡힐 위험에 처할 수도 있다.
(C) 양분이 부족한 서식지 때문에 식충 식물은 곤충을 잡음으로써 질소를 보충한다.
(D) 중요한 양분이 없는 지역에서 자라는 식충 식물은 양분을 획득할 다른 방법을 찾아야만 한다.

2. 아래 문장 중 어떤 것이 지문 속의 음영된 문장의 핵심 정보를 가장 잘 표현하고 있는가? 오답은 문장의 의미를 현저히 왜곡하거나 핵심 정보를 빠뜨리고 있다.

(A) 실수로 함정문을 스친 곤충은 Utricularia에게 먹혀서 질소를 제공하는 데 쓰일 것이다.
(B) Utricularia의 장치를 밟음으로 인해서 함정문의 입구를 자극할 때 곤충이 잡힌다.
(C) Utricularia는 그것의 열린 함정문으로 털북숭이 곤충을 통째로 삼키고 난 후 문을 꼭 닫을 것이다.
(D) Utricularia의 함정문은 부주의한 곤충이 그 식물의 활성 장치를 건드릴 때 열린다.

3. 지문의 단어 secreted는 의미상 ~와 가장 가깝다.

(A) 분리된
(B) 넘쳐흐른
(C) 향료가 든
(D) 배출된

02 1. (B) 2. (D) 3. (A)

도자기류는 가장 오래되고 가장 널리 퍼진 장식 예술의 하나이다. 진흙으로 만들어지고 열로 굳어진 그 물건들은 주로 액체를 담기 위한 용기와 음식을 내는 접시나 그릇으로 사용된다. 역사에 걸쳐, 여러 문화권들이 지역적인 재료와 전통적인 기술을 이용하여 도자기 제품들을 만들었다. 서기 500년에서 1000년 사이에 사람들은 주전자로 이용하기 위해 조개껍질을 버들가지 바구니에 덧대었다. 한편, 미국 남서부 지역에서는 연분홍 진흙이 사용되어 도자기류의 발

무료 토플자료·유학정보 제공 goHackers.com

달을 활성화했다.

초기에, 도자기류는 제한된 색상과 단조로운 무늬로 평범했다. 도자
기류 기술이 급속히 발달하면서 사용되는 무늬가 더 복잡해지고 장
식적으로 바뀌었으며 그에 따라서 용기 종류의 다양성이 높아졌고
고품질의 제품과 더 단순한 그릇 사이에 명확한 구분이 생겼다. 고
품질 용기의 한 가지 예는 물독이다. 그것은 지그재그 무늬가 있는
둥근 본체를 가지고 있다. 이 용기는 또한 다이아몬드 모양 안의 체
크무늬 디자인을 특징으로 한다.

1. 아래 문장 중 어떤 것이 지문 속의 음영된 문장의 핵심 정보를 가
   장 잘 표현하고 있는가? 오답은 문장의 의미를 현저히 왜곡하거
   나 핵심 정보를 빠뜨리고 있다.

   (A) 점토 용기는 음식이나 음료를 저장하는 데 더 선호되는 재
       료이다.
   (B) 도자기류는 보통 음식 저장과 접대 목적으로 사용된다.
   (C) 음식 저장 장비는 종종 굳힌 점토로 만들어진다.
   (D) 도자기류는 점토를 주조하고 구워서 만들어지는 저장 용기
       이다.

2. 지문의 단어 spur는 의미상 -와 가장 가깝다.

   (A) 남겨 두다
   (B) 환기시키다
   (C) 밀다
   (D) 자극하다

3. 아래 문장 중 어떤 것이 지문 속의 음영된 문장의 핵심 정보를 가
   장 잘 표현하고 있는가? 오답은 문장의 의미를 현저히 왜곡하거
   나 핵심 정보를 빠뜨리고 있다.

   (A) 도자기 예술의 발전은 그것의 무늬를 세련되게 했고 그리하
       여 용기의 종류를 다양화시키고 차별화시켰다.
   (B) 도자기류의 질은 장식적, 예술적인 방식의 발전 때문에 시간
       이 지나면서 향상되었다.
   (C) 도자기류의 종류는 장인의 스타일에 따라 거친 형태나 우아
       한 형태로 달랐다.
   (D) 도자기류 디자인의 개조는 새로 개발된 유약칠 기술 덕분에
       빠르게 전개되었다.

* 각 문제에 대한 정답단서는 지문해석에 파란색으로 표시되어 있습니다.

04 (A)   05 (C)   06 (C)

Daily Check-up

01 (B)   02 (C)   03 (A)

04

산성비는 산화질소와 산화황과 같은 연기와 가스에 의해 유발된다. 이러한 가스는 화석 연료로 가동되는 공장과 자동차에 의해 방출된다. 그리고 그것들은 대기 중으로 흘러가 산성비를 유발한다. **(A) 그러나, 환경에서 나타나는 산성화의 원인은 단지 대기 오염만은 아니다.** 예를 들어, 식물이 성장할 때, 그것은 땅에 있는 영양분을 흡수해서 사용한다. 이것은 토양의 산성도를 높인다.

(B) 그러므로, 산성화는 주로 대기 오염 문제 때문이라고 할 수 있다.

(C) 전반적으로, 대기 오염은 환경의 산성화에 직접적으로 관련된다.

01

강은 그 수원에서 강어귀로 흘러가면서 많은 퇴적물을 운반한다. 그 강의 담수가 강어귀에서 바다의 염수를 만날 때, 그 퇴적물은 바다로 방출된다. 그것은 그리고 나서 조류와 해류에 의해 바다로 멀리 씻겨 간다.

(A) 그 – 그것의 – 또한

(B) 그 – 그 – 그리고 나서

(C) 어떤 – 그 – 그러므로

02

이빨과 턱뼈를 검사함으로써 Etnier 교수는 바다표범들의 번식 분포를 알아내는 것에 초점을 두어 그들의 연령 구성을 측정할 수 있었다. 그는 그들의 이빨을 관찰함으로써 성장률을 계산할 수 있었는데 그들의 이빨이 나이를 결정하는 데 사용될 수 있는 성장테를 갖고 있기 때문이다. 게다가, 그는 바다표범의 아래턱인 하악의 크기를 관찰함으로써 동물들의 나이를 추정했다.

(A) 그들은 – 그것의 – 이러한 이유로

(B) 그는 – 그의 – 반면에

(C) 그는 – 그들의 – 게다가

05

(C) 두 종류의 자연과학자들이 있다. 한 유형은 배우는 데 더 관심이 있는 과학자들이다. 그들은 지식을 얻기 위해 연구한다. 이 과학자들은 기초 과학, 또는 순수 과학에 종사한다. 그들의 프로젝트는 일상생활에 중요할 수도 있고 중요하지 않을 수도 있다. 또 다른 유형은 응용과학 분야에서 일하는 과학자들이다. 그들은 대개 특정한 목표를 염두에 두고 있다. 이 목표는 상품, 공정, 사업 또는 다른 인간의 필요를 포함할 지도 모른다. 응용과학자는 종종 다른 과학자들에 의해 최근에 수집된 정보를 사용한다.

(A) 자연과학은 두 개의 주요 분야로 나뉠 수 있다.

(B) 과학자들은 자연과학에 비슷하게 접근한다.

03

스웨덴, 독일, 노르웨이의 이민자 집단들은 1880년대에 미네소타에 도착하여 풍요로운 땅에 자작 농장을 세웠다. 유럽의 인구가 증가함에 따라 가난한 사람들은 일자리와 더 나은 기회를 찾기 위해 유럽을 떠났다. 반면에, 부유한 사람들은 본국에서의 조세의 증가와 상속법에 있어서의 변화 때문에 미네소타에 왔다. 다른 사람들은 불안정한 정치적 상황 때문에 이주했다.

(A) 반면에 – 때문에 – 다른 사람들은

(B) 반면에 – 그럼에도 불구하고 – 사람들은

(C) 그러나 – 때문에 – 그들은

06

다른 사람들의 행동에 대한 정보는 종종 눈빛 교환과 같은 얼굴 표정과 자세와 관련된 비언어적 암시에 의해 제공된다. 그러한 비언어적인 암시를 대개 보디랭귀지라고 부른다. **(C) 보디랭귀지의 한 가지 고전적인 예는 엘리베이터에서 발견될 수 있다.** 내부에 사람이 별로 없을 때, 그들은 대개 엘리베이터의 벽에 기댄다. 그러나 더 많은 사람이 들어오면, 그들은 구석 자리를 차지한다.

(A) 어떤 사람들은 엘리베이터를 탈 때 보디랭귀지를 사용하는 것을 선호한다.

(B) 회사 건물에서 사람들은 보통 그들의 사무실이 있는 층까지 엘리베이터를 탄다.

07 B, C, A   08 A, C, B   09 C, B, A

07

(B) 철조망에 대한 최초의 거대 시장 중 하나는 철도였다. → (C) 선로가 대초원을 가로질러 서부로 이동함에 따라, 목장주들과 농부들은 담이 없는 길에서의 그들의 가축 손실에 위급함을 느꼈다. → (A) 예를 들어, 1876년 미주리 주, 캔자스 주, 텍사스 주의 철도 회사는 철도가 운행된 그 세 개의 주에서 1,948마리의 동물이 죽어서 약 25,000달러의 피해를 입혔다고 보고했다.

08

(A) 미국 원주민들은 땅에 구멍을 파고 작은 물고기와 함께 옥수수 낟알을 떨어뜨리고, 그리고 나서 구멍을 흙으로 덮어 옥수수를 키웠다. → (C) 물고기는 어린 옥수수에 비료의 역할을 했다. → (B) 옥수수가 수확된 후, 그것은 빵, 수프, 구운 옥수수 케이크, 푸딩을 만드는 데 사용되었다.

09

(C) 오랫동안, 인간은 도구를 만들고 사용하는 능력으로 나머지 동물 세계와 자신들을 구분했었다. → (B) 1969년에, Jane Goodall 박사가 도구를 만들고 사용하는 침팬지에 대한 몇 가지 관찰을 보고하였을 때 이러한 구분은 산산조각 났다. → (A) 그녀는 침팬지가 여러 가지 종류의 일들에 대해 다양한 도구를 사용할 뿐만 아니라 그 일에 더 적합하도록 만들기 위해 물체를 도구로 변형시키기도 한다는 것을 알게 됐다.

Daily Test

01   1. 4th   2. (B)   3. 2nd

19세기와 20세기 초에, 몇몇 지질학자들은 대륙이 지구의 표면을 가로질러 이동했을 것이라는 개념을 탐구했다. 그들은 모두 아프리카와 남아메리카의 대서양 해안선 간의 놀라운 일치에 영감을 받았다. 대륙의 이동에 관한 가설은 마침내 Alfred L. Wegener에 의해 발전되었고, 그는 지구상의 대륙이 한때는 두 개의 초대륙이 연결된 것이었다고 제시했다. 1912년에, 그는 모든 대륙이 이전에는 하나의 큰 대륙이었지만 이후 분리되어 해저를 통해 이동했다고 제시했다.

그러나 그 '이동설'이 Wegener의 동료들에 의해 즉시 받아들여지지는 않았는데, 과학계에서 이미 인정되고 확립된 학설이나 관점을 바꾼다는 것은 어렵기 때문이다. 이 시기에는 두 가지 다른 관점이 우세했다. 대륙이 기본적으로 그것들의 위치에서 변하지 않았다고 믿었던 사람들은 'permanentist'라고 불렸다. 다른 사람들은 고체인 지구의 점차적인 수축의 결과로, 해저가 육지가 되었

고 결과적으로 육지는 해저가 되었다고 믿었다. 이러한 과학자들은 'contractionist'라고 불렸다.

1. 다음 문장이 지문에 삽입될 수 있는 곳을 나타내는 4개의 네모박스[■]를 보아라.
   1912년에, 그는 모든 대륙이 이전에는 하나의 큰 대륙이었지만 이후 분리되어 해저를 통해 이동했다고 제시했다.
   어디가 가장 적절한가?
   해당 네모박스[■]를 클릭하여 제시된 문장을 지문에 삽입하라.

2. 지문의 단어 remarkable은 의미상 −와 가장 가깝다.
   (A) 의심 많은   (B) 주목할 만한
   (C) 관련된   (D) 고요한

3. 다음 문장이 지문에 삽입될 수 있는 곳을 나타내는 4개의 네모박스[■]를 보아라.
   이 시기에는 두 가지 다른 관점이 우세했다.
   어디가 가장 적절한가?
   해당 네모박스[■]를 클릭하여 제시된 문장을 지문에 삽입하라.

02   1. 3rd   2. 3rd   3. (D)

1920년대 초, George Merrick이라는 이름의 남자가 플로리다 주의 마이애미에서 부자가 되기로 마음먹었다. 그는 값싼 땅을 사서 그것을 다른 주에서 온 사람들에게 훨씬 더 높은 값에 되팔아 많은 돈을 벌 수 있다는 것을 깨달았다. **그러나 어떻게 그는 그의 땅을 구입하는 데 관심을 가진 사람들을 미국 전역으로부터 끌어올 수 있었을까?** 그와 소수의 다른 부동산 개발업자들은 전국적인 마케팅 캠페인을 벌이기 시작했고, 마이애미에서의 아름답고 행복한 삶을 약속하는 광고를 미국 전역에 냈다. 사람들은 오렌지 나무와 모래사장으로 가득 찬 열대 낙원에 대한 이러한 설명을 흥분하며 읽었다.

[3]주로 플로리다의 따뜻한 기후, 느긋한 생활 방식, 그리고 많은 길로의 쉬운 접근성 덕분에 새로운 수천 명의 거주민들이 곧 남쪽으로 이동하기 시작했다. 마이애미시의 인구는 두 배로 증가했다. 건물과 휴양지들이 엄청난 속도로 건설됨에 따라, 부동산 중개인들이 주 전역에서 등장하였다. **더 이상의 호화 휴양지와 레저 시설이 건설될 수 없을 것 같던 무렵, 재난이 닥쳤다.** 1926년 허리케인이 마이애미 중부를 강타하였다. 그 폭풍으로 약 400명이 사망하고 3,600명이 부상을 입었으며, 5만여 명이 집을 잃게 되었다. 땅을 샀던 대부분의 사람들이 엄청난 손실을 겪었고 투기 거품은 사라졌다.

1. 다음 문장이 지문에 삽입될 수 있는 곳을 나타내는 4개의 네모박스[■]를 보아라.
   그러나 어떻게 그는 그의 땅을 구입하는 데 관심을 가진 사람들을 미국 전역으로부터 끌어올 수 있었을까?
   어디가 가장 적절한가?

해당 네모박스[■]를 클릭하여 제시된 문장을 지문에 삽입하라.

2. 다음 문장이 지문에 삽입될 수 있는 곳을 나타내는 4개의 네모박스[■]를 보아라.
   더 이상의 호화 휴양지와 레저 시설이 건설될 수 없을 것 같던 무렵, 재난이 닥쳤다.
   어디가 가장 적절한가?
   해당 네모박스[■]를 클릭하여 제시된 문장을 지문에 삽입하라.

3. 지문에 의하면, 다음 중 1920년대에 사람들이 플로리다로 몰려들었던 주된 이유인 것은?

   (A) 영향력 있는 전국 광고
   (B) 그곳에서 부동산을 팔아서 벌 수 있는 돈
   (C) 공사 현장에서 일을 찾을 거라는 희망
   (D) 편안한 생활 방식과 쾌적한 기후

2일 추론(Inference) 문제

Daily Check-up
p.148

01 (C)   02 (C)   03 (A)   04 (B)

01
미노아 문명은 오늘날의 지중해 크레타 섬에 있던 고대 문명이다. 유명한 그리스 시인인 Homer에 따르면, 크레타 섬에는 90개의 마을이 있었고, 그 마을들 중 크노소스가 가장 중요하였다. 무엇보다 주목할 만한 사실은 다른 고대 문명과 달리 미노아의 어느 도시도 성벽 혹은 방어벽을 가지고 있지 않았다는 점이다.

지문에서 다른 고대 문명의 도시들이 -라는 것을 추론할 수 있다.
(A) 지중해 지역에 위치하고 있었다
(B) Homer에 의해서 언급되지 않았다
(C) 성벽이나 방어벽을 가지고 있었다

02
아기들은 생후 4개월에서 6개월 사이에 까르륵거리는 소리를 내거나 '음성 놀이'를 한다. 옹알이 역시 이 연령 범위에서 일어나고, 아기들은 때때로 마치 그들이 '말하고 있는' 것처럼 소리를 낸다. 이런 말과 같은 옹알이는 양순음(두 입술) 소리인 'p', 'b', 'm'을 포함한다. 이 시기를 보낸 후 그들은 비로소 'r', 'v', 'th'와 같은 소리를 배운다. 그러나, 심지어 4살이나 5살짜리 아이들도 여전히 이러한 소리를 내는 데 어려움을 겪는다.

지문은 'r', 'v', 'th' 소리는 -라고 암시한다.
(A) 아기들이 무엇인가를 원한다는 것을 보여준다

(B) 오직 하나의 입술로 발음된다
(C) 양순음보다 더 발음하기 어렵다

03
처음에 11세기 영국을 점령한 노르만 족은 영어를 자신들의 언어인 프랑스어로 대체하고자 노력하였다. 프랑스어는 공식적인 언어가 되었지만 노르만 족과 원주민인 앵글로 색슨 족 간의 문화적 차이점으로 인해 일상적인 언어가 되는 데는 결코 성공하지 못하였다. 사실상, 영향을 받은 것은 노르만 족이었고 1362년에 영어는 마침내 공식 언어로서 선언되었다.

지문에서 -을 추론할 수 있다.
(A) 앵글로 색슨 족은 영어를 사용하였다
(B) 프랑스어는 힘겨운 과정을 거쳐 널리 쓰여지는 언어가 되었다
(C) 영어와 프랑스어는 당시에 유일하게 쓰이는 언어였다

04
다른 별들과 같이, 태양은 매우 뜨거운 기체로 이루어져 있다. 때때로, 이러한 뜨거운 기체 중 일부는 다소 식게 된다. 그 차가워진 기체는 태양에 있는 어두운 반점처럼 보이고 태양흑점이라 불린다. 그러나 그것들이 실제로 차가운 것은 아니다. 심지어 가장 차가운 흑점조차도 지구상에서 가장 뜨거운 불보다 더 뜨겁다. 한편, 흑점은 크기와 모양이 변한다. 그것들은 30일 정도 지속되는데, 어떤 것은 훨씬 오래 혹은 짧게 지속된다. 대개 작은 흑점은 단 며칠 동안만 지속되는 반면에 큰 것들은 오랫동안 지속된다.

지문에서 -을 추론할 수 있다.
(A) 흑점은 일 년 내내 관찰된다
(B) 흑점의 지속 기간은 흑점의 크기와 관련이 있다
(C) 지구상에서 가장 뜨거운 불은 몇몇 흑점보다 더 뜨거울 수 있다

p.150

05 (A) T (B) T (C) F (D) F
06 (A) T (B) T (C) F (D) T (E) F
07 (A) T (B) T (C) F (D) F (E) T

05
사례 연구와 달리, 관찰 연구는 대개 많은 다른 종류의 실험 대상이 한꺼번에 관여한다. 관찰 연구에서, 연구원들은 관찰되고 있는 사람들을 어떤 식으로든 방해하지 않으면서 체계적으로 행동을 관찰하고 기록한다. 종종 관찰 연구는 연구 계획의 첫 번째 단계가 된다. 자연주의적인 관찰의 주된 목적은 자연스러운 환경 하에서 일어나는 행동들을 기술하기 위한 것이다. Jane Goodall과 고(故) Dian Fossey와 같은 동물행동학자들은 이 방법을 야생의 유인원과 다른 동물들을 연구하는 데 사용하였다. 심리학자들은 집, 운동장, 교실, 사무실 등 사람들이 있는 곳 어디에서든 자연주의적 관찰을 이용한다.

(A) 사례 연구는 대개 한 종류의 대상을 다룬다.

(B) 즉흥적인 행동은 관찰 연구에서 중요한 요인이다.
(C) 관찰 연구는 사례 연구보다 더 효과적이다.
(D) 대부분의 심리학적 연구는 관찰 방법을 사용한다.

06

에너지는 일을 수행할 수 있는 모든 기관계의 능력으로 정의된다. 작은 세포 덩어리이든 커다란 생물체이든 살아 있는 유기체에 있어 에너지를 흡수하고 변환하고 소비하고 방출하는 능력은 생존에 있어 필수적이다. 태양은 지구에 엄청난 양의 잠재적 에너지를 제공하지만 이 중 적어도 3분의 1은 지구의 대기를 뚫지 못한다. 지표에 도달하는 부분 중에 대부분은 완전히 활용되지 못하고 우주 공간으로 되돌아간다. 남아 있는 태양 에너지 중 일부는 지구의 지질학적 과정들에 영향을 주는데 액체 상태의 물이 이용 가능하도록 충분한 열을 공급함으로써 유기체에게 살기 알맞은 환경을 만들도록 도와준다. 오직 태양 에너지의 1퍼센트만이 녹색 식물과 조류에 의한 광합성을 통해 획득되어 결과적으로 전 지구 생태계를 위한 기초 음식 에너지로 활용된다.

(A) 지표로부터 반사된 에너지는 지구로 가는 태양 에너지 중 가장 큰 부분을 차지한다.
(B) 모든 생물체는 생존을 위해 에너지가 필요하다.
(C) 광합성 유기체는 지구의 음식 에너지의 1퍼센트를 차지한다.
(D) 액체 상태의 물은 지구에서 생명을 유지하기 위해 필수적이다.
(E) 태양 에너지의 1퍼센트만이 지표에 도달한다.

07

다른 나라들의 경우와 비슷하게, 초기의 미국 중심 도시들은 운송이 유리한 곳에 건설되었다. 최초의 도시들은 대서양 연안, 특히 담수와 해양으로의 수송 통로를 제공할 수 있는 강 가까이에 생겨났다. 이러한 장소는 유럽으로의 수송로를 유지할 수 있게 하였는데, 이 수송로는 도시의 발전에 필요한 이민자들과 수입품을 모두 제공하였다. 보스턴, 뉴욕, 필라델피아와 뉴올리언스는 이러한 초기 도시들에 속한다. 이러한 분주한 항구 도시들은 외국으로부터 들어오는 상품을 받아들였을 뿐 아니라 먼 내륙에서 키운 농작물의 국제적인 수출을 촉진시켰다.

(A) 항구 도시들은 미국 농업의 발달에 중요한 역할을 했다.
(B) 미국의 초기 도시들은 유럽의 상품에 의존하였다.
(C) 도시는 항상 필요한 자원이 이용 가능한 곳에 건설되었다.
(D) 미국 이민자들은 유럽의 상품을 선호했다.
(E) 수로는 운송의 주요한 방법이었다.

Daily Test
p.152

01 1. (B) 2. (A) 3. (A) 4. (C)

[1]반대자들이 비실용적이고 많은 비용이 든다고 생각했던 새로운 다리가 캘리포니아 주의 샌프란시스코에 필요한지에 대한 수년의 논

란 끝에, 다리를 지을 것인가 말 것인가에 대해 투표하는 것이 샌프란시스코 주민들의 몫으로 남겨졌다. 1930년 11월 4일, 여론은 계획을 계속 진행하는 것에 투표하였고 1933년 1월 5일, 건설이 시작되었다. 공중에 746피트까지 솟아 있는 유난히 거리가 떨어져 있는 탑들이 있는 다리의 주요 경간은 놀랍게도 4,200피트에 달했다.

수석 엔지니어 Joseph B. Strauss가 제출한 원래의 설계안은 금문 해협을 가로지르는 혼합형 외팔보와 현수 구조물을 필요로 했다. 이 계획은 일반적으로 볼품없다고 생각되었고 일부는 그 설계가 세계에서 가장 긴 경간을 갖게 될 다리에 맞는 것인지 의구심을 가졌다. Strauss가 그의 첫 번째 설계도를 제출한 뒤, [3]자문 엔지니어인 Leon S. Moisseiff는 긴 경간의 현수교가 시간당 60마일의 바람에도 불구하고 그 해협을 가로지를 수 있을 것이라는 이론을 세웠다. [4]이러한 길이의 다리는 이전에 한번도 시도된 적이 없었다. 마침내 1938년 5월 28일 낮 12시에 Franklin D. Roosevelt 대통령이 백악관에서 신호 키를 누르고 전 세계에 그 행사를 발표하였을 때, 금문교가 개통되었다. 금문교는 일정보다 일찍, 예상보다 적은 예산으로 개통되었다.

1. 다음 중 어느 것이 금문교를 짓기 위한 결정에 관하여 추론 가능한가?

(A) 그것을 최종적으로 승인한 것은 주 정부이다.
(B) 대중에게 논란의 여지를 주는 쟁점이었다.
(C) 대부분의 사람들이 다리의 건설에 반대하였다.
(D) 설계자들은 세계에서 가장 큰 다리를 짓고 싶어 하였다.

2. 지문의 단어 It은 -을 가리킨다.

(A) 원래의 설계안   (B) 혼합형 외팔보
(C) 현수 구조물   (D) 금문 해협

3. 지문은 자문 엔지니어인 Leon S. Moisseiff가 -에 대해 염려했다고 암시한다.

(A) 강한 바람   (B) 공사 기간
(C) 다리의 길이   (D) 해협의 크기

4. 지문에서 금문교만큼 긴 현수 구조물은 -라고 추론할 수 있다.

(A) 예산을 초과할 것이다
(B) 강한 바람으로 인하여 붕괴할 수 있다
(C) 최초의 시도였다
(D) 실행 불가능할 것으로 생각되었다

p.154

02 1. (B) 2. (D) 3. (C) 4. (D)

벌집 속에는 항상 한 마리의 여왕벌이 있고 여왕벌은 일벌보다 매우 크고, 일하지 않는 수컷 벌인 수벌보다는 길다. 그러나, 여왕벌의 날

개는 몸체보다 훨씬 짧고 전체 복부를 다 덮을 수 없는데, 왜냐하면 복부는 길고 끝이 뾰족하기 때문이다. 여왕벌은 윤기 나는 몸체에 반짝이는 금빛 털을 가지고 있다. [1]여왕벌은 또한 침을 갖고 있지만 공격적인 일벌들과 달리 벌집 침입자들과 싸우지는 않는다. 여왕벌의 침은 단지 경쟁자인 다른 여왕벌들과 싸우는 데만 사용된다. 또한, 여왕벌은 화분, 꿀, 물을 채집하기 위해 나가지 않기 때문에 꿀을 모으기 위한 꽃가루 바구니와 같은 채집 기관이나 벌집 조직을 만들기 위해 밀랍을 분비하는 밀랍 분비선을 갖고 있지 않다. 마지막으로, [3]일벌과는 다르게, 여왕벌은 보통 스스로 먹고살지 않는다.

어린 미수정 여왕벌은 교미할 준비가 되었을 때 그들이 만들어 내는 냄새뿐만 아니라 자신의 페로몬을 갖고 있다. [4]여왕벌은 또한 '여왕 물질'이라고 알려져 있는 페로몬을 이용하여 집단의 행동 통제를 유지할 수 있다. 이것은 수벌에 대한 교미 유인 물질로 기능하고 일벌의 생식 체계를 억제한다. 이것은 여왕벌이 벌집에서 유일하게 생식 능력을 가진 암컷이 되도록 보장해 준다. 여왕 물질은 또한 여왕벌이 벌떼와 함께 벌집을 떠날 때 벌떼가 같이 모여 있도록 해준다.

1. 왜 작가는 the aggressive workers를 언급하는가?

  (A) 여왕의 평화적 본성을 강조하기 위해서
  (B) 여왕벌과 일벌의 방어 역할을 비교하기 위해서
  (C) 일벌이 효과적으로 그들의 벌집을 보호한다는 것을 증명하기 위해서
  (D) 벌의 방어 체계에 있어 침의 기능을 설명하기 위해서

2. 지문의 단어 apparatuses는 의미상 -와 가장 가깝다.

  (A) 용기   (B) 도구
  (C) 장치   (D) 기관

3. 다음 중 어느 것이 지문에서 일벌에 관하여 추론 가능한가?

  (A) 화분과 꿀의 비효율적인 채집자이다.
  (B) 그들의 침은 여왕벌의 것보다 더 강력하다.
  (C) 스스로를 먹여 살릴 능력이 있다.
  (D) 그들의 몸은 수벌보다 더 길다.

4. 지문에서 무엇이 추론 가능한가?

  (A) 벌의 침은 위험과 짝짓기의 욕구를 나타내 준다.
  (B) 벌은 벌집을 방어하기 위해 주로 후각을 사용한다.
  (C) 어린 미수정 여왕벌은 여왕벌보다 교미에 뛰어나다.
  (D) 페로몬은 여왕벌에 의해 독점적으로 생산되는 화학 물질이다.

Daily Check-up

p.158

  01 (B)   02 (B)   03 (C)   04 (A)

01

혀는 입의 바닥 부분을 차지하고 있는 근육 기관이다. 그것은 papillae(혀에 있는 작은 돌기)와 미뢰로 덮여 있다. 미뢰는 혀의 측면을 따라 밀집해 있다. 그것들은 사람들이 단지 쓰고, 짜고, 달고, 신맛만을 감지하게 해준다. 그러나, 사람들이 맛으로 감지하는 것의 70~75퍼센트는 후각에서 오는 것이다.

왜 작가는 지문에서 sense of smell을 언급하는가?
(A) 후각이 혀로부터 유래되는 것임을 제안하기 위해
(B) 맛이 혀가 아닌 다른 기관에 의해서도 감지될 수 있음을 주장하기 위해
(C) 미각과 후각의 차이점을 구별하기 위해

02

두 가지 주요한 종류의 슈퍼컴퓨터가 있는데 벡터 컴퓨터와 병렬 컴퓨터가 그것이다. 두 기계 모두 빠르게 일을 수행하지만 각각 다른 방식으로 작업한다. 예를 들어, 벡터 컴퓨터는 가능한 한 빨리 100개의 문제를 푼다. 한편, 병렬 컴퓨터는 일을 분할한다. 그것은 10문제를 10개의 처리 장치에, 혹은 20문제를 5개의 처리 장치에 나눈다. 결국, 벡터 컴퓨터는 정보를 찾고 그것을 분석하기 위해 단계별로 작업하고, 병렬 컴퓨터는 많은 것들을 동시에 풀어 나감으로써 인간의 두뇌와 같이 작업한다.

왜 작가는 지문에서 human brain을 언급하는가?
(A) 벡터 컴퓨터가 인간의 두뇌보다 진보되었음을 증명하기 위해
(B) 병렬 컴퓨터와 인간 두뇌 사이의 유사성을 보여주기 위해
(C) 인간의 두뇌가 문제를 어떻게 해결하는지 예시하기 위해

03

개구리는 놀라울 정도로 다양한 기후에서 살도록 진화해 왔다. 그들은 민물이 있는 곳이라면 어디든지 찾아볼 수 있다. 비록 따뜻하고 습한 열대 기후에서 번성하지만, 개구리는 사막이나 해발 15,000피트 높이의 산비탈에서도 살아갈 수 있다. 호주의 물저장 개구리는 7년 동안 비를 기다릴 수 있는 사막 서식 동물이다. 그것은 지하로 파고 들어가 자신에게서 떨어진 피부로 만든 투명한 누에고치로 몸을 감싼다.

작가는 -을 위해 15,000-foot mountain slopes를 언급한다.
(A) 자연 서식지에 따른 다양한 종류의 개구리를 대조하기 위해
(B) 물이 없는 곳에서 개구리들이 살 수 있다는 것을 증명하기 위해
(C) 개구리가 살아남을 수 있는 극한 조건의 예를 들기 위해

04

지구는 공기층으로 둘러싸여 있고, 사람들은 그것을 대기라고 부른다. 대기는 지구 표면으로부터 560킬로미터 이상에 이른다. 대기의 특성을 연구하려고 했던 초기의 시도는 단순하였다. 사람들은 다채로운 석양과 해돋이 혹은 별의 반짝임 등 날씨로부터 얻을 수 있는 단서를 이용하였다. 오늘날은 우주상의 고감도 기계의 사용으로 과학자들은 어떻게 대기가 기능하는지에 대한 더욱 발전된 개념을 가지고 있다.

왜 작가는 지문에서 the multi-colored sunsets and sunrises, and the twinkling of stars를 언급하는가?
(A) 과거의 사람들이 어떻게 대기를 연구했는지 보여주기 위해
(B) 대기를 연구하는 과학적인 방법이 어떻게 향상되어 왔는지 설명하기 위해
(C) 대기를 연구하기 위한 초기의 시도들이 비이성적이었음을 강조하기 위해

05 (C)   06 (B)   07 1. (A) 2. (B)

05

물의 순환은 여러 단계로 구성되어 있다. 먼저, 태양이 바닷물을 데운다. 다음, 물이 증발하고 상승하여 구름이 된다. 그리고는 바람이 구름을 대륙의 육지로 불어 보낸다. 구름이 지나치게 커지거나 더 시원한 지역으로 밀려감에 따라, 비가 내리기 시작한다. 비는 땅에 내려서 지하수를 형성하거나 일부 물은 샘물의 형태로 지표수가 된다. 그 지표수는 다른 물들과 만나서 개울과 강을 형성한다. 이것들은 이후에 바다로 다시 흘러간다.

지문에서, 작가는 물의 순환의 개념을 -로써 설명한다.
(A) 지하수와 지표수를 비교함으로써
(B) 용어의 구체적인 정의를 내림으로써
(C) 과정의 연속적인 단계를 묘사함으로써

06

사실상 모든 미국인들은 국립예술기금(NEA)에 대해 긍정적인 감동을 받았다. 예를 들어, NEA는 예술과 문화를 사람들에게 제공한다. 그것은 미국인들이 예술과 접촉할 수 있도록 해준다. 그것의 시작 이래로 NEA는 100,000건 이상의 보조금을 수여해 왔다. 연방 및 주 NEA 조직을 통해서 1천 9백만 명 이상의 아이들이 매년 어떤 형태로든 예술 교육을 받는다. 나이가 많고 장애를 가진 미국인들은 뉴욕 주 브루클린에서 'Elders Share the Arts'와 같은 프로그램을 통해서 예술에 노출된다. 시골 지역의 주민들도 다양한 프로그램을 통해서 예술에 대해 배우고 즐기도록 장려된다.

지문에서, 작가는 NEA의 이로움을 -로써 설명한다.
(A) 연방 정부의 NEA 프로그램을 분류함으로써
(B) NEA에 의해 영향받은 사람들의 예를 제시함으로써
(C) NEA의 수혜자와 그렇지 않은 사람을 대조함으로써

07

세계에서 가장 독성이 강한 물고기는 서태평양과 인도양의 수중에 살고 있다. 그것은 스톤피쉬라고 불린다. 그것은 위쪽으로 박혀 있는 13개의 가는 가시를 제외하고는 마치 돌처럼 보인다. 대부분의 스톤피쉬의 평균 길이는 35~50센티미터이다. 그리고 얼룩이 있는 푸르스름하거나 갈색의 색깔을 띤다.

스톤피쉬는 쏨뱅이과의 일원이다. 쏨뱅이는 약 250 종류가 있으며 이들 모두는 엄청난 고통을 불러일으킬 수 있다. 라이언피쉬와 같은 쏨뱅이과의 일부 종은 해저에 살면서 게나 작은 물고기를 먹는다. 먹이를 잡기 위해, 라이언피쉬는 목표물을 에워싸인 공간으로 유인하는데 그곳에서는 빠르게 움직일 필요 없이 그들을 삼킬 수 있다. 반면에, 스톤피쉬는 산호초와 바위투성이 지역의 얕은 물에서 서식한다. 스톤피쉬의 위장색은 많은 열대 산호초의 바닥면에 스톤피쉬가 숨어 있을 수 있게 해주며 스톤피쉬는 그곳에서 움직임 없이 먹잇감이 지나가는 것을 기다릴 수 있다. 그 후 스톤피쉬는 놀라운 속도로 먹이를 공격하고 단 한번의 재빠른 동작으로 희생물을 섭취한다.

1. 1단락에서, 작가는 스톤피쉬를 -로써 설명한다.

(A) 스톤피쉬의 외관을 묘사함으로써
(B) 과학적 정의를 내림으로써
(C) 특성에 따라 종을 분류함으로써

2. 2단락에서, 작가는 쏨뱅이과 물고기의 개념을 -로써 설명한다.

(A) 쏨뱅이과의 변칙적인 종에 대한 예를 들면서
(B) 다른 종류의 종들의 식습 행위를 비교하면서
(C) 쏨뱅이를 스톤피쉬와 대조하면서

08 (A) T (B) F (C) F (D) T
09 (A) F (B) T (C) T (D) F
10 (A) F (B) T (C) T (D) F

08

둘 혹은 그 이상의 금속의 혼합물인 합금은 개개의 금속보다 종종 더 유용하다. 예를 들어, 가벼운 무게에도 불구하고 순 알루미늄은 쉽게 부서지기 때문에 비행기 제조에 쓰이기에는 안전하지 않다. 금은 보석류를 만들 수 있을 만큼 단단한 합금을 만들기 위해서는 구리와 섞여야 한다. 청동은 주석과 구리의 적갈색을 띠는 혼합물인데 각각의 단일 금속보다 더 단단하고 강해서 수천 년 전부터 기구나 무기를 만드는 데 사용되었다.

(A) 지문에서, 작가는 합금이라는 용어를 정의를 내리고 예시함으로써 설명한다.
(B) 비행기가 알루미늄으로 흔히 만들어지는 제품의 예로 주어졌다.
(C) 작가는 주석과 구리를 단독으로는 쓰일 수 없는 금속의 예로

언급한다.

(D) 기구와 무기는 금속의 혼성물이 얼마나 단단할 수 있는지를 보여주기 위해 쓰였다.

09

'행성'이라는 단어는 '찾아 헤매는 자'라는 의미의 고대 그리스어에 그 어원을 두고 있지만 행성이 실제로 태양계 전체를 목적 없이 돌아다니는 것은 아니다. 행성은 태양 주위에 고정된 궤도를 여행한다. 태양계의 8개 행성 중, 태양에 가까운 4개의 행성은 때때로 땅의 행성이라고 불린다. '땅(terrestrial)'이라는 단어는 '토양'을 의미하는 라틴어 terra에서 유래했다. 수성, 금성과 화성이 우리 행성의 표면을 장식하는 나무, 풀, 꽃들이 없다고 할지라도 단단하고 토양으로 덮인 표면을 가지고 있다는 면에서 지구와 유사하다.

(A) 작가는 과거에 존재했던 가정을 반박하면서 행성에 관한 개념을 발전시킨다.
(B) 과학적인 개념을 설명하기 위해, 작가는 용어의 어원을 끌어낸다.
(C) 수성, 금성과 화성이 태양계의 단단한 행성의 예로 언급된다.
(D) 작가는 나무와 풀과 꽃을 단단하고 토양으로 덮인 표면의 특징으로 언급한다.

10

신경계는 뇌와, 척수, 그리고 신경으로 구성되어 있다. 신경계는 감각으로부터 오는 모든 정보를 취합하고 우리를 위해 처리한다. 이것은 마치 분주한 공항과 같다. 정보가 통제탑 안팎으로, 주 활주로 위로, 그리고 다른 많은 활주로를 통하여 끊임없이 오고 간다.

뇌는 세 개의 주요 부분으로 이루어져 있는데, 뇌간, 소뇌 그리고 대뇌가 그것이다. 그들 각각은 다른 기능을 수행한다. 척수란 뇌에서부터 척추를 따라 내려오는 긴 신경 조직이다. 척수는 뇌와 체내의 신경을 연결한다. 신경은 척수와 몸 전체에서 발견되는 작은 섬유이다. 신경은 정보를 수집하여 이를 뇌로 통하는 척수로 올려 보낸다. 특수 신경은 우리가 보고, 느끼고, 듣고, 냄새 맡고, 무언가를 만지고 있음을 말해 준다. 다른 신경들은 정보를 전달하는 의사소통의 끈으로써 역할을 한다.

(A) 작가는 신경계의 개념을 우리 몸의 다른 계와 비교하면서 설명한다.
(B) 작가는 신경계 부분이 어떻게 기능하는지를 보여주기 위해 주 활주로와 다른 많은 활주로를 언급한다.
(C) 2단락에서, 작가는 세부적인 기능 설명과 함께 신경계의 구조를 논의한다.
(D) 2단락에서 보는 것, 느끼는 것, 듣는 것, 냄새 맡는 것과 만지는 것은 보통 신경들과 관계없는 인간 활동의 예로 주어진다.

Daily Test

p.164

01 1. (A) 2. (A) 3. (D)

동면은 일반적으로 추위와 식량 부족에 대한 방어 기제인 기면(혼수) 상태에서 겨울을 보내는 것으로 간주되지만 그렇게 단순한 것은 아니다. [3]동면하는 동안 동물의 신진대사, 맥박, 그리고 체온은 급격히 떨어진다. [2]예를 들어, big brown과 pallid 같이 사막에 사는 서부집박쥐들은 공중을 나는 동안 최고 분당 600번 이상 뛰는 맥박을 동면하는 동안 분당 최하 20번 이하로 떨어뜨릴 수 있다.

게다가, 동면은 지속적인 상태가 아니다. 모든 동면 동물들은 주기적으로 몇 시간에서 며칠간 깨어 있는다. [2]예를 들어, little brown bat은 83일까지 깨어나지 않고 동면할 수 있지만 매 12일에서 19일마다 깰 수도 있다. 일부 동물들은 겨울을 나기 위한 은신처인 동면 장소(hibernacula)에 음식을 저장하고 각성 시기 동안 이것을 먹는다. 다른 동물들은 에너지를 위해 지방 저장물에 의존하고 아무것도 섭취하지 않는 상태로 깨어 있는다.

1. 지문의 단어 it은 ―을 가리킨다.

(A) 동면   (B) 혼수상태
(C) 방어   (D) 식량 부족

2. 지문에서, 작가는 동면의 개념을 ―로써 설명한다.

(A) 좀 더 정교한 특징들을 예시함으로써
(B) 과학적 정의와 예외를 제시함으로써
(C) 박쥐의 동면을 다른 동물의 동면과 구별함으로써
(D) 동면의 다른 단계들을 묘사함으로써

3. 왜 작가는 big browns and pallids를 언급하는가?

(A) 사막의 기후 조건이 동면에는 지나치게 가혹함을 보여주기 위해
(B) 겨울에 동면하는 다른 박쥐 종들을 구별해 내기 위해
(C) 동면하는 박쥐들이 직면한 위험 요인들에 대한 추가 연구가 필요함을 제안하기 위해
(D) 동면기에 생리적 과정에 변화를 일으키는 동물에 대한 예시를 보여주기 위해

p.166

02 1. (A) 2. (B) 3. (C) 4. (D)

[3A]1960년대까지, 미국 사람들은 자연환경에 특별히 관심을 갖지 않았다. 오히려, 미국인들은 경제에 더 초점을 맞추었다. 그러나, 기름 유출, 오염을 유발하는 공장과 발전소, 그리고 황무지 손실의 증가와 함께, 갑자기 사람들은 그들이 보편적인 가치를 공유한다는 것을 인식하게 되었다. [3B]그들은 환경을 보호하기 위한 국가 기구를 요구

했다. 이에 따라, [1]1970년 4월 22일, 첫 번째 지구의 날에 2,000만 명의 미국인들이 건강하고 지속 가능한 환경을 위한 시위를 벌이기 위해 거리, 공원, 회관에 모여들었다. 수천 개의 대학들이 환경의 악화에 반대하는 항의 집회를 조직했다.

[2]첫 번째 지구의 날은 미국 환경 보호국(EPA)의 창설과 깨끗한 공기, 깨끗한 물, 멸종 위기에 처한 생물 종에 관한 법령의 통과로 이어졌다. Richard Nixon 대통령과 의회는 더 깨끗한 수자원, 대기와 국토에 대한 대중의 요구의 증가에 부응하고자 협력하여 EPA를 설립하였다. [3D]EPA의 설립 이전에 정부는 환경을 심각하게 저하시켜 인간의 건강에 해를 끼쳤던 오염원을 공동으로 타개할 수 있도록 조직화되어 있지 않았다. EPA는 이미 자연환경에 가해진 피해를 복구하는 막중한 직무를 할당받았다.

1. 왜 작가는 1단락에서 the first Earth Day를 언급하는가?

   (A) 환경 문제에 대한 대중의 관심을 보여주기 위해
   (B) 연방 정부를 공격했던 사건을 설명하기 위해
   (C) 국경일 제정의 예를 보여주기 위해
   (D) 의료 연금 부족에 대한 대중들의 불만을 설명하기 위해

2. 2단락에서, 작가는 EPA 창설을 −로써 설명한다.

   (A) 그것의 혜택과 발생 가능한 부작용을 예시함으로써
   (B) EPA 형성을 이끌었던 배경을 보여줌으로써
   (C) 관계 법령의 의회 통과 과정을 설명함으로써
   (D) 자연환경을 보존하려는 다른 시도들과 비교함으로써

3. 지문에 의하면, 다음 중 1900년대 초 미국의 자연환경에 관해 사실이 아닌 것은?

   (A) 경제적 의제가 인간 활동으로부터 자연을 보호하는 것보다 우선권을 차지하였다.
   (B) 환경 문제를 다룰 정부 기관이 존재하지 않았다.
   (C) 자연의 중요성을 깨달은 후에, 시민들은 연방 정부에 대항하여 시위하였다.
   (D) 자연환경의 악화가 너무나 심각하여 사람들에게 건강상의 문제를 유발하였다.

4. 지문의 단어 coordinated는 의미상 −와 가장 가깝다.

   (A) 방해받지 않는   (B) 발전된
   (C) 직접적인   (D) 통합된

4일 요약(Summary) 문제

Daily Check-up

p.170

```
01  (A) −, (B) −, (C) +
02  (A) −, (B) +, (C) −
03  (A) −, (B) −, (C) +
04  (A) +, (B) −, (C) −
```

01

동물종의 멸종의 주된 이유는 인간 활동 때문이다. 멸종은 자연스러운 과정이기는 하지만, 약 하나의 종이 20분마다 멸종된다. 그 비율은 '일반적인' 멸종 비율의 100배에서 1,000배 사이에 이른다. 예를 들어, 태평양 섬에 서식하는 조류의 2,000종(전 세계의 15%)이 인간들이 이 섬을 식민지로 개척한 이후 유감스럽게도 멸종되었다.

(A) 인간의 거주는 많은 조류의 멸종을 초래해 왔다.
(B) 어떤 종들의 현재 멸종 비율은 매우 높다.
(C) 사람들의 활동은 많은 동물종들의 멸종을 이끌어 왔다.

02

거짓말 탐지기의 유용성은 오늘날 여전히 논란이 되고 있다. 거짓말 탐지기는 사람의 생리적인 반응을 체크하는 기계이다. 사람들은 이것을 '거짓말 탐지기'라고 부르지만, 이 기계는 거짓말을 탐지하는 것이 아니다. 그것들은 단지 오도하는 행동이 나타나고 있는지 탐지해낼 수 있을 뿐이다. 일부 경우에는, 진실된 사람이 거짓말쟁이로 간주될 수도 있는데, 검사하는 동안 그 또는 그녀가 긴장하거나 당황하기 때문이다. 더욱이, 그 기계는 습관적인 거짓말쟁이들의 생리적인 변화를 감지할 수 없을지도 모른다.

(A) 거짓말 탐지기는 오직 개인의 정신적 상태만을 탐지할 수 있다.
(B) 거짓말 탐지기의 유효성에 대해서 의견이 분분하다.
(C) 거짓말 탐지기는 거짓말을 일반적으로 하는 사람들을 탐지하는 것에는 문제가 있을 것이다.

03

다리는 곤충의 일상생활에 있어 몸에서 가장 중요한 부분이다. 도약, 파기, 수영, 뛰기와 같은 기본적인 기능뿐만 아니라 다리는 다른 특별한 목적을 위해서도 사용된다. 예를 들어, 사마귀가 훌륭한 포식 동물인 것은 앞다리가 먹이를 잡도록 변형되어 있기 때문이다. 같은 선상에서, 나비는 그들의 더듬이를 청소하기 위한 목적으로 앞다리를 진화시켰다.

(A) 다리는 곤충들이 기본적인 기능을 수행하는 것을 가능하게 한다.
(B) 어떤 곤충들의 다리는 특화된 기능을 가지고 있다.
(C) 곤충에게 있어 다리는 매우 중요하다.

04

Carl Fisher는 미국의 해안과 해안을 잇는 최초이 고속도로를 설계했다. 그는 1912년에 있던 250만 마일의 도로가 여행에 그다지 적절하지 않다고 생각했다. 사실, 대부분의 도로가 흙길이었다. 처음에, Fisher의 계획은 천만 달러가 들 것으로 추정되었다. 그래서 Fisher는 자동차 제조업자들의 후원을 요청했다. 그 뒤 그는 Goodyear의 Frank Sieberling과 Packard 자동차 회사의 Henry Joy로부터 도움을 구했다. 완공 후, 그 고속도로는 Abraham Lincoln의 이름을 따서 'Lincoln Highway'라고 이름 지어졌다. 그 이름은 Henry Joy에 의해 만들어졌다.

(A) Lincoln Highway는 Carl Fisher에 의해 개발되었다.
(B) 이 프로젝트의 비용은 재정적 후원을 구하는 것을 필요하게 했다.
(C) 미국의 많은 길들이 포장되어 있지 않았다.

p.172

05 1. (B) 2. Paragraph 1 → Characteristics of a
     school of fish / Paragraph 2 → The benefits of
     forming a school
06 1. (C) 2. Paragraph 1 → U.S. immigrants in search
     of religious freedom / Paragraph 2 → American
     immigrants avoiding poverty / Entire passage →
     American immigrants from all around the world

05

물고기 떼는 하나의 사회 단위를 이루어 이동하는 물고기의 무리이다. 대개 물고기는 크기와 나이가 비슷하고, 집단의 구성원들 사이에 거의 같은 간격을 유지한다. (a) 하나의 떼에서 물고기들의 가까운 정도는 계절과 하루 중 시간에 따라 다양할 수 있고, 구성원들 사이의 사회적 결속에 달려 있다. (b) 떼를 지어 이동하는 것의 이점은 포식 동물로부터의 보호와 보다 강화된 먹이 확보력을 포함한다. 포식 동물들은 큰 무리의 물고기를 공격할 가능성이 더 낮은데, 다수의 물고기가 포식 동물들을 혼란스럽게 하거나, 물고기 떼가 큰 물고기 한 마리와 닮아 보일 수 있기 때문이다. (c) 많은 수의 물고기는 그 구성원들이 흩어질 때 혼란을 줄 수 있고, 공격하는 포식 동물이 개개의 물고기를 잡는 것을 어렵게 만든다. (d) 게다가, 음식을 찾는 개개의 물고기가 더 많고, 덜 성공적인 일개의 물고기는 더 성공적인 물고기를 따라갈 수 있기 때문에 물고기 떼는 먹이를 발견하는 것을 용이하게 해준다.

1. 위 지문이 두 개의 단락으로 나뉠 수 있다면, 어디가 나누기에 가장 좋은 곳일까?

2. 각 단락을 주제와 연결시켜라. 하나의 선택지는 남는다.

단락 1 •   • 물고기 떼 안에서 물고기 사이의 친밀함
단락 2 •   • 물고기 떼의 특징
                  • 물고기 떼를 짓는 것의 이점

06

미국은 이민자들의 나라이다. 전 세계 여러 국가들의 사람들이 다양한 이유로 미국으로 이주해 왔다. 그들 중, Pilgrims와 청교도들은 종교적인 자유를 위해 미국에 왔다. (a) 영국에서 그들은 자유롭게 예배하도록 허락받지 못했고, 그들은 그들의 종교를 수행하고 그들이 원하는 대로 살 수 있는 곳을 찾았다. (b) 퀘이커 교도와 카톨릭 교도, 그리고 유대인들 또한 그들 자신의 믿음을 지키기 위해 모국을 떠나서 미국으로 왔다. (c) 다른 이민자들은 모국에서의 가난으로부터 벗어나기 위해 미국에 왔다. 아일랜드에서는 치명적인 병이 가장 중요한 곡물 중 하나인 감자를 거의 피폐화시켰다. 감자를 먹지 못하게 되자 아일랜드의 많은 가난한 가정들이 배고픔에 허덕이게 되었다. 먹을 것이 거의 없어서 수천 명의 사람들이 굶어 죽었다. 이러한 아일랜드 사람들 중 일부는 사태가 너무 안 좋기 때문에 나라를 떠나야겠다고 결심했다. 그래서 그들은 미국으로 왔다. (d) 사람들은 스웨덴, 독일, 중국과 같은 나라들에서도 왔다. 그들은 그들이 살던 곳이 충분한 식량을 생산하지 못했다는 똑같은 이유로 이주했다. 그들은 농장을 시작하고, 식량을 재배하여, 결코 다시는 배고픔을 겪지 않으리라는 꿈을 갖고 미국에 왔다.

1. 위 지문이 두 개의 단락으로 나뉠 수 있다면, 어디가 나누기에 가장 좋은 곳일까?

2. 각 단락을 주제와 연결시켜라. 하나의 선택지는 남는다.

단락 1 •   • 가난을 피하는 미국 이주민들
단락 2 •   • 세계 각지로부터 온 미국의 이주민들
지문 전체 •   • 종교적 자유를 찾는 미국의 이주민들
                  • 종교적 자유를 위한 싸움

p.174

07 (C)   08 (D)

07

전통적으로, 배우고, 기억하고, 잊는 과정은 분리되고 별개인 것으로 여겨져 왔다. 하지만 오늘날, 기억의 발달과 보존을 연구하는 과학자들은 이런 과정들 사이의 차이가 이전에 생각했던 것보다 덜 명확하다는 것을 발견했다. 오늘날 연구 자료는 기억이 습득, 단기, 장기의 3개의 순서적인 단계의 학습 과정으로 이해되어야 한다고 제시한다.

시각적, 청각적 정보와 같은 최근에 처리된 감각 정보는 우선 일시적으로 단기 기억으로 저장된다. 오직 제한된 양의 정보만이 갑자기 지워지거나 장기 기억으로 이동되기 전에 여기에서 15~30초간 있게 된다. 이와는 달리, 장기 기억은 무한한 양의 정보를 저장할 수 있으며, 수년간 잊혀지지 않고 이용될 수 있다.

(A) 인간 뇌의 기억 역량에는 한계가 있다.
(B) 장기 기억은 단기 기억보다 더욱 효과적이다.
(C) 기억은 3단계의 순서로 이루어져 있다.

(D) 기억 이론은 사람들이 어떻게 정보를 기억해 두는지에 초점을 맞춘다.

08

사람들은 많은 양의 쓰레기를 버리며 그렇게 많은 쓰레기를 만드는 것의 결과에 대해 좀처럼 잠시 멈추어 생각하지 않는다. 시간이 흐름에 따라, 쓰레기의 양은 극적으로 증가하였으며 과학자들로 하여금 쓰레기를 줄이거나 재활용하는 방법을 찾도록 했다.

재활용은 확장하고 있는 쓰레기 하치장을 줄이는 한 방법이다. 쓰레기 매립지로 잔해들을 나르는 대신, (쓰레기를) 수거하는 사람들은 잔해들을 기계가 유용한 자재들을 분리할 수 있는 처리 공장으로 가져간다. 유리는 창문이나 병으로 바뀌어지고, 금속 조각은 새로운 얇은 박으로 녹여진다. 남는 쓰레기는 화로로 옮겨져서 타며 열을 만들어 낸다.

쓰레기를 태워서 나오는 열은 물이 증기로 변할 때까지 물을 데우는 데 쓰일 수 있는데, 그 후 그 증기는 전기를 생산하는 데 사용된다. 결국, 이 전기는 다시 처리 공장으로 돌아가서 기계들을 (연료로써) 작동시키게 하거나 다른 공장과 전력 회사에 판매된다.

(A) 쓰레기를 재활용하는 것보다 쓰레기의 양을 줄이는 것이 더 낫다.
(B) 재활용은 제조업자에게 필요한 연료를 제공한다.
(C) 쓰레기를 태우는 것은 기계를 돌리기 위한 증기 에너지를 제공할 수 있다.
(D) 사람들은 쓰레기를 최소화하고 에너지를 만들기 위해 쓰레기를 재활용할 수 있다.

Daily Test

01 (A), (C), (E)

잠자리와 같은 곤충과에 속하는 실잠자리는 지구상에서 가장 오래된 종 중 하나이다. 화석화된 표본들은 이런 형태의 곤충이 3억 년 이상 있었다는 것을 보여주고 있으며, 전 세계적으로 4,000개가 넘는 하부 종이 있다. 많은 편차가 있긴 하지만, 보통, 실잠자리는 훌륭한 포식자가 되기에 필요한 빠른 속도와 민첩함, 그리고 시력을 가지고 있다. 실잠자리의 독특한 날개 기관은 그들을 능숙하게 날게 하며, 긴 거리를 날고 인상 깊은 공중 곡예 묘기를 할 수 있게 한다. 잠자리처럼, 실잠자리의 생애 주기는 3개의 뚜렷한 단계, 즉 알, 애벌레, 날개 달린 성체를 가진다.

실잠자리는 호수나 연못 위에서 날며 짝짓기를 하고, 그 알은 수면에 떠다니거나 수면 위로 튀어나온 식물 위에 놓여진다. 물고기, 개구리, 새를 포함한 많은 수상 생물들이 실잠자리를 먹이로 하기 때문에, [1A]암컷은 새끼가 살아남을 가능성을 높이기 위해 짝짓기 시기에 생성된 수백 개의 알을 여러 장소에 놓는다. 알이 낳아진 후 애벌레가 나오기 까지 약 1주일 정도가 걸린다. [1E]생애 주기에 있

3rd Week · Hackers TOEFL Reading Basic

어 이 단계는 물속에서 보내지는데, 애벌레는 유충, 올챙이 그리고 작은 물고기까지 잡아먹는 대식하는 포식자이다. 몇 달이 지나면, [1C]애벌레는 자신의 몸 전체가 물 밖으로 나올 때까지 식물 줄기를 따라 올라가거나 돌 위에 올라가 물을 떠난다. 애벌레의 외피가 건조되고 나면 벌어져서 열리며 실잠자리 성체가 나타난다. 날개가 달린 성체의 몸은 빛나는 파란색 또는 녹색이며 긴 배를 가지고 있다. 수컷의 날개는 밝은 색이며, 암컷의 날개는 보통 색깔 있는 반점이 있으며 투명하다. 날개가 완전히 마르고 몸이 단단해지면, 그 성체는 날 수 있게 된다.

지시: 지문의 요약을 위한 도입 문장이 아래에 주어져 있다. 지문의 가장 중요한 내용을 나타내는 3개의 보기를 골라 지문 요약을 완성하라. 어떤 문장들은 지문에 언급되지 않은 내용이나 지문의 세부 내용을 나타내고 있으므로 지문 요약에 포함되지 않는다. 이 문제는 2점이다.
속하는 자리에 선택 항목을 끌어다 놓아라. 선택 항목을 삭제하려면 그 위에 클릭하라. 전체 지문을 다시 보려면 View Text 아이콘을 클릭하라.
실잠자리는 생애 주기 동안 몇 번의 변태를 거친다.

(A) 수많은 수정된 알이 생존율을 높이기 위해 다양한 장소에 놓여진다.
(B) 생애 주기의 대부분은 물속에서 먹이를 찾기 위해 여기저기 수영하며 보내진다.
(C) 식물 줄기를 통해 물에서 나오면, 실잠자리는 껍질을 벗고 날개를 편다.
(D) 개구리와 다른 작은 동물들이 알을 먹는다.
(E) 애벌레는 물속에서 알을 까고 나오며 많은 작은 생물들을 먹는다.
(F) 수컷의 몸은 상당히 투명한 암컷의 몸과 다르다.

02 (A), (B), (F)

화학은 일상생활의 구성에 있어 중요한 부분이다. 사람들에 의해 자주 사용되는 용품이나 물질 중 많은 것이 개개의 화학자들과 화학 산업 전체의 노력의 직접적인 결과물이다. 이런 범주에 들어가는 제품으로는, 다른 것들 중에서도, 페인트, 염료, 비누, 그리고 플라스틱이 있다. 그러나, [2A]많은 화학물질 제조로 인해 발생하는 부산물은 주위 지역 사회에 상당한 환경적, 건강적 위협이 된다. 지역 주민들의 육체적인 건강이 공기와 물의 오염에 의해 해롭게 영향받으며 지역 환경에도 직접적인 영향이 있게 된다.

[2B]과거에는, 독성이 있는 부산물을 처리하는 방식에 있어 거의 관심을 갖지 않았었다. 화학 산업의 초기에, 사용되지 않은 화학물질은 종종 강과 호수와 같은 주위의 물에 버려졌다. 그러나, 이러한 행위에 대한 반대가 커짐에 따라, 생산자들은 지하 컨테이너의 형태로 현장의 저장 시설을 건설하기 시작했다. 이것이 처음에는 지역 사회의 걱정을 해결하였지만, 저장 시설이 낡아감에 따라, 화학물질이

3주 4일 요약(Summary) 문제 297

자주 새어 나와서 결국 물을 오염시켰다.

최근에, 몇몇 새로운 조치가 화학 폐기물의 해로운 영향을 제한하기 위해 이용되어 왔다. [2]가장 의미 있는 것은 폐기물을 줄이는 방법인데, 그것은 회사들이 발생하는 부산물의 양을 줄이기 위해 공동의 노력을 하는 것이다. 재활용 또한 구성 요소들이 분리되어 다시 사용될 수 있는 물질들에 적용되고 있다. 재활용될 수 없는 물질에 대해서는 그 물질들을 안전하게 저장하도록 특화된 시설이 만들어졌다. (사람들은) 미래에 과학이 이런 물질들을 다루는 기술을 개발할 수 있기를 바란다.

지시: 지문의 요약을 위한 도입 문장이 아래에 주어져 있다. 지문의 가장 중요한 내용을 나타내는 3개의 보기를 골라 지문 요약을 완성하라. 어떤 문장들은 지문에 언급되지 않은 내용이나 지문의 세부 내용을 나타내고 있으므로 지문 요약에 포함되지 않는다. 이 문제는 2점이다.

속하는 자리에 선택 항목을 끌어다 놓아라. 선택 항목을 삭제하려면 그 위에 클릭하라. 전체 지문을 다시 보려면 View Text 아이콘을 클릭하라.

화학 산업의 어떤 측면들은 현대 사회에 부정적으로 영향을 미쳐왔다.

(A) 화학 부산물은 사람과 야생 생물 모두를 해치는 것으로 나타났다.
(B) 처음에는 아무도 독성이 있는 폐기물에 대해 경악하지 않았기 때문에 독성 폐기물은 아무 생각 없이 자연환경에 버려졌다.
(C) 공장 소유주들은 오염시킬 수 있는 화학물의 생산을 중지하기 위해 함께 노력해 왔다.
(D) 과학자들은 담긴 폐기물을 관리하는 방법을 찾기 위해 연구하고 있다.
(E) 안전한 저장은 폐기물을 다루는 데 있어 가장 실용적인 방법이다.
(F) 오늘날 화학 산업은 해로운 물질들을 감소시키고 재활용하는 데에 초점을 맞추고 있다.

5일 정보 분류표(Category Chart) 문제

Daily Check-up

p.182

01 (B) 02 (C)

01

날씨와 기후의 차이는 종종 잘못 이해된다. 날씨는 어떤 주어진 장소의 풍속, 강우, 기압이나 온도와 같은 대기 조건으로 정의된다. 더 정확히 하자면, 날씨는 특정한 순간과 장소에서 측정된 이러한 기

상 변수들을 조합한 것이다. 반면에, 기후는, 예를 들어 여름이나 겨울과 같은, 특정 기간에 걸친 평균 날씨 상태를 기술한 것이다. 지리 지역마다 특수한 형태의 기후가 나타난다고도 할 수 있다. 북쪽 지방의 기후는 서늘하고 건조한 경향이 있으나, 적도 지방의 기후는 보통 덥고 습하다.

02

수면 해류는 주로 풍력 때문에 일어난다. 이러한 이유로, 수면 해류는 북반구에서는 시계 방향의, 남반구에서는 반시계 방향의 특징적인 소용돌이를 취하는데, 이것은 이 지역에서 부는 바람의 방향과 같다. 그들은 또한 보통 계절 변화에 영향을 받는데, 특히 적도 근처에서 그러하다. 그러나, 심해 해류는 염도와 해수 온도의 오르내림에 의해 추진된다. 예를 들어, 열염 순환은 소금의 농도 변화에 의해 발생되는 심해 기저층 해류에 속한다. 이것은 해저 하천으로 불리는데, 바닷속 깊은 곳을 흘러서 직접적으로 관찰되지 않기 때문이다.

p.184

03 Taproot System: Is a challenge to relocate, Follows a direct vertical path
Fibrous Root System: Has components with similar dimensions, Is the second phase of plant development

04 Cold-Water Geyser: Is dependent on Carbon dioxide, Erupts with the reduction of water force
Hot-Water Geyser: Requires the heat of the earth, Is pushed through fractured rock

03

식물의 뿌리 조직계는 많은 개개의 뿌리로 구성되어 있다. 여러 변종이 존재하지만, 기본적으로 두 개의 형태 즉, 곧은뿌리 조직과 실뿌리 조직이 있다. 곧은뿌리는 땅으로 들어갈수록 가늘어지는 수직으로 뻗은 형태로 핵심 뿌리를 형성한다. 핵심 뿌리에서 다른 뿌리가 자라날 수 있다. 이러한 형태 때문에 곧은뿌리 식물을 옮겨 심는 것은 힘든데, 그 뿌리 조직계가 원래 식물이 제거된 후에도 종종 그 자리에 남기 때문이다. 실뿌리 조직계는 일단 식물 생장의 초기 단계가 완료되고 나서 생성된다. 이것은 줄기로부터 뻗어 나가는 많은 동일한 크기의 뿌리로 구성된다.

보기	곧은뿌리	실뿌리
이동하기 어렵다	✓	
비슷한 크기를 가진 구성 요소를 가진다		✓
식물 성장의 두 번째 단계이다		✓
곧은 수직 방향을 따라간다	✓	

04

간헐 온천(溫泉)은 지표수가 조금씩 땅을 통해 흘러 내려가서 형성

된다. 그 후에 그 물은 지열 에너지로 가열된다. 또한, 그것은 지표에 도달할 때까지 대류에 의해 암석의 틈새로 뿜어져 나온다. 그러나, 간헐 냉천(冷泉)에서는 이산화탄소가 분출을 위한 에너지를 제공한다. 냉천의 물 기둥은 이산화탄소를 수용액과 작은 기포 상태로 유지하기 위해 필요한 압력을 형성한다. 압력이 감소할 때 이산화탄소가 기체로 방출될 수 있고 이산화탄소 기포가 팽창한다. 이 현상은 온천에서 물이 증기로 바뀌는 것과 같은데, 온천에서는 증기 기포가 팽창하여 물을 밀어낸다.

보기	간헐 냉천	간헐 온천
지열을 필요로 한다		✓
이산화탄소에 의존한다	✓	
균열된 암석 사이로 밀려 나온다		✓
수압이 줄면서 분출한다	✓	

p.185

05 (B), (A)

05
고고학자들은 층위학, 반감기 연대 측정법 등과 같은 다양한 방법을 이용하여 화석의 연대를 측정한다. 가장 오래되고 가장 널리 사용되는 방법은 지층 또는 층에 대한 연구인 층위학으로, 이 방법은 새로운 지층이 더 오래된 지층의 맨 윗부분에 형성된다는 가설에 기초를 둔 것이다. 고고학자들은 지나간 시간의 양을 추정할 수 있는데 더 깊은 곳에 있는 암석과 화석이 그것들 위에서 발견되는 암석이나 화석들보다 더 오래되었기 때문이다. 그러나, 정확한 측정을 위해서 화석은 같은 위치에 있어야 하고 토양의 구성은 같은 상태여야 한다.

화석의 연대를 측정하는 또 다른 방법은 방사성 동위원소의 반감기를 이용하는 것이다. 방사성 원소들은 단순한 수학적 과정에 의해 안정적인 원소들로 자연 붕괴한다. 이용 가능한 원소들의 절반이 반감기라고 알려져 있는 일정 기간 안에 변할 것이다. 예를 들어, 방사성 동위원소 칼륨 40은 화석의 연대를 측정하기 위해 사용될 수 있다. 그것은 알려진 비율로 아르곤 기체로 자연 붕괴한다. 13억 년이라는 긴 반감기를 가진 칼륨 40을 이용함으로써 고고학자들은 지구의 나이를 파악할 수 있다.

층위학 연대 측정법	· 어떤 화석의 위아래 암석의 나이에 근거해서 화석의 연대를 측정한다 ·
반감기 연대 측정법	· 연대를 측정하기 위해서 방사성 원소의 붕괴 정도를 사용한다 ·

(A) 수학적인 계산에 근거해서 결정한다
(B) 더 최근의 암석층이 더 오래된 것들 위에 놓인다고 가정한다
(C) 최초의 축적물과 화석화 사이의 경과 시간을 계산한다

Daily Test

p.186

01 1. (B)
2. Mars' weather: (A), (C), (G)
Earth's weather: (B), (F)

화성의 날씨는 아주 가혹하고 지구의 날씨와는 크게 다르다. (때때로 붉은 행성이라고 불리는) 화성에서는 [2A]가을과 겨울의 온도가 영하 143도로 떨어질 수도 있다. 이것은 보호 수단이 없는 인간에게는 치명적인 상황을 만들어 낸다. 봄과 여름에는, 18도까지 오르는 온도 또한 위험 요소를 지닌다. [2C]이것은 화성에는 식별할 수 있는 오존층이 없어서 인간의 피부가 햇빛에 노출되어 화상을 입기 때문이다. 반면에, [2B]지구에서는 오존층의 존재가 인간 피부를 보호하는 것을 돕는다. 화성의 기형적으로 타원형인 궤도가 각각의 계절을 지구의 계절보다 길게 만듦에도 불구하고 두 행성의 공통점은 사계절이 있다는 것이다. 특히 [2F]지구의 거의 원형에 가까운 궤도는 계절이 특유한 날씨 조건을 가진 4개의 석 달짜리 기간으로 분명히 나뉘도록 한다.

격렬한 폭풍의 정도는 두 행성 간의 또 다른 차이점이다. [2G]화성에서는 극심한 홍수를 초래하는 장기간의 강우를 경험하는 것으로 알려져 있다. 그것들은 너무나 파괴적이라서 가끔 시속 160킬로 이상의 속도로 흐르는 물이 둑으로 막힌 크레이터를 파열시키기도 한다. 이 물의 흐름은 지구의 북미 대륙에 발생하는 전형적인 홍수 강도의 1,000배이다.

1. 아래 문장 중 어떤 것이 지문 속의 음영된 문장의 핵심 정보를 가장 잘 표현하고 있는가? 오답은 문장의 의미를 현저히 왜곡하거나 핵심 정보를 빠뜨리고 있다.

(A) 화성의 이상한 궤도 때문에 지구보다 훨씬 긴 계절을 가짐에도 불구하고 두 행성은 똑같다.
(B) 화성의 특이한 궤도 때문에 더 긴 계절을 가짐에도 불구하고 화성은 지구와 같은 사계절을 보여준다.
(C) 화성과 지구 모두 공통된 궤도 구조 때문에 일년 내내 비슷한 계절 변화를 겪는다.
(D) 화성의 타원형 궤도는 각 계절의 길이를 늘리지만 여전히 사계절이 있다.

2. 지시: 보기에서 적절한 구를 골라서 관련된 날씨 유형에 알맞게 짝지어라. 이 문제는 3점이다.
속하는 자리에 선택 항목을 끌어다 놓아라. 선택 항목을 삭제하려면 그 위에 클릭하라. 전체 지문을 다시 보려면 View Text 아이콘을 클릭하라.

(A) 지독히 추운 온도는 인간의 죽음을 유발할 만큼 춥다.
(B) 오존층은 사람들의 피부가 화상을 입지 않도록 막는 것을 돕는다.
(C) 보호막이 없기 때문에 위험한 광선이 대기로 들어온다.
(D) 하늘의 입자가 하늘을 진홍색으로 빛나게 한다.

(E) 홍수가 너무 격렬해서 몇몇 강의 댐을 뚫고 나아갔다.

(F) 사계절의 길이는 거의 같지만 특징적인 날씨를 가진다.

(G) 장기간의 강우가 아주 빠른 속도로 흐르는 끔찍한 홍수를 유발시킨다.

p.188

02   1. (C)

     2. Black-figure pottery: (A), (D), (F)

         Red-figure pottery: (B), (G)

가장 초창기 그리스 도자기는 단지 원, 호, 삼각형, 그리고 물결과 같은 추상적인 디자인으로 장식되었다. 그러나 흑회식 기법의 개발로 그리스 도자기는 크게 발전했다. 이 효과를 내기 위해서, [2A]윤곽선으로 디자인을 그린 다음 고운 점토를 페인트로 사용해서 윤곽선 내부를 채웠다. 다음으로 그것을 가마에 넣어서 구웠는데, 그 다음의 산화 과정으로 붉은 주황색 빛을 띠게 했다. 그리고 나서 온도를 올려 산소가 제거되게 하여 용기를 검은색이 되게 했다. [2F]마지막 단계로 가마에 산소를 다시 주입하여 용기 색을 붉은 주황색 빛으로 되돌렸는데, 칠한 부분은 예외로 광택이 나는 검정색으로 남았다. [2D]흑회식 기법이 이전 기술을 넘어서는 극적인 발전이었지만 이 기술로는 인물과 물체의 실루엣만 묘사할 수 있었다.

[2G]적회식 도자기는 마침내 흑회식 기법을 대체한 방식으로, 그리스 제도술의 정점으로 널리 여겨진다. 이 방법에서는 형상의 윤곽선, 세부 사항, 그리고 배경은 검정색으로 칠해지는 반면 형상 자체는 칠하지 않은 채로 남겨진다. 그 결과 일단 용기가 구워지면 형상은 철이 풍부한 아테네 점토의 붉은색을 띠었다. [2B]이 방법은 더욱 정교하고 자연스러운 묘사를 가능하게 했고 그리스 생활상을 영구적으로 기록했다.

1. 지문의 단어 superseded는 의미상 ―와 가장 가깝다.

    (A) 능가했다   (B) 극복했다

    (C) 대신했다   (D) 초월했다

2. 지시: 보기에서 적절한 구를 골라서 관련된 도자기 종류에 알맞게 짝지어라. 이 문제는 3점이다.

속하는 자리에 선택 항목을 끌어다 놓아라. 선택 항목을 삭제하려면 그 위에 클릭하라. 전체 지문을 다시 보려면 View Text 아이콘을 클릭하라.

    (A) 이미지를 만들기 위해 고운 점토를 사용했다

    (B) 형상이 현실적으로 묘사되도록 했다

    (C) 기하학적인 디자인으로 장식되었다

    (D) 세부 사항이 빠진 모양을 포함했다

    (E) 난해하고 복잡한 배경이 있었다

    (F) 구운 후에 매끄럽고 반짝이는 검은 층이 있었다

    (G) 그리스 도자기의 정점으로 생각된다

4th Week 리딩 실전 연습하기

* 각 문제에 대한 정답단서는 지문해석에 파란색으로 표시되어 있습니다.

1일　Progressive Test 1

p.192

01　1. (B)　2. (C)　3. (B)　4. (C)

오래 전에 미국에서는 여성들이 직접 옷을 만들어 입는 것이 일반적이었다. 이따금 일부 남성들이 바느질과 수선의 기초를 배우기도 했다. 그러나 여성들이 보통 옷을 만드는 책임을 갖고 있었다. 기성복이 지나치게 비쌌기 때문에 일반 여성들은 가정에서 옷을 만들 수밖에 없었다. 이러한 일에는 너무 시간이 많이 소모되어, 이따금 한 번에 한 벌의 옷만이 이용되었다. 헌 옷이 닳아 해졌을 때만 새 옷이 만들어졌다. 그래서, 여성은 일생에서 어떤 특정한 날에든 한 벌의 옷밖에 가질 수 없었다. 초상화에 담긴 화려한 옷과 달리, 여성들은 대개 집에서 헐렁한 옷을 입었다. ³이러한 옷은 걸레나 퀼트로 조각조각 재활용되었기 때문에 물려줄 수 없었다.

반면, 기성복을 구입할 여유가 있는 여성들에게는 더 많은 선택 사항이 있었다. 이는 전문 재봉사들로부터 구할 수 있는 디자인과 옷감의 수가 풍부했기 때문이다. 따라서 소비자들에겐 선택할 수 있는 색상과 무늬가 매우 많았다. 게다가, 기성복의 품질은 높았다. 전문 양재사들은 수치를 정확히 측정하였고 몸에 분명히 맞게 하기 위해 의복을 고쳐 지을 수 있었다. ⁴그리고 그들은 튼튼한 옷을 만들었다. 더욱이, 그들은 어떤 패션이 유행이고 어떤 게 유행이 아닌지 알고 있었다. 따라서, 그들로부터 옷을 사는 여성들은 언제나 유행에 뒤처지지 않도록 보장되었다.

1. 지문의 단어 rudiments는 의미상 −와 가장 가깝다.

(A) 공예　　　　　(B) 기초
(C) 장점　　　　　(D) 특성

2. 지문의 단어 given은 의미상 −와 가장 가깝다.

(A) 유일한　　　　(B) 훌륭한
(C) 특정한　　　　(D) 단조로운

3. 지문에 의하면, − 때문에 여성들의 헌 옷을 다음 세대에게 물려줄 수 없었다.

(A) 헌 옷은 여성들에게 옷을 만드는 방법을 가르치는 데 사용되었기 때문이다
(B) 헌 옷 조각들은 다른 방식으로 재사용되었기 때문이다
(C) 아이들은 상점에서 구입한 화려한 옷을 선호했기 때문이다
(D) 헌 옷은 수선이 불가능하여 버려졌기 때문이다

4. 지문에 의하면, 다음 중 기성복의 특징인 것은?

(A) 값비싼 옷감으로 만들어졌다.
(B) 하층민들 사이에 인기가 있었다.
(C) 오랜 시간 견딜 수 있도록 만들어졌다.
(D) 현대의 옷과 비슷한 스타일이었다.

p.194

02　1. (B)　2. (A)　3. (D)　4. (C)

미국 식민지의 지도자들은 독립 투쟁에 대한 지원을 구하는 것이 어렵다는 사실을 알게 되었다. 하나의 주된 문제는 농부들이 수확기 동안 군대에 가담하기를 원하지 않았다는 것이었다. 그 결과, 1770년대 말에 정부는 참전하는 군인들에게 군 복무에 대한 대가로 토지를 주겠다는 약속을 하였다. ¹정부의 약속에도 불구하고, 극소수의 사람들만 입대했다. 대부분의 농부들이 토지를 가지고 있지 않은 유럽과는 달리, 미국 농부의 대다수는 자신의 토지를 가지고 있었다. 그리고 미국 농부들은 유럽 농부들에 비해 부유했다. 이미 누리고 있는 것을 위해 목숨을 걸 동기가 전혀 없었다. 대부분의 경우, 경제력이 없던 노예들만이 그러한 보상에 관심이 있었기 때문에, 그들이 농부나 다른 중산층 시민들 대신 복무하였다.

³또 다른 문제는 지도자들이 대중의 완전한 지지를 얻지 못했다는 것이었다. 대부분 독립은 불가능하다고 생각했기 때문에 식민지 이주자들의 20퍼센트는 여전히 영국에 충성스러웠고, 50퍼센트는 전쟁에 대해 중립적이었다. 독립 운동에 대한 이주자들의 만연한 무관심은 혁명가들이 지지를 얻거나 유지하기 어렵게 만들었다. 전쟁이 지속되면서 대중적 지지는 점차 감소하였다. 그러나, 프랑스의 도움으로 영국에 대해 대승리를 거둔 후, 영국에 대한 지지는 급격히 버려졌다. 영국이 자신들이 생각했던 것보다 더 약하다는 걸 본 후, 이주자들은 독립이 가능하다는 믿음을 갖기 시작하였고 많은 사람들이 혁명에 참가했다. 영국의 군사력에도 불구하고, 미국 식민지 이주자들은 1781년에 독립을 쟁취하였다.

1. 지문에 의하면, 독립 투쟁에 관하여 무엇이 추론 가능한가?

(A) 대중은 전쟁 지도자들에게 그들의 공헌에 대한 전적인 지지를 주었다.
(B) 대중을 군대에 가담하도록 설득하려는 정부의 노력은 효과가 없었다.
(C) 전쟁 기간 중 군대에 가담한 이들은 예상했던 보상을 받지 못했다.
(D) 노예의 토지소유권은 전쟁 기간 중 군 복무에 대한 반대급부로 법에 의해 확인되었다.

2. 지문의 단어 Another는 -을 가리킨다.

(A) 문제   (B) 군대

(C) 경제력   (D) 보상

3. 2단락에서 식민지 미국의 남은 30퍼센트의 사람들은 -라고 추론할 수 있다.

(A) 노예가 전쟁에서 싸워야 한다고 믿었다

(B) 독립 전쟁을 결말에 이르게 하였다

(C) 프랑스의 군사 원조를 거절하였다

(D) 혁명 전쟁의 옹호자였다

2단락은 화살표 [➡]로 표시되어 있다.

4. 지문의 단어 dwindled는 의미상 -와 가장 가깝다.

(A) 꾸물거리다   (B) 강화하다

(C) 줄어들다   (D) 폭발하다

p.196

03   1. (C)   2. (A)   3. (B)   4. (C)

유럽과 마찬가지로, 산업 혁명 도중 미국에서는 근로관계에 변화가 나타났다. 산업 혁명 이전에는 고용주들이 일반적으로 직원들의 근처에 살았고, 밀접하게 조직된 공동체를 형성하였다. 때때로 고용주들과 직원들은 심지어 같은 집에서 살기도 했다. 이와 같은 가까운 주거지 위치 덕분에 상호 교류의 기회가 많았다. 그 결과, 사람들은 직업을 공유할 뿐만 아니라 긴밀한 우정을 형성하였고 직장 안과 밖 모두에서 서로에게 의지하였다. 또한 심지어 실제 노동을 하고 있지 않은 비공식적인 상황에서도, 노동자들은 서로 자신의 기술에 대해 자유롭게 지식을 나누었다. 이로써 사람들은 다양한 작업 기술을 익혔다. 이러한 상황은 공장 체제의 도입과 함께 변했다.

제조 공정을 들여놓기 위해 고안된 공장 체제가 산업 혁명의 필수적인 부분이었음에도 불구하고, 그것은 고용주들과 직원들 사이의 마찰을 빚게 만들었다. 공장의 성공이 노동자들 사이의 친밀도보다 더욱 중요해졌다. 협력과 공유보다는 생산성과 효율성이 새로운 체제의 목적이었다. 4B공장 직원들은 오랫동안 일했다. 4A/D종종 그들은 낮은 봉급과 불안전한 작업 환경에 대하여 회사와 심하게 다툼을 벌였다. 하지만 그들은 위험에 대해 거의 보상받지 못했다. 3더욱이 노동자들은 과거에 그랬던 것과 같이 많은 업무에 대한 능숙함을 개발하지 못했다. 대신, 공장 노동자들은 단순한 업무를 반복했다. 개개인의 노동자들은 완성품의 아주 일부만을 만들었고, 일은 종종 지루했다. 그리고 최종 생산물의 부품을 손으로 만드는 대신 기계를 이용함으로써 노동자들이 자신의 일에 자부심을 가지는 것은 더욱 어려웠다. 사실상 때때로 그들은 그들 자신을 기계처럼 느꼈다.

---

1. 지문의 단어 they는 -을 가리킨다.

(A) 위치들   (B) 기회들

(C) 사람들   (D) 직업들

2. 아래 문장 중 어떤 것이 지문 속의 음영된 문장의 핵심 정보를 가장 잘 표현하고 있는가? 오답은 문장의 의미를 현저히 왜곡하거나 핵심 정보를 빠뜨리고 있다.

(A) 공장은 산업 혁명 시대에 중요했지만 고용주와 직원들 사이의 불화를 낳았다.

(B) 공장 체제는 고용주와 직원들의 사이를 나쁘게 하였고 산업 혁명에 부수적인 것이었다.

(C) 공장은 제조 공정에 중요한 것이었기 때문에 많은 공장이 건축되었다.

(D) 산업 혁명 시대의 고용주와 직원들의 사이의 불화는 제조 공정에 기인한다.

3. 지문에 의하면, 다음 중 산업 혁명기 직원들에 관해 사실인 것은?

(A) 그들은 직업 교육을 받는 것에 만족하였다.

(B) 그들은 직장에서 점차적으로 평가절하되었다.

(C) 그들은 직업에 있어서 더 많은 승진의 기회를 갖게 되었다.

(D) 그들은 편안한 주거를 위해 시골로 이주하기 시작하였다.

4. 지문에 의하면, 다음은 -만 제외하고 모두 공장 노동자들이 직면했던 어려움이었다.

(A) 불충분한 임금

(B) 긴 근무 시간

(C) 복잡한 업무

(D) 불안전한 작업 환경

p.198

04   1. (D)   2. (B)   3. 3rd   4. (B)

1영국에 원료가 부족하게 되자, 많은 영국인들은 유리 산업을 신세계에서 지속해 나갔다. 그들은 원료가 풍부한 뉴저지 주로 이주했다. 특히 남부 뉴저지에는 유리를 만드는 데 필요한 고운 흰 모래인 규토가 풍부했다. 게다가, 거기에는 석회암의 공급이 충분하였는데, 그것은 유리의 질을 향상시키기 위해 첨가되었다.

그러나, 초기에 미국의 유리 산업은 기술의 부족과 열악한 경제적 조건 때문에 제대로 발달하지 못하였다. 몇몇 유리 공장이 식민지에서 운영되기는 했지만, 성공하지는 않았다. 독일 태생의 제조업자 Caspar Wistar가 최초의 성공적인 유리 공장을 세운 것은 1739년이었다. 뉴저지 주, 세일럼에서 특색 있는 테이블과 유리 제품으로 생산이 시작되었다. 1760년까지, Wistar Glass Works라고 알려진 이 공장은 플라스크, 유리병, 양념병을 생산하고 있었다. Wistar의 회사는 초기 미국 유리 제조의 발상지로서 중요하였고, 그곳에서 생산된 유리는 품질로 높이 인정받았다. 그 유리는 고유의 디자인을 가진 물건을 만들기 위해 정제된 유리를 사용하는 개개인의 유리 세공사들의 작품이었다. 그들의 창의성이 Wistar에게 정제된 유리 디자인에 대한 성공을 가져다 주었다. Wistar는 또한 응용 유리와 패턴 주조에서도 성공하였다.

Wistar의 성공은 곧 다른 지역에서의 기회를 가져왔다. 예를 들어, 몇몇 유리 세공사들은 1779년 Wistar Glass Works를 떠나 필라델피아 근처에 생산 공장을 설립하였다. 그곳의 모래는 이상적이었고, 연료를 위한 나무도 많았다. 게다가, 필라델피아는 공예가들이 그들의 유리 제품을 팔 수 있는 큰 시장을 제공하였다. 다른 사업자들이 뒤따랐고, 그 지역은 결국 Glassboro로 알려지게 되었다. Glassboro에서 생산된 유리 제품의 품질과 다양성은 탁월했다. [4]따라서 그것은 빠르게 미국 유리 산업의 중심지로서의 명성을 발전시켰다. 오늘날 Glassboro에는 남부 뉴저지의 유리 및 유리병의 역사를 위한 박물관이 있다.

1. 지문에 의하면, 왜 영국의 유리 세공사들이 미국으로 이주하였는가?

   (A) 더 좋은 근무 환경을 찾기 위해
   (B) 경제적 자유를 추구하기 위해
   (C) 유리 제조 기술을 향상시키기 위해
   (D) 유리 제조를 위한 재료를 얻기 위해

2. 지문의 단어 initially는 의미상 ─와 가장 가깝다.

   (A) 주기적으로   (B) 처음에
   (C) 사실상   (D) 적절히

3. 다음 문장이 지문에 삽입될 수 있는 곳을 나타내는 4개의 네모박스[■]를 보아라.
   그들의 창의성이 Wistar에게 정제된 유리 디자인에 대한 성공을 가져다 주었다.
   어디가 가장 적절한가?
   해당 네모박스[■]를 클릭하여 제시된 문장을 지문에 삽입하라.

4. 3단락에 의하면, 다음 중 Glassboro에 관해 사실인 것은?

   (A) Wistar Glass Works의 사장에 의해 세워졌다.
   (B) 미국 유리 산업에서 유명해졌다.
   (C) 유리의 생산량에 있어 뉴저지 주 남부를 뛰어넘었다.
   (D) 미국의 가장 큰 유리 박물관이 있는 곳이다.

   3단락은 화살표 [➡]로 표시되어 있다.

05 1. (D) 2. (B) 3. (A) 4. (B) 5. (C)
    6. (A)-3단락, (D)-4단락, (F)-2단락

만국 박람회는 1851년 최초 런던에서 열린 이래로 세계 전역에서 개최된 모든 대규모의 전시회를 말한다. 이 행사는 한 국가의 기술적 과학적 진보를 다른 나라들에게 전시할 수 있는 기회를 제공하였고 따라서 국민들의 자긍심을 북돋았다. 이러한 전시회들은 대개 3개월에서 6개월간 지속되었고 준비와 계획을 위해 더 많은 시간이 소요되었다.

[2]미국에서 열린 가장 유명한 만국 박람회는 1893년 시카고의 만국 콜럼버스 박람회였다. 전시회는 콜럼버스의 신대륙 발견 400주년 기념일을 축하하였다. 또한, 이 박람회는 20년 전 큰 화재로 폐허가 되었던 시카고의 재건 노력의 마지막을 기념하는 것이었기에 더욱 유명하였다. 이 전시회는 2,600만 명이 넘는 관람객을 끌었으며 [5A]시카고를 미국에서 가장 영향력 있고 중요한 도시 중의 하나로 확고히 했다.

이 행사에 대한 대중의 관심을 고조시키기 위해 유명한 엔지니어인 George Ferris가 특별 지역에 박람회에서 처음으로 개시될 놀이 기구를 건축하기 위해 고용되었다. 결과적으로, 그는 250피트 높이에, 동시에 60명의 승객을 태울 수 있는 [5B]최초의 Ferris Wheel을 선보였다. 사람들은 Ferris Wheel을 타고 꼭대기에서 도시를 내려다볼 기회를 갖기 위해 몇 시간이나 줄을 섰다. 그의 발명품은 세계적으로 인정된 전시회의 상징이자 대중적 오락물이 되었다.

그러나, 아마도 [5D]시카고 만국 박람회의 가장 오래 지속된 영향은 테마파크의 발달이었다. 전시회의 성공은 만국 박람회 형식에 기반한 민간의 놀이공원을 발전시키기 시작한 사업가들의 주의를 끌었다. 이것 중에 가장 유명한 것이 어른들과 아이들 모두의 관심을 끌기 위해 참신한 놀이 기구와 과학 기술의 전시를 혼합하여 성공한 디즈니랜드이다. 이들 장소는 세계적으로 유명한 관광 명소로 유지되고 있다.

1. 아래 문장 중 어떤 것이 지문 속의 음영된 문장의 핵심 정보를 가장 잘 표현하고 있는가? 오답은 문장의 의미를 현저히 왜곡하거나 핵심 정보를 빠뜨리고 있다.

   (A) 사람들은 주최 국가의 기술로 다른 나라들을 깜짝 놀라게 할 경우 만국 박람회가 성공한 것으로 간주하였다.
   (B) 박람회는 기술적 진보에 관심이 있는 시민들이 존재하는 선진국에 가장 잘 맞는 것이다.
   (C) 국가의 모든 구성원들이 자신의 나라가 다른 나라보다 더욱 인상 깊은 전시물을 전시하였을 때 만족을 느꼈다.
   (D) 만국 박람회는 나라들로 하여금 그들의 진보를 세계에 드러내게 함으로써 많은 국민들의 자긍심을 높여 주었다.

2. 왜 작가는 지문에서 Columbus' "discovery" of the New World를 언급하는가?

(A) 시카고가 콜럼버스 탐험의 상륙 장소였음을 제안하기 위해
(B) 전시회가 어떻게 이름 붙여졌고 무엇을 기념하는지를 설명하기 위해
(C) 전시회에서 가장 흥미있는 주제의 예를 제시하기 위해
(D) 시카고 만국 박람회의 목적과 다른 박람회의 목적을 비교하기 위해

3. 지문의 단어 impact는 의미상 -와 가장 가깝다.

(A) 효과　　　　　　　　(B) 형성
(C) 기초　　　　　　　　(D) 성취

4. 지문의 단어 these는 -을 가리킨다.

(A) 사업가　　　　　　　(B) 놀이공원
(C) 만국 박람회　　　　　(D) 참신한 놀이 기구

5. 지문에 의하면, 다음 중 시카고 만국 박람회의 기여로 언급되지 않은 것은?

(A) 주최 도시의 위상을 높였다.
(B) 세계에 유명한 놀이 기구를 소개하였다.
(C) 시카고의 재건을 이끌었다.
(D) 유사한 사업의 창설을 가져왔다.

6. 지시: 지문의 요약을 위한 도입 문장이 아래에 주어져 있다. 지문의 가장 중요한 내용을 나타내는 3개의 보기를 골라 지문 요약을 완성하라. 어떤 문장들은 지문에 언급되지 않은 내용이나 지문의 세부 내용을 나타내고 있으므로 지문 요약에 포함되지 않는다. 이 문제는 2점이다.
속하는 자리에 선택 항목을 끌어다 놓아라. 선택 항목을 삭제하려면 그 위에 클릭하라. 전체 지문을 다시 보려면 View Text 아이콘을 클릭하라.
만국 박람회는 혁신적인 전시물과 그것의 영향으로 인해 중요한 행사였다.

(A) Ferris Wheel은 시카고 만국 박람회에서 처음으로 선을 보였다.
(B) 시카고는 그것의 영향력으로 인해 만국 박람회를 주최하도록 선정되었다.
(C) 디즈니랜드는 놀이 기구와 과학적 전시물을 혼합했다는 면에서 유일하다.
(D) 시카고 만국 박람회는 놀이동산의 발전에 영향을 끼쳤다.
(E) 런던은 만국 박람회가 개최되기 시작한 첫 번째 장소이다.
(F) 시카고 만국 박람회는 그것을 주최한 도시에 성공을 가져다 주었다.

p.204

01　1. (C)　2. (B)　3. (A)　4. (D)

1800년대에, [1]미국 산업 혁명의 시작은 도시로 이동하려는 비숙련 공들의 물결을 일으켰다. 얼마 지나지 않아 공장 노동자들은 3:1의 비율로 농부들의 수를 앞지르게 되었다. 그러나, 도시 생활은 정확히 이주자들이 기대했던 것은 아니었다. [2]그들의 근로 시간은 길고 힘들었다. 예를 들어, 피츠버그 제철소에서 일하는 보통 노동자는 일년에 363일 일했고, 쉬거나 식사를 하기 위한 어떤 휴식 시간도 허용되지 않았다. [3C]많은 사람들이 계속되는 열악한 식단으로 인해 심각한 소화 장애를 겪었다. [3B/D]근로 조건이 너무나 열악하여 단지 몇 년 만에 그들의 폐와 청각이 나빠졌다. 제철소에서 긴 하루를 보낸 뒤, 공장 노동자들은 이 같은 전 과정을 다음날 다시 시작하기 전까지 단지 몇 시간 동안 먹고 자기 위해 집으로 향했다.

기술이 발달하고 자동화 기계가 인력을 대체하기 시작하면서 근로 시간이 서서히 단축되었다. 그러나, 기술의 발전이 근로 조건까지 향상시키지는 못했다. [4]오히려, 임금이 하락하였고, 사람들은 낮은 기술을 요하거나 전문화된 훈련을 요하지 않는 자리로 강등되었다. 또한, 기계는 위험했다. 기계는 보통 사람이 많은 공간에서 작동되었고 안전 규칙이 없었다. 그 결과, 심각한 사고나 죽음에까지 이르는 사고가 잦았다. 마침내, 노동자들은 더 나은 근무 환경을 위해 싸우기 위해 노동 조합을 형성하기 시작했다. 20세기에는, 노동자들의 권리를 보호하는 일련의 법이 마침내 제정되었다.

1. 지문에 의하면, 미국 산업 혁명 초기에

(A) 시골 지역에서는 직업을 구하기 어려웠다
(B) 공장들은 숙련공을 선호했다
(C) 많은 사람들이 직업을 찾으러 도시로 몰려갔다
(D) 농업이 제조업보다 더 이익을 얻었다

2. 왜 작가는 지문에서 An average worker at a Pittsburgh steel mill을 언급하는가?

(A) 19세기 도시로의 이주를 묘사하기 위해
(B) 힘든 근로 조건의 예를 제공하기 위해
(C) 비숙련 노동자의 증가를 강조하기 위해
(D) 철강 산업의 발전을 보여주기 위해

3. 지문에 의하면, 공장 노동자들은 -만 제외하고 다음의 모든 것으로부터 고통받았다.

(A) 시력의 문제　　　　　(B) 청력의 문제
(C) 소화기 장애　　　　　(D) 호흡 장애

4. 지문에 의하면, 자동화 기계의 시작으로 -이 야기되었다.

(A) 향상된 작업 조건
(B) 많은 직업의 감소
(C) 추가적인 직업 훈련
(D) 낮은 임금과 직장에서의 지위 하락

p.206

02 1. (D) 2. (B) 3. 2nd 4. (C)

세계의 해변들은 근대사에서 그 어느 때보다 더 빨리 부식되고 있다. 완만히 비탈지고 모래가 많건 가파르고 울퉁불퉁하건 해변은 많은 요인들로 인해 위험에 처해 있다. 많은 요소들은 인간의 활동에 직접적으로 관련이 있다. 예를 들어, 사회는 흔히 수력에 의존하고, [2]강에 있는 모래와 흙이 바다로 밀려가는 것을 막는 댐을 건설하기 때문이다. 많은 곳에서, 이것이 실제로 해변을 줄어들게 했다. 해안 부식의 또 다른 이유는, 사람들이 집과 도로를 바위가 많은 경사지에 바로 짓기 때문이다. [4A]이런 건축물들은 절벽의 표면을 약화시키고, 심지어 암석 미끄럼 사태나 다른 위험한 지질 사고를 야기시킬 수 있다. 이런 사건들은 종종 극심한 날씨 동안 가장 극적이게 된다. [4B/D]허리케인과 같은 심각한 바다 폭풍이 약화된 절벽을 강타하면, 파도가 해안선에 손상을 입히고 모든 집들이 바다에 잠긴다. 이런 발생이 종종 자연 현상 때문이라고 여겨지지만, 사람들이 이들의 발달에 기여한다.

인간 활동만이 부식과 줄어드는 해변에 책임이 있는 것은 아니다. 가파른 해저 경사지를 가진 해안을 따라, 파도는 자연적으로 해안에 가까워질수록 꽤 커진다. 커다란 파도가 돌에 지속적으로 부딪히면 돌은 계속적으로 부식되고 약화된다. 기후 변화 또한 해변에 정말 위협적이다. 지구 온난화는 북극 만년설을 급속하게 녹이고 있고 이로 인해 바다가 높아진다. 수위가 높아질수록 이미 줄어들고 있던 모래사장은 계속해서 더 작아질 것이다. 이것은 근본적으로 지역 주민이 사는 방식뿐만 아니라 해안 관광 산업에도 영향을 줄 수 있다.

1. 지문의 단어 rugged는 의미상 -와 가장 가깝다.

(A) 불안정한   (B) 위험한
(C) 섬세한   (D) 고르지 않은

2. 지문에 의하면, 댐은 다음 중 어느 것에 대한 책임이 있는가?

(A) 광물이 바다에 밀려갈 수 있도록 함
(B) 미립자가 바다로 흘러 들어가는 것을 방해함
(C) 해수면의 상승
(D) 매끄러운 모래사장의 생성

3. 다음 문장이 지문에 삽입될 수 있는 곳을 나타내는 4개의 네모박스[■]를 보아라.
이런 사건들은 종종 극심한 날씨 동안 가장 극적이게 된다.
어디가 가장 적절한가?

해당 네모박스[■]를 클릭하여 제시된 문장을 지문에 삽입하라.

4. 지문에 의하면, 다음 중 해안 침식의 영향이 아닌 것은?

(A) 암석 미끄럼 사태   (B) 손상된 해안선
(C) 허리케인   (D) 주택의 파괴

p.208

03 1. (C) 2. (C) 3. (D) 4. (A)

미국의 학술 출판물이 18세기에 존재하기는 했지만, 19세기 중반까지는 학술 출판물은 상대적으로 거의 없었다. 그 산업이 발달하는 데 그토록 긴 시간이 걸린 이유는 직업에서 농업이 지배적이었고 [1]문맹률이 아주 높았기 때문이다. 그러므로 초기 학술 출판물의 독자 수는 매우 적었다. 그러나 도시화 발생과 함께, 전반적인 식자율이 증가했고 몇몇 고등 학습 기관에서는 독자적인 출판사를 설립했다. 이러한 출판사들은 학문을 사회에 전파하는 것에 헌신했다. 대부분은 매사추세츠 주 케임브리지의 하버드 대학교와 같은 아이비리그 학교들과 제휴하였다.

출판 산업이 성장하면서, 교육에 대한 열망 역시 높아졌다. 어떤 사람들은 교육세로 학교 자금을 지원하는 것을 옹호하기 시작했다. 그러나, 일부 지주들은 그들의 독점적인 사회적 특권을 잃게 되는 것을 두려워하여 그러한 세금에 반대했다. 예를 들어, 1840년 이전의 교육은 매우 전문적이었고 부자만 받을 수 있는 것이었다. 무료 공교육의 가능성은 정착된 최상류층 사람들에게 위협이었다. 그러한 저항에도 불구하고, 정치인이자 교육자인 Horace Mann 같은 저명한 최상류층 인사 몇 명은 열심히 공교육을 장려하였다. Mann은 그의 'Common School Journal'에서 대중이 무지한 채로 남아 있으면 안 되고 모든 배경의 아이들이 교육을 받아야 한다고 주장했다. [3]그는 교육이 사회의 많은 문제들을 해결할 수 있다고 믿었고, 따라서 대중에게 이용 가능해야 한다고 주장했다. Mann의 노력의 결과, 세금으로 지원되는 공교육에 대한 생각이 매사추세츠 주에서 활기를 띠었다. 1852년에 매사추세츠 주는 아이들을 위한 공통 교육을 제공하는 첫 번째 주가 되었다. 최종적으로, 매사추세츠 주의 공교육 체제는 미국 나머지 주의 공교육의 기초가 되었다.

1. 지문에 의하면, 왜 초기 학술 출판물의 독자는 거의 없었는가?

(A) 사람들이 학문에 관심이 없었다.
(B) 사람들이 그것을 살 돈이 없었다.
(C) 그 당시 식자율이 낮았다.
(D) 농업의 인원이 부족했다.

2. 지문의 단어 established는 의미상 -와 가장 가깝다.

(A) 전시했다   (B) 유지했다
(C) 설립했다   (D) 금지했다

3. 지문에 의하면, 다음 중 Horace Mann에 관해 사실인 것은?

(A) 그는 공립학교 자금 지원을 하는 데 세금을 사용하는 것에 반대했다.
(B) 그는 매사추세츠 주의 공교육 시스템에서 선생님이 되었다.
(C) 그는 하버드 대학교에서 학술지를 시작했다.
(D) 그는 공교육이 사회악에 대한 해결책을 제시해 준다고 믿었다.

4. 지문의 단어 flourished는 의미상 -와 가장 가깝다.

(A) 성행했다　　　　　　　(B) 가라앉았다
(C) 인내했다　　　　　　　(D) 나타났다

p.210

04 1. (D) 2. 4th 3. (A) 4. (B)

과거에, 동물원은 부주의한 방식으로 관리되었다. 동물에 대한 전반적인 관심이 부족하였다. 또한 직원들은 보통 훈련이 잘 되어 있지 않았다. 동물원에서 일하는 사람들은 전형적으로 미숙련 노동자들이었다. 종종 그들은 동물과의 경험이 없거나 동물에게 전혀 관심이 없었다. 그리고 그들은 동물의 안전에 대한 책임이 없었다. 동물원 사육사들은 단지 동물을 우리에 가둬 두는 것에만 관심을 가졌다. ¹만약 동물이 새끼를 낳지 못하면, 그 동물원 사육사들은 기존의 동물들을 사육하기 보다는 간단히 새로운 동물을 잡아들였다. 더욱이, 동물들에게는 건강에 좋지 못한 음식이 제공되었다. 그러나, 동물원의 동물들이 죽어 나가기 시작함에 따라, 동물들에게 적당한 관리를 해주는 것이 필요해졌다.

동물 애호가들은 동물들이 그저 살아 있는 생물로서 잘 보살펴지고 정성스럽게 대해져야 한다고 주장하기 시작했다. 동물 권리 운동가들의 노력 덕분에, 동물원을 규제하기 위한 법이 통과되었다. 현재 동물원에서 사용되는 기준과 방법들은 동물 전시를 위한 법에 따라야 한다. 동물들의 생포, 취급, 보호에 관한 자격증을 갖춘 사람들만이 동물원 사육사로 고용된다. 게다가, (동물원의) 부지는 동물들을 위해 안전해야 하고, 동물의 음식은 안전 요건에 따라야 한다. 만약 검사에서 문제가 발견된다면 동물원 인가는 취소될 수 있다.

이러한 규제의 결과로, 현재 많은 동물원들이 동물 안전과 전문적인 개발에 집중하는 자체 직원 훈련 프로그램을 가지고 있다. 직원들은 동물의 건강에 책임이 있다. 그들은 책임을 져야 하기 때문에 예방약과 동물 영양에 대해 배우는 데 매우 관심이 있다. 훈련은 또한 고등교육기관에서도 가능하다. ⁴미래의 동물원 사육사들을 위해 대학에서 제공하는 과정들은 동물 종 관리, 동물 행동, 동물원 일터 환경 및 안전과 같은 과목들을 포함한다. 이러한 노력으로, 동물원의 동물들은 오늘날 균형 잡힌 음식을 제공받고 있고, 또한 마치 야생에서와 같이 놀이에 대한 그들의 필요에 알맞은 경치가 주어진다.

1. 다음 중 어느 것이 지문에서 새끼를 낳는 데 어려움을 가진 동물들에 관하여 추론 가능한가?

(A) 그들은 우리에서 전시되었다.
(B) 그들은 야생으로 돌려보내졌다.
(C) 그들은 특별한 보호를 받았다.
(D) 그들은 새로운 동물에 의해 대체되었다.

2. 다음 문장이 지문에 삽입될 수 있는 곳을 나타내는 4개의 네모박스[■]를 보아라.
그러나, 동물원의 동물들이 죽어 나가기 시작함에 따라, 동물들에게 적당한 관리를 해주는 것이 필요해졌다.
어디가 가장 적절한가?
해당 네모박스[■]를 클릭하여 제시된 문장을 지문에 삽입하라.

3. 지문의 단어 revoked는 의미상 -와 가장 가깝다.

(A) 취소되다　　　　　　　(B) 부패되다
(C) 승인되다　　　　　　　(D) 되찾다

4. 왜 작가는 지문에서 Courses offered at universities를 언급하는가?

(A) 동물원 사육사가 되는 것이 얼마나 어려운지 설명하기 위해
(B) 동물 관리의 개선을 강조하기 위해
(C) 동물원 사육사 자격증을 위해 요구되는 과목의 목록을 제공하기 위해
(D) 오직 소수의 동물원 사육사들만이 있는 이유를 언급하기 위해

p.212

05 1. (A) 2. (A) 3. (D) 4. (B) 5. (C)
　　6. (C)-1단락, (D)-3단락, (F)-2단락

미국 식민지 시대에는, 변호사들은 대개 중요한 사람들로 여겨지지 않았다. 따라서 변호사들이 수적으로 거의 없었다. 그 시대의 시민들은 변호사를 대단히 전문적이라고도, 지식을 심오하게 갖추었다고도 생각하지 않았다. 일부 법률가들은 심지어 모욕을 당하거나 비방을 듣기도 했다. 그러나, 사회가 점점 복잡해지고 사회악에 대한 위험이 더 분명해짐에 따라, 사람들은 시민들의 분쟁을 처리할 수 있는 변호사들을 필요로 했다. ²곧 변호사에 대한 비판가들까지 그들의 필요성을 인식하기 시작했다.

그 당시, 미국의 남부 지방에는 로스쿨이 없었기 때문에 법학을 공부하는 데 관심을 가진 많은 사람들이 영국으로 갔다. ³그들 대부분은 'Inns of Court'라고 불리는 학교에 갔는데, 그것은 정식 학교는 아니었지만 영국 법무부의 실무 부서였다. 이 학교에 학비를 낸 미국인들은 이후 기존 변호사를 위해 사무원이나 수습생으로 일하는 것과 같이 거의 또는 전혀 가치 없는 일을 했지만, 대체로 만족했고 그들의 훈련이 유익하다고 생각했다.

한편, 미국에서는 변호사들을 각 주에 임명하고 그들이 지방 법원에서 사건을 처리하도록 하는 것이 정책화되었다. 변호사들은 존경과 권력을 얻게 되었고, 대부분은 미국 변호사 협회에서 지위를 얻었다. 이 협회는 매우 위계가 잡힌 조직을 갖기 위해 이미 체계를 잡아가고 있었고, 변호사들의 지위는 결국 시민 수준에서 일하는 사람들에서 연방 사법권 안에서 일하는 사람들로 상승하였다. 그 당시 주요 변호사들은 곧 지역 사회에서 강력한 목소리를 갖게 되었다. 예를 들어, 새로운 미국이 세워졌을 때, 많은 변호사들이 독립 선언을 제정하고 헌법을 만드는 데 기여하였다. 이러한 미국의 건국자들 중에는 Thomas Jefferson과 Samuel Adams를 비롯한 많은 저명한 변호사들이 있었다.

1. 아래 문장 중 어떤 것이 지문 속의 음영된 문장의 핵심 정보를 가장 잘 표현하고 있는가? 오답은 문장의 의미를 현저히 왜곡하거나 핵심 정보를 빠뜨리고 있다.

   (A) 사회의 복잡함과 사회악에 대한 위험이 증가함에 따라, 변호사들이 필요해졌다.
   (B) 사회의 복잡함과 위험을 감소시키기 위하여, 직접적인 대립 대신에 변호사들이 고용되었다.
   (C) 변호사에 대한 수요 증가는 시민들의 분쟁에 연루된 사람 수의 증가에 기인했다.
   (D) 복잡한 시민들의 분쟁에서의 중재 때문에 변호사들은 필수적으로 여겨졌다.

2. 왜 작가는 1단락에서 critics를 언급하는가?

   (A) 변호사들이 인정된 정도를 설명하기 위해
   (B) 많은 사람들이 여전히 변호사들에게 반대했다는 것을 보여주기 위해
   (C) 사회의 새로운 문제들의 증가하는 위협을 강조하기 위해
   (D) 변호사들이 사회 긴장의 증가에 기여했다는 것을 보여주기 위해

3. 2단락에 의하면, 다음 중 Inns of Court를 가장 잘 설명한 것은?

   (A) 정평이 있는 법률 회사
   (B) 공식적인 로스쿨
   (C) 변호사들을 위한 주택
   (D) 실질적인 법률 기관

4. 지문의 단어 fruitful은 의미상 -와 가장 가깝다.

   (A) 숙달한   (B) 건설적인
   (C) 중요한   (D) 필수의

5. 지문의 단어 those는 -을 가리킨다.

   (A) 사건   (B) 법원
   (C) 변호사   (D) 사법권

6. 지시: 지문의 요약을 위한 도입 문장이 아래에 주어져 있다. 지문의 가장 중요한 내용을 나타내는 3개의 보기를 골라 지문 요약을 완성하라. 어떤 문장들은 지문에 언급되지 않은 내용이나 지문의 세부 내용을 나타내고 있으므로 지문 요약에 포함되지 않는다. 이 문제는 2점이다.
속하는 자리에 선택 항목을 끌어다 놓아라. 선택 항목을 삭제하려면 그 위에 클릭하라. 전체 지문을 다시 보려면 View Text 아이콘을 클릭하라.

   변호사업은 미국 식민지 시대에 큰 변화를 겪었다.

   (A) 법률 사무소에서의 직원과 수습생들은 그들의 지도자를 위해 어려운 임무를 수행했다.
   (B) 지방 법원이 존재했지만, 미국 변호사들은 어떤 지역에서도 일할 수 있었다.
   (C) 처음에는, 변호사들은 미국 사회에서 중요하다고 여겨지지 않았다.
   (D) 변호 업무는 궁극적으로 명망 있는 직업으로 발전하게 되었다.
   (E) 시민들의 분쟁 부문에서 일한 변호사들은 그 직종의 절정으로 여겨졌다.
   (F) 초기 미국 변호사들은 미국에는 교육 시설이 거의 없었기 때문에 영국에서 법을 공부했다.

3일   Progressive Test 3

p.216

01 1. (B) 2. (C) 3. (A) 4. (C)

19세기에 걸쳐 미국에 잡화점이 생겼다. 그것은 작은 마을이나 농촌 지역에서 다양한 상품을 취급했던 소매점이었다. 그곳에서 흔히 판매되는 상품들에는 밀가루와 흰 빵이 포함되어 있었다. ²거의 모든 농촌 지역은 그들이 먹을 음식을 직접 재배했기 때문에 채소와 과일 같은 신선한 식품들은 보통 잡화점에서 판매되지 않았다. 따라서 식품은 거의 대부분 마른 식품들로 구성되어 있었다. ³때때로, 잡화점은 다른 나라에서 들어온 실크, 의류, 식기류와 같은 특별한 상품들을 취급했다. 하지만, 대체로 외국 상품을 파는 가게는 이례적이었는데 이는 수입품들이 사치스러운 물건으로 여겨졌기 때문이다.

잡화점은 대개 교차로나 마을 안에 위치하였기 때문에, ⁴ᴬ지역 사회 구성원들을 위한 회합 장소의 역할을 하였다. 점원은 물질적인 상품을 공급했을 뿐 아니라 소식과 소문의 출처가 되었기 때문에 중요한 구성원이었다. 마을에서 무슨 일이 일어나는지 알고 싶은 사람은 최근 소식을 듣기 위해 잡화점을 방문하면 되었다. 한편, ⁴ᴰ그것의 이상적인 위치로 인해서, 잡화점은 보통 지역 상업에서 독점권을 가졌다. 그러므로, 그것은 가격을 높게 유지할 수 있었다. 하지만 이런 유

리한 경제적 지위는 일시적이었다. 시간이 흐름에 따라, 인구가 증가하고 경제가 다양화되면서 잡화점은 경쟁에 직면하였다. [4B]20세기에, 잡화점은 더 낮은 가격에 더 다양한 범위의 상품을 공급한 슈퍼마켓으로 점차 대체되었다.

1. 지문의 단어 sprang up은 의미상 −와 가장 가깝다.

   (A) 회전하다　　　　　(B) 나타나다
   (C) 폭발하다　　　　　(D) 튀어오르다

2. 지문에 의하면, 1800년대에 왜 신선한 음식은 일반적으로 잡화점에서 판매되지 않았는가?

   (A) 그 당시 냉장고가 없었다.
   (B) 사람들이 고가의 음식을 살 여유가 없었다.
   (C) 대부분의 사람들이 자신의 음식을 생산했다.
   (D) 가게의 위생 상태가 나빴다.

3. 왜 작가는 지문에서 silk, clothing, and tableware를 언급하는가?

   (A) 잡화점에서 팔렸던 특정 상품의 예를 들기 위해
   (B) 수입된 상품과 국내산 상품을 대조하기 위해
   (C) 손으로 만든 상품이 널리 퍼졌음을 암시하기 위해
   (D) 19세기에 해외 무역이 증가했음을 보이기 위해

4. 지문에 의하면, 다음 중 잡화점에 관해 사실이 아닌 것은?

   (A) 주민들은 종종 서로 교류하기 위해 거기서 만났다.
   (B) 그것은 결국 슈퍼마켓으로 대체되었다.
   (C) 물건은 손님들을 위한 적당한 가격에 팔렸다.
   (D) 가게는 보통 편리한 지점에 위치했다.

p.218

02　1. (B)　2. (D)　3. (C)　4. 3rd

사막 뱀이 이상적인 사막 거주자인 데에는 많은 이유가 있다. [1A]첫째로, 많은 사막 뱀들은 위쪽으로부터 지탱되는 턱을 가지고 있다. 이러한 신체적인 특징은 그들이 먹이를 찾아 사막에서 움직일 때 모래가 입으로 들어오지 못하게 한다. 둘째로, 그들의 비늘은 이랑 모양으로 융기되어 있어 그들이 움직이면서 모래 속으로 쉽게 파고 들어가도록 해준다. 게다가, 사막 뱀은 사막의 극심한 열을 다루는 데 능숙하다. 그들은 보통 공기의 온도가 낮은 밤에 사냥을 하고 낮 동안에는 열을 피한다. 열을 피하기 위해, 어떤 사막 뱀들은 모래 아래로 파고든다. 다른 사막 뱀들은 바위 밑이나 동굴의 시원한 그늘로 피한다. [1C]날씨가 특히 극심할 때 사막 뱀들은 덥고 건조한 기간 동안 여름잠을 잠으로써 적응한다.

하지만 [1D]사막 뱀의 가장 두드러진 특징은 물을 보존하는 능력이다. 뱀은 직·간접적으로 귀중한 물을 섭취한다. 직접적으로, 그들은 이

용할 수 있는 수원이 있을 때 물을 마실 수 있다. 간접적으로, 그들은 그들이 먹는 음식으로부터 물을 얻을 수 있다. 그러나, 사막 지역에서는 물을 얻기가 쉽지 않다. 결과적으로, 뱀은 극도로 건조한 지역에서 살기 위해 자신만의 전략을 만들어 낸다. 그들은 액체 상태의 배설물보다는 고체 상태의 배설물을 만듦으로써 물의 손실을 최소화하고자 노력한다. 그럼에도 불구하고, 사막 뱀이 신체에서 귀중한 물을 이용해야만 하는 특별한 때가 있다. 사막 뱀이 허물을 벗을 때에는, 피부에 수분을 공급해야 한다. **이러한 과정은 피부가 쉽게 벗겨지도록 하여 바깥층이 건조되는 것을 막는다.** 그러나, 일부 사막 뱀은 피부를 물에 적시지 않고도 그것을 벗겨낼 수 있다.

1. 지문에 의하면, 다음 중 사막 뱀이 사막에 사는 데 도움이 되는 것이 아닌 것은?

   (A) 턱과 융기된 비늘
   (B) 액체 상태의 배설물 분비
   (C) 더운 기간 동안의 잠
   (D) 물을 보유하는 능력

2. 지문의 단어 striking은 의미상 −와 가장 가깝다.

   (A) 급진적인　　　　　(B) 열정적인
   (C) 이해할 수 없는　　　(D) 두드러진

3. 지문의 단어 precious는 의미상 −와 가장 가깝다.

   (A) 정지한　　　　　　(B) 왕성한
   (C) 값진　　　　　　　(D) 육지의

4. 다음 문장이 지문에 삽입될 수 있는 곳을 나타내는 4개의 네모박스[■]를 보아라.
   이러한 과정은 피부가 쉽게 벗겨지도록 하여 바깥층이 건조되는 것을 막는다.
   어디가 가장 적절한가?
   해당 네모박스[■]를 클릭하여 제시된 문장을 지문에 삽입하라.

p.220

03　1. (C)　2. (A)　3. 4th　4. (D)

20세기 초 미국에서는, 국유지 관리국이 국가의 산림 지정 보호 구역을 유지하는 책임을 맡고 있었다. 그러나 그곳은 산림 관리보다는 무능력과 부정으로 더 유명했다. 사실 그것은 숲을 보호하는 것보다는 파는 것에 더 관심이 있었다. 1800년대 후반까지, 그것은 수십만 에이커의 국유지를 처분했다. 대부분의 토지는 상업적 관심을 가진 광업 회사나 농장주에게 이전되었다. 이에 대응해, 비평가들은 선출된 공무원들에게 호소했다. 그들은 정부가 신속한 법적 보호를 제공하지 않을 경우, 50년 안에 국유림이 점차 감소할 것이라고 정부에 경고했다. 1905년, 산림 옹호자들의 강력한 장려와 함께 Theodore Roosevelt 대통령이 [4C]연방 소유의 모든 산림 보호 구역을 농림부로 이전시키는 행정 명령에 서명했다. 그리고 특별 부서인 산림청이

토지를 관리하도록 지정되었다.

산림청은 자연 자원을 보호하고 관리하는 데 책임이 있었다. 게다가, [4A]산림지, 방목장 관리, 산림 자원 이용의 모든 측면에 대한 연구를 수행하는 것이 승인되었다. 이 연구는 국가 산림을 성공적으로 관리하고 보존하기 위한 귀중한 정보를 제공했다. [4B]산림청은 또한 목재 산업의 벌목 작업을 규제했다. **그것은 국유림의 15퍼센트만이 베어질 수 있도록 규제하였다.** 그것의 역할은 국가를 위하여 양질의 물과 목재를 공급하는 것이었다. 그러나, 그것은 단지 국유림만 통제할 수 있었고, 주 소유의 산림 지역이나 사유지에 대해서는 통제권이 없었다. 국유림 주변의 지역들은 계속해서 질적으로 저하되었고, 대부분이 소를 위한 방목지로 전환되었다. 과도한 방목은 주된 걱정이 되었는데, 그것이 생태계를 훼손하고 초목을 파괴했기 때문이다. 1934년이 되어서야 방목을 통제하기 위한 법률이 도입되었다.

1. 지문의 단어 They는 -을 가리킨다.

   (A) 광업 회사   (B) 농장주
   (C) 비평가   (D) 선출된 공무원

2. 지문의 단어 encouragement는 의미상 -와 가장 가깝다.

   (A) 지지   (B) 위신
   (C) 조건   (D) 명령

3. 다음 문장이 지문에 삽입될 수 있는 곳을 나타내는 4개의 네모박스[■]를 보아라.
   그것은 국유림의 15퍼센트만이 베어질 수 있도록 규제하였다.
   어디가 가장 적절한가?
   해당 네모박스[■]를 클릭하여 제시된 문장을 지문에 삽입하라.

4. 지문에 의하면, 다음은 -만 제외하고 모두 산림청의 역할이다.

   (A) 국가 산림을 관리하기 위해 연구하는 것
   (B) 벌목 작업을 규제하는 것
   (C) 현존하는 산림 보호 구역을 관리하는 것
   (D) 사유림과 주유림을 통제하는 것

p.222

04 1. (B) 2. (D) 3. (C) 4. (D)

1800년대 초기로 돌아가보면, 거대한 들소 떼가 눈으로 볼 수 있는 한 멀리 뻗어 있었다. 비록 그들이 미국 원주민에 의해 수 세기간 사냥되었지만 그 수는 여전히 상당했다. 심지어 유럽 식민지 시기 이후에도, 들소는 미시시피 강 서부 지역에서 번성했다. 1870년, 미국 평원에는 약 1,200만 마리의 들소가 있었다. 그러나, 1880년 중반 무렵에는 들소가 거의 멸종 상태까지 사냥되었다. 19세기 중반에 재미와 돈벌이를 위해 죽임을 당한 들소의 수는 천문학적이었다. [2C]총의 사용은 들소의 급속한 소멸의 주된 이유였는데 많은 들소가

짧은 시간 안에 죽임을 당할 수 있기 때문이었다. [2A]또한, 경제 발전은 들소 가죽에 대한 안정된 수요를 형성하였고, 들소 가죽을 가공하기 위한 활발한 제혁 산업이 발달하였다. 특히, 들소 가죽으로 만든 옷이 유행하기 시작하고 기업가들이 들소 가죽을 다른 용도로 이용할 수 있음을 발견함으로써 상황이 악화되었다. [2B]철도 시스템의 확장 또한 들소 사냥의 급격한 증가에 기여하였는데 더 많은 이주자들이 들소 영역과 접촉하게 되었기 때문이다.

어떤 사람들은 들소 사냥의 붐을 골드러시에 비유했다. 어려운 경제 상황으로 고생하던 자영농들 또한 돈을 벌겠다는 희망으로 들소 사냥으로 몰려 들었다. 하지만 [3]극소수의 사람들만이 성공했는데 왜냐하면 이러한 사람들은 적절하게 들소 가죽을 벗기는 방법과 무두질을 사용하는 방법을 알지 못했기 때문이다. 이러한 실패에도 불구하고, 들소 도륙은 계속되었다. 이러한 상황의 한 결과로서 들소의 공급이 수요를 넘어섰고 들소 가죽의 가격이 하락하였다. 캔자스 Dodge시의 한 유명한 역사적 그림에는 40,000개의 들소 가죽 더미가 가축우리 안에 있다. 이런 가죽은 1870년대 중반에 1달러밖에 하지 않았다.

1. 아래 문장 중 어떤 것이 지문 속의 음영된 문장의 핵심 정보를 가장 잘 표현하고 있는가? 오답은 문장의 의미를 현저히 왜곡하거나 핵심 정보를 빠뜨리고 있다.

   (A) 유행하는 들소 가죽에 대한 높은 수요 때문에 잔인하게 도륙당한 들소의 수는 극심하게 많았다.
   (B) 들소 가죽 옷이 유행하고 가죽이 다른 용도로 사용되었기 때문에 사냥이 극적으로 증가했다.
   (C) 제조업자들이 들소 가죽의 새로운 용도를 발견함에 따라 사냥의 관행은 심하게 증가했다.
   (D) 사냥 증대가 사람들로 하여금 가죽을 사용할 다른 방법, 예를 들어 패션과 제조업에서의 용도를 생각하게끔 했다.

2. 지문에 의하면, 다음은 -만 제외하고 모두 들소 사냥의 증가에 기여한 요소들이다.

   (A) 들소 시장의 성장
   (B) 철도 시스템의 발전
   (C) 총기 사용의 증가
   (D) 서부로의 이동

3. 지문에 의하면, 자영농들은 들소 사냥으로 돈 벌기에 거의 성공하지 못했는데 왜냐하면

   (A) 그들은 적절한 무기를 갖고 있지 않았다
   (B) 그들은 어디에서 들소를 찾아야 할지 몰랐다
   (C) 그들은 바르게 들소 가죽을 처리하는 방법을 몰랐다
   (D) 그들은 제시간에 수요를 맞추지 못했다

4. 지문의 단어 ramification은 의미상 -와 가장 가깝다.

   (A) 변형   (B) 결점
   (C) 전례   (D) 결과

05 1. (D) 2. (D) 3. (B) 4. (A) 5. (C)
6. (C)-3단락, (D)-2단락, (E)-1단락

스테인드글라스는 기원후 1세기에 부유한 로마인들에 의해 그들의 저택이나 궁전에서 처음 사용되었다. 이 시기에 스테인드글라스는 예술적 수단이라기 보다 사치품으로 간주되었다. [1]9세기와 10세기 동안 지어진 가톨릭 교회의 수가 늘어남에 따라 장식적인 스테인드글라스 창문의 생산도 늘어났다. 이 예술 양식이 디자인, 형태, 그리고 색채에서 가장 큰 다양성을 보인 것은 바로 고딕 시기로 알려진 12세기였다. 스테인드글라스의 사용은 예술 부흥기인 르네상스 시대에 확산되었고, 교회 외의 건축에도 쓰이기 시작했다. 이 다양한 접근은 통제된 조합의 구조, 그리고 폭넓은 기술적 진보와 함께 발전한 숙련된 예술적 기교와 통합되어 그 매체(스테인드글라스)를 비길 데 없는 탁월함의 위치로 격상시켰다.

스테인드글라스를 만드는 과정은 지난 천 년간 거의 바뀌지 않았다. [3D]스테인드글라스 장인들은 우선 밑그림이라고 불리는 큰 사이즈의 그림을 그린다. [3A]그런 다음 유리는 밑그림을 따라 만든 패턴대로 잘라진다. 유리에 다양한 색채 효과를 주기 위해서, 손과 얼굴 같은 세부적인 것들이 칠해진다. 그 다음 도료를 붙이기 위해 유리는 고열에 노출된다. [3C]복잡한 납 세공 작업, 즉 유리에 유연한 금속 조각들을 섞는 정교한 과정이 그 뒤를 따른다. 그 후에 납은 특별한 혼합물로 봉해지거나 '접합되고' 창문은 벽의 공간에 설치된다. 최종 결과물은 색채와 빛의 장엄한 혼합이다.

[4]색이 입혀진 '비치는' 종류의 스테인드글라스는 성당의 스테인드글라스로 알려져 있다. 이것은 원래 색깔 있는 얼룩이 칠해진 투명한 유리였다. [5]스테인드글라스는 미국의 유리 제작자들이 유백색 유리로 알려진 반투명의 '젖빛' 유리를 만듦으로써 유럽 성당 유리까지 범위를 확장시켰던 1800년대 후반과 1900년대 초반에 주요한 진보를 이루었다. 유백색 유리가 더해짐으로써 사용 가능한 유리의 다양성이 훨씬 확대되었다. 다른 하부 유형의 스테인드글라스가 최근 몇 년간 개발되었으나, 오늘날 쓰이는 두 개의 기본적인 스테인드글라스는 여전히 성당의 유리와 유백색의 유리이다.

1. 지문에 의하면, 800년대와 900년대에 무엇이 스테인드글라스의 생산 증가를 야기했는가?

(A) 세속적인 건축의 확대
(B) 사치품에 대한 수요의 증가
(C) 장인 기술의 발전
(D) 교회 수의 증가

2. 아래 문장 중 어떤 것이 지문 속의 음영된 문장의 핵심 정보를 가장 잘 표현하고 있는가? 오답은 문장의 의미를 현저히 왜곡하거나 핵심 정보를 빠뜨리고 있다.

(A) 일단 새로운 기술이 발견되면 스테인드글라스의 전반적 질을 향상시킬 기준을 만들기 위한 새로운 규제가 적용되었다.

(B) 스테인드글라스가 확실히 지배권을 얻도록 하기 위해 예술가들의 재능과 기술적 지식을 발전시킬 협회가 만들어졌다.

(C) 스테인드글라스를 생산했던 장인들은 질을 향상시키는 데에 필요한 능력과 기술을 확실히 획득하기 위한 단체를 형성했다.

(D) 스테인드글라스는 다른 것과 비교될 수 없을 만큼 탁월하게 향상되었는데, 예술가들의 전문적 기술과 결합되어 다양한 곳에 사용되었기 때문이다.

3. 다음의 모두는 -만 제외하고 스테인드글라스 제작 과정의 단계이다.

(A) 유리 자르기　　　　(B) 시멘트 섞기
(C) 납 세공　　　　　　(D) 그리기

4. 지문에 의하면, 유백색 유리는 성당 유리와 -에 의해 구별된다.

(A) 투명도　　　　　　(B) 균일성
(C) 질　　　　　　　　(D) 직조법

5. 지문에 의하면, 스테인드글라스의 발전에 끼친 가장 영향력 있는 비유럽적인 공헌은 무엇인가?

(A) 액체 형태로 유리 속에 색을 삽입하는 데 사용되었던 기술
(B) 사적인 거주지와 건물을 장식하기 위한 유리의 사용
(C) 다소 불투명한 새로운 형태의 유리의 발전
(D) 오늘날 사용되는 많은 새로운 형태의 성당 유리의 제작

6. 지시: 지문의 요약을 위한 도입 문장이 아래에 주어져 있다. 지문의 가장 중요한 내용을 나타내는 3개의 보기를 골라 지문 요약을 완성하라. 어떤 문장들은 지문에 언급되지 않은 내용이나 지문의 세부 내용을 나타내고 있으므로 지문 요약에 포함되지 않는다. 이 문제는 2점이다.
속하는 자리에 선택 항목을 끌어다 놓아라. 선택 항목을 삭제하려면 그 위에 클릭하라. 전체 지문을 다시 보려면 View Text 아이콘을 클릭하라.

스테인드글라스는 처음 만들어진 이래로 중요하고 점진적인 변화를 겪어 왔다.

(A) 고딕 시기 동안 생산된 스테인드글라스는 다양한 종류를 보이지 않았다.
(B) 스테인드글라스는 항상 종교 건물 장식을 위해 한정적으로 사용되었다.
(C) 많은 이형이 있음에도 불구하고 성당과 유백색의 유리는 가장 일반적으로 사용되는 형태이다.
(D) 스테인드글라스가 생산되는 기본적인 방식은 일관적으로 유지되었다.
(E) 스테인드글라스의 역할이 변화하면서 이것은 예술적 표현을 위한 수단이 되었다.
(F) 장인들의 길드 구성은 스테인드글라스의 디자인에 중요한 진보를 초래했다.

p.228

01 1. (C) 2. (B) 3. (D) 4. (B)

미국에서 항공 우편 서비스의 발전은 더욱 신속한 우편 서비스에 대한 수요로 시작되었다. 미국 우정 공사가 구입한 최초의 비행기인 JL-6은 느렸고 심각한 연료 누출 문제를 가지고 있었다. 이러한 비행기는 더 속력이 빠른 DH-4로 교체되었다. 뉴욕에서 필라델피아로 가는 최초의 DH-4 항공편은 미군의 우편물을 실어 날랐다. 당시에, 항공 우편은 여전히 새로운 개념이었다. 대륙을 잇는 항공 우편 서비스가 생기리라고 상상한 사람은 거의 없었다. 그러나 곧 미대륙 횡단 우편 서비스가 기차와 항공 우편의 결합 형태로 제공되었다. 조종사들은 길을 찾기 위해 눈에 잘 띄는 지표들에 의존하기 때문에 낮에만 비행을 했다. 야간 수송은 기차의 역할이었다. [1]이 체계는 많은 시간을 소요했고 비효율적이기 때문에 더 빠른 우편물에 대한 수요를 바로 만족시켜 주지는 못했다. 그 결과, 우정 공사는 완전한 항공 우편 시스템을 개발할 수 있는 방법을 조사했다. 이러한 개발을 가능하게 하기 위해 우정 공사는 야간 비행을 필요로 했다.

1921년 2월 22일, 두 대의 DH-4기가 각각 뉴욕과 샌프란시스코에서 이륙하였다. 그러나, 단지 한 대의 비행기만 최종 목적지인 시카고에 도착했다. 샌프란시스코에서 출발한 그 비행기의 마지막 두 구간을 비행한 사람은 Jack Knight였다. 그는 네브래스카 주의 North Platte에서 출발하여 오마하를 지나 시카고에 도착했다. [4]불빛의 도움 없이 야간에 비행했지만, 그는 공중에서 7시간 동안 비행한 뒤 시카고를 찾았고, 아침 8시 40분에 도착했다. Jack Knight은 항공 우편 서비스의 발전에 기여한 국가적인 영웅이 되었다.

1. 지문에 의하면, 왜 기차와 항공 우편의 혼합된 체계가 오래 지속되지 못했는가?

(A) 대량의 우편물을 전달하는 데 실패하였다.
(B) 운영하는 데 상당한 비용이 들었다.
(C) 시간이 소모되고 비효율적이었다.
(D) 많은 양의 연료를 필요로 했다.

2. 지문의 단어 Consequently는 의미상 -와 가장 가깝다.

(A) 사실상   (B) 따라서
(C) 확실히   (D) 본래는

3. 지문의 구 this development는 -을 가리킨다.

(A) 대륙 횡단 우편 서비스
(B) 기차와 항공 우편의 결합
(C) 우정 공사
(D) 완전한 항공 우편 시스템

4. 왜 작가는 지문에서 in the night without the aid of fires를 언급하는가?

(A) 비행하는 동안 알맞은 조건을 설명하기 위해
(B) 항공 우편 서비스에서 Jack Knight의 업적을 강조하기 위해
(C) 화재 예방 장치의 필요성을 논하기 위해
(D) 야간 비행의 위험성을 사람들에게 경고하기 위해

p.230

02 1. (B) 2. (A) 3. (C) 4. (D)

미국 정부에 의한 교육이 보다 크게 강조되면서 18세기 말에 공립 학교들이 더욱 널리 퍼지게 되었다. 공립 학교에 대한 재정 지원이 보다 폭넓게 이루질 수 있게 됨에 따라 공립 학교가 발전했고 무료 교과서 시스템이 시행되었다. 그러나 초기에는 이러한 노력들의 효과가 제한적이었다. 이러한 변화에도 불구하고 아이들은 초등학교 이후 학교에 거의 가지 않았다. 취학 연령 인구의 2퍼센트만이 중학교에 갔고, 1퍼센트의 아이들만이 고등학교에 갔다. [1]중등 교육을 받을 나이인 많은 취학 연령의 아이들은 일하기 위해 학교를 떠났다. 이는 대체로 인구의 대다수가 여전히 농업 사회인 시골에 거주하고 있다는 사실 때문이었다. 시골 사회에서 글을 읽고 쓰는 능력이나 교육은 주로 필수적인 요구 사항이라기보다는 사치로 여겨졌다.

그러나 도시의 발전은 중등 교육에 대한 이러한 대중의 인식을 바꿔놓았다. [2C]도시화는 교육을 요구하는 일자리를 보다 많이 만들었고, 도시로의 이동은 학교를 더욱 아이들에게 접근하기 쉬운 곳으로 만들었다. [2B]동시에 노동에 있어서도 변화가 일어났다. 도시로 이사 온 아이들은 더 이상 농장에서 일할 필요가 없었다. [2D]전화의 개발과 같은 기술 진보는 심부름꾼으로 일하는 아이들의 수를 감소시켰다. 그 결과, 더 많은 아이들이 학교에 갈 수 있게 되었다. 19세기 중반에 초등학교는 더욱 널리 세워졌다. 그리고 [3]교육받은 아이들이 19세기 후반에 성인이 되자, 그들은 자식들이 교육을 받을 기회를 더 많이 갖기를 원했다. 이러한 조건들이 19세기 초 이래로 늘 같던 교육 과정의 변화에 대한 자극이 되었다.

1. 지문에서 초기에 미국인들은 교육을 -로 간주했음을 추론할 수 있다.

(A) 너무 비싼   (B) 일보다 중요하지 않은
(C) 질이 떨어지는   (D) 시간 낭비

2. 지문에 의하면, 다음은 -만 제외하고 모두 아동 교육을 증가시켰다.

(A) 교사에 대한 추가적인 훈련
(B) 노동의 변화
(C) 도시 지역의 성장
(D) 기술적인 진보

3. 지문에 의하면, 만일 부모가 더 높은 교육을 받았다면 -일 거라고 추론할 수 있다.

   (A) 그들의 자녀가 더 빨리 노동 인구에 진입할 것이다
   (B) 그들의 자녀가 선생님이 될 확률이 보다 커질 것이다
   (C) 그들의 자녀가 학교에 갈 가능성이 높아질 것이다
   (D) 공립 학교의 감독이 개선될 것이다

4. 지문의 단어 impetus는 의미상 -와 가장 가깝다.

   (A) 수축   (B) 전환
   (C) 억제   (D) 자극

p.232

03   1. (C)   2. (A)   3. (B)   4. (B)

[1B]각막은 눈의 수정체 외부를 덮는 투명한 막이다. [1D]빛이 눈에 들어오면, 각막은 광선을 확산시킨다. 각막은 투명하여 어떤 물질도 포함하고 있지 않는 것처럼 보이지만 실제로는 세포와 단백질이 모인 복잡한 집합체로써 시력을 위한 중요한 기능들을 제공한다. 만약 각막이 손상되면 사람의 시각 능력에 부정적인 영향을 미칠 수 있다. 예를 들어, 긁히게 되면 각막을 통과하는 빛을 방해하는 흉터를 남길 수 있다. 그러나 [1A]각막의 일부 손상은 자연스러운 현상이며 나이와 직접적인 관련이 있다. 사람들이 나이가 들어감에 따라 그 기능은 자주 저하된다. 나이가 들면서 각막은 덜 투명하게 되어 뒤틀리거나 흐린 이미지로 보이게 만든다. 그리고 다양한 색조에 대한 감각이 상실되기도 한다.

노령에 의해 쉽게 영향을 받는 또 다른 기관은 눈에서 색깔이 들어 있는 부분인 홍채이다. 홍채는 수축과 확장을 일으키는 근육을 이용해 동공의 크기를 변화시킬 수 있다. 이런 방식으로, 홍채는 빛이 눈에 들어가는 방식을 조절한다. 하지만 사람이 나이가 들어감에 따라 홍채가 동공의 지름을 조절하는 능력을 상실하는 것은 일반적이다. 이러한 일이 일어나면 눈은 빛의 변화에 바로 반응하기 어려워진다. 나이가 드는 것은 수정체에도 영향을 미칠 수 있는데, 수정체는 초점 거리 조정을 가능하게 하는 눈의 기관이다. 의사들에 따르면, 인간이 노화하면서 수정체는 다른 어떤 신체 기관보다 심하게 변한다. [4]사실, 20세인 사람의 눈에 들어가는 빛의 양은 80세인 사람의 눈에 들어가는 양보다 6배 더 많다. 이는 나이 많은 사람들의 수정체가 대개 젊은 사람의 수정체보다 훨씬 더 두껍기 때문이다.

1. 지문에 의하면, 다음 중 각막에 관해 사실이 아닌 것은?

   (A) 노화 과정에 크게 영향을 받는다.
   (B) 눈의 수정체의 외부 층이다.
   (C) 불투명하고 물질을 포함하고 있지 않다.
   (D) 눈으로 들어오는 광선을 분산시킨다.

2. 지문의 단어 their는 -을 가리킨다.

   (A) 동공   (B) 광선
   (C) 눈   (D) 사람

3. 지문의 단어 altered는 의미상 -와 가장 가깝다.

   (A) 약화된   (B) 변형된.
   (C) 수축한   (D) 분명하게 된

4. 지문에 의하면, 왜 노인들의 눈에 더 적은 빛이 들어오는가?

   (A) 홍채의 기능이 약화되어서
   (B) 수정체가 두꺼워져서
   (C) 각막이 손상되어서
   (D) 초점 거리가 줄어들어서

p.234

04   1. (A)   2. (C)   3. (C)   4. 2nd

동물들은 혹독한 겨울 날씨 속에서 생존하는 몇 가지 방식을 가지고 있다. [2D]새들은 대개 봄과 여름을 북부 번식지에서 보낸 뒤 남쪽에 있는 따뜻한 기후로 이동한다. 그곳에서 그들은 극도의 겨울 추위를 피할 수 있고 보다 쉽게 먹이를 찾을 수 있다. 이동을 하지 않는 새들은 다른 방식으로 대응한다. 예를 들어, [2B]펭귄은 음식이 충분할 때 지방을 몸에 축적한다. 이 지방은 펭귄의 몸이 따뜻하게 유지되도록 도와줌으로써 겨울에 먹이가 충분하지 않을 때 그들이 생존할 수 있도록 한다. [2A]마멋, 다람쥐와 같이 땅에 사는 동물들은 그들의 체온을 낮출 수 있다. 이는 그들의 신진대사를 감소시켜서 열 손실을 막고 영양분에 대한 필요성을 감소시킨다. 그들은 먹이 없이도 몇 주를 버틸 수 있으므로 겨울의 혹한에 자신을 노출시킬 위험을 겪을 필요가 없다. 곤충들은 주로 겨울을 유충 상태로 땅속에서 보낸다. 일부 동물들은 지표면 아래에서, 추운 바람으로부터 자신을 보호하면서 먹이를 찾아 나선다. 다른 동물들은 보다 따뜻한 날씨가 돌아올 때까지 그저 휴면 상태로 남아 있기도 한다.

[3]겨울을 견뎌내는 더 복잡한 전략은 신체 내에서의 실질적인 얼음 형성을 견뎌내는 능력인 내한성이다. 송장 개구리는 동물이 어떻게 몸이 어는 것을 견뎌낼 수 있는가에 대한 한 가지 훌륭한 예이다. 송장 개구리는 숲 속 바닥에서 동면한다. 그러나 굴을 파는 동물들과는 달리 송장 개구리는 땅을 파고 들어가지 못한다. 그것은 그저 최소한의 단열이 이뤄지고 기온이 매우 낮은 낙엽들 아래에 들어간다. 송장 개구리의 표피는 얼음에 대한 방어막이 되지 못하기 때문에 개구리는 쉽게 얼어 버린다. **혈액 흐름이 정지되고, 신체의 65퍼센트가 얼음이 된다.** 그러나, 송장 개구리는 자연적으로 얼음이 형성되도록 기다리기 보다는 표피에서 발견되는 특별한 박테리아를 이용함으로써 어는 것을 조절한다. 이것은 송장 개구리가 생존을 보장하기 위한 조절을 하도록 해준다. 즉, 송장 개구리는 자신의 몸을 얼도록 내버려 두는 것이다. 그렇게 함으로써, 그것은 조직의 손상으로부터 몸을 보호한다.

1. 지문의 단어 abundant는 의미상 -와 가장 가깝다.

   (A) 풍부한   (B) 강력한
   (C) 날것의   (D) 유익한

2. 지문에 의하면, 다음 중 겨울에 동물들이 살아남기 위한 수단이 아닌 것은?

   (A) 체온을 떨어뜨리기
   (B) 체내에 지방을 축적하기
   (C) 동굴에서 동면하기
   (D) 따뜻한 지역으로 이동하기

3. 지문에서 작가는 wood frog를 -하기 위해 언급한다.

   (A) 추위에 대하여 방어하는 데 박테리아가 중요함을 보여주기 위해
   (B) 냉기 동안 그것의 피부가 얼마나 연약한지를 증명하기 위해
   (C) 내한성을 사용하는 동물의 예를 제시하기 위해
   (D) 자연적인 얼음의 형성을 기다리는 동물들과 비교하기 위해

4. 다음 문장이 지문에 삽입될 수 있는 곳을 나타내는 4개의 네모박스[■]를 보아라.
   혈액 흐름이 정지되고, 신체의 65퍼센트가 얼음이 된다.
   어디가 가장 적절한가?
   해당 네모박스[■]를 클릭하여 제시된 문장을 지문에 삽입하라.

                                               p.236

05 1. (B) 2. (D) 3. (B) 4. (C) 5. (A)
    6. (A)-3단락, (C)-1단락, (F)-2단락

20세기경, 현대 무용이 아방가르드 운동의 일환으로 등장하였다. 아방가르드 무용은 실험적인 표현의 형식이었다. 그것은 무용가들에게 전통적인 발레복을 입고 공연하도록 요구하지 않았고, 오히려 일상적인 감정을 표현하기 위해 그들이 티셔츠와 청바지와 같은 캐주얼을 입도록 허용했다. 가장 중요한 것은, [2]아주 조직화되어 있고 단지 콘서트홀과 같은 공식적인 장소에서만 공연되는 전통 무용과는 달리, 아방가르드 무용은 흔히 공원, 교회, 또는 거리에서 공연되었다.

사실, 전통 무용과 현대 무용의 기본적인 형식은 상당히 다르다. [3]전통적인 접근법은 무용에 대해 체계적인 형식과 줄거리를 요구했지만, 그것은 거의 항상 안무가에 의해 만들어졌다. 반면, 현대 무용은 단지 음악만을 필요로 했고, 대부분 즉흥적인 소재에 의존했다. 때때로, 현대 무용은 그것조차도 필요로 하지 않았고, 이따금 마임이나 설명적인 무용의 형태를 띨 수도 있었다. [4]아방가르드 무용은 예술에 대해 지식이 없거나 세련된 관객이 아닌 사람들을 비롯하여 다양한 종류의 대중들에게 호소했다. 그래서, 누구든 예술에 관심이 있고 열린 마음을 갖고 있는 사람들은 아방가르드 무용을 즐길 수 있었다.

아방가르드 무용에 있어 스타일상의 중요한 차이는 무용가들이 자신을 표현하기 위해 선택하는 방식이다. 그들은 무용 공연 동안 이야기하거나 심지어 무대를 깨끗이 청소할 수도 있다. 안무단과 개인 공연자들은 그들의 예술을 더 광범위한 공연 환경 속에 통합하기 위한 새로운 방법들을 찾았다. 이것이 반영된 한 가지 방법은 안무단 이름에 대한 그들의 선택에 있었다. 아방가르드 운동 이전에는, 안무단은 'Zeferelli 안무단' 혹은 'Radoyanov 발레단'과 같이 주로 그들의 입주 안무가의 이름을 따서 이름이 지어졌으나 운동이 발달한 후 그들은 'Acme'와 같은 그들 고유의 이름을 취했다. 이러한 진보와 함께 안무가의 역할에 대한 중요성이 최소화되었다.

1. 지문의 단어 it은 -을 가리킨다.

   (A) 현대 무용   (B) 아방가르드 무용
   (C) 형식   (D) 실험적인 표현

2. 지문에 의하면, 아방가르드 무용이 가장 공연되었을 것 같지 않은 곳은 어디인가?

   (A) 거리   (B) 공원
   (C) 예배당   (D) 콘서트홀

3. 지문에 의하면, 다음 중 아방가르드 운동 전의 무용의 특성인 것은?

   (A) 음악에 의존하지 않았다.
   (B) 잘 구조화된 형식을 따랐다.
   (C) 안무단의 이름은 자유롭게 지어졌다.
   (D) 의상에는 가벼운 활동복이 포함되었다.

4. 지문에 의하면, 아방가르드 무용을 즐기는 사람은 -이다.

   (A) 즉흥 댄스보다 마임을 좋아했다
   (B) 주기적으로 무용수를 후원하였다
   (C) 반드시 예술 방면에 전문가는 아니었다
   (D) 음악 분야에서 좋은 교육을 받았다

5. 지문의 단어 incorporate는 의미상 -와 가장 가깝다.

   (A) 통합하다   (B) 변화하다
   (C) 들어가다   (D) 줄이다

6. 지시: 지문의 요약을 위한 도입 문장이 아래에 주어져 있다. 지문의 가장 중요한 내용을 나타내는 3개의 보기를 골라 지문 요약을 완성하라. 어떤 문장들은 지문에 언급되지 않은 내용이나 지문의 세부 내용을 나타내고 있으므로 지문 요약에 포함되지 않는다. 이 문제는 2점이다.
   속하는 자리에 선택 항목을 끌어다 놓아라. 선택 항목을 삭제하려면 그 위에 클릭하라. 전체 지문을 다시 보려면 View Text 아이콘을 클릭하라.
   아방가르드 무용 운동은 전통 무용의 기본 원칙의 많은 부분을 거부하였다.

(A) 아방가르드 무용단들은 그들 스스로를 표현해 내는 방법에 있어서 전통적인 무용단들과 달랐다.
(B) 아방가르드 무용은 아방가르드 운동이 성숙함에 따라 점차적으로 더 체계적인 형식으로 발전되어 갔다.
(C) 아방가르드 무용은 의상과 장소에 있어서 더 많은 융통성을 보여준다.
(D) 안무가의 부족은 아방가르드 안무단이 새로운 명칭법을 발전시키는 것을 필요로 했다.
(E) 아방가르드가 발전함에 따라 안무가들은 점차적으로 중요한 역할을 담당하기 시작하였다.
(F) 아방가르드 무용은 형식과 청중들의 관점에서 좀 더 전통적인 형태와 구별되었다.

5일 Progressive Test 5

01 1. (B) 2. (B) 3. (D) 4. 4th

미국 혁명 이전에는 정기 간행물이 15권밖에 없었고, 각각 수명이 1년 이내였다. 전쟁 후, 더 많은 잡지들이 더 많은 수량으로 등장하였다. 1800년 이전에는, 출판된 간행물이 70권에 이르렀다. 대부분은 문학 잡지였다. [1]잡지의 전성기는 대륙 횡단 철도의 건설, 향상된 인쇄법, 더 낮아진 생산 비용, 우편법의 제정으로 가능해졌다. 특히, 우편법은 잡지에 대한 우편 요금을 하락시켰다. 중등 교육의 개선과 대중화 또한 식자율을 증가시켰기 때문에 잡지 산업을 번창하게 만들었다.

광고가 1741년에 도입되었을 때는 미미한 요소였다. 당시, 발행인들은 발행 부수에 따른 수입으로부터 직접적으로 돈을 벌었다. 모든 수입은 구매나 정기 구독으로부터 왔다. 그러나 곧 광고가 잡지 산업의 근간이 되었다. 많은 잡지 발행인들은 광고를 게재하도록 허용함으로써 잡지의 가격과 생산 비용을 낮추었다. 그 결과, 감당할 수 있는 가격 덕분에 더 많은 사람들이 잡지를 구매하였다. 처음에, 광고는 잡지 뒤쪽의 지정된 위치에만 게재되었다. 하지만 [3]이후, 광고는 잡지의 전반에 걸쳐 게재되었다. 'Ladies Home Journal'은 1896년 최초로 이런 방식을 도입하였다. 신문사들 역시 이 방법을 채택했다. **곧, 대부분의 현대 잡지사들, 특히 여성지들이 이러한 전략을 모방했다.** 시간이 지남에 따라, 강력한 광고 수입의 유혹 때문에 많은 잡지사들이 단지 수익만을 추구하게 되었다. 이것은 전반적인 잡지의 질을 저하시켰다.

1. 지문에 의하면, 다음의 ―만 제외하고 모두로 인해 잡지의 전성기가 도래했다.

(A) 인쇄법의 향상   (B) 우편 요금의 상승

(C) 생산 비용의 하락   (D) 대륙 횡단 철도의 건설

2. 지문의 구 golden age는 의미상 ―와 가장 가깝다.

(A) 용두사미   (B) 전성기
(C) 골드러시   (D) 권태

3. 왜 작가는 지문에서 Newspaper companies를 언급하는가?

(A) 신문이 여성지와 어떻게 경쟁했는지 명백히 하기 위해
(B) 신문사의 광고 방법과 잡지의 광고 방법을 대조하기 위해
(C) 발행인들이 왜 정기 구독으로부터의 수입이 더 이상 필요 없었는지 설명하기 위해
(D) 광고의 확대를 증명하기 위해

4. 다음 문장이 지문에 삽입될 수 있는 곳을 나타내는 4개의 네모박스[■]를 보아라.
곧, 대부분의 현대 잡지사들, 특히 여성지들이 이러한 전략을 모방했다.
어디가 가장 적절한가?
해당 네모박스[■]를 클릭하여 제시된 문장을 지문에 삽입하라.

02 1. (B) 2. 4th 3. (A) 4. (C)

프랑스 지리학자 Andre Aubreville은 풍부한 산림지와 목초지에서 사막으로 바뀐 아프리카의 땅을 묘사하기 위해 1949년에 '사막화'라는 용어를 보급하였다. 비록 아프리카가 사막화에 의해 영향을 받는 하나의 장소이긴 하지만 다른 장소들도 많다. 예를 들어, 북미 서부 지역에는 넓은 사막 지역이 많이 있다. 과거에, 이 건조 지역은 오늘날만큼 광대하지 않았고, 미국 서부의 사막화는 계속되고 있다. 사실상, 북미 건조 지역의 약 75퍼센트가 급속히 사막으로 바뀌고 있다. 이 지역의 상당 부분이 이전에는 목초지였다.

[4]미국의 건조 지역이 사막화의 영향을 받고 있는 데는 많은 이유가 있다. 우선, 서부로의 이동으로 인해 목초지에 정착하는 사람 수가 많아졌다. 기후가 너무 건조하였기 때문에 정착민들은 농업에 종사할 수 없었다. 대신 그들은 소를 길렀고 소 떼의 대량 방목은 풀을 고갈시켰다. 일부 사람들은 소들의 풀 먹는 습관이 사막화에 대한 유일한 이유였다고 믿고 있지만, 땅이 사막으로 바뀐 데는 또 다른 이유가 있었다. **산불의 감소가 사막화 과정의 또 다른 공헌자인 것이다.** 산불은 자연적이고 빈번하게 발생했다. 사람들의 믿음과 정반대로, [3B]산불은 식물에 영양을 공급하는 데 도움이 되었다. [3C]더욱이, 화재의 발생은 생태계의 균형을 유지하는 데 도움이 되었다. 그러나, 더욱 더 많은 사람들이 목초지에 정착함에 따라, 산불이 더 적게 발생했다. [3D]정착민들은 그들의 집과 마을이 불타는 것을 막기 위해 일상적으로 어느 불이건 껐다. 이것은 생태계의 균형을 파괴했고 사막화를 가속화했다.

314 무료 토플자료 · 유학정보 제공 goHackers.com

1. 지문의 단어 prolific은 의미상 -와 가장 가깝다.

   (A) 길들여지지 않은   (B) 비옥한
   (C) 유순한   (D) 시든

2. 다음 문장이 지문에 삽입될 수 있는 곳을 나타내는 4개의 네모박스[■]를 보아라.
   산불의 감소가 사막화 과정의 또 다른 공헌자인 것이다.
   어디가 가장 적절한가?
   해당 네모박스[■]를 클릭하여 제시된 문장을 지문에 삽입하라.

3. 지문에 의하면, 다음 중 산불에 관해 사실이 아닌 것은?

   (A) 산불은 더 많은 사람들이 무리 지어 오자 증가했다.
   (B) 식물들은 산불로부터 영양분을 얻는다.
   (C) 산불은 생태계의 균형을 유지시킨다.
   (D) 산불의 빈도가 줄어듦에 따라 사막화는 확장된다.

4. 2단락에서, 작가는 -을 통해 사막화를 설명한다.

   (A) 건조해지는 사막의 종류를 확인함
   (B) 사막화에 대한 대응책을 논의함
   (C) 북미의 사막화 원인들을 열거함
   (D) 서부로의 이동 과정을 설명함

   2단락은 화살표 [➡]로 표시되어 있다.

   p.244

03   1. (D)   2. (A)   3. (C)   4. (C)

[3B]목화 농업은 1793년 Eli Whitney가 남부 지방에 조면기를 도입한 후 미국 남부의 주요 산업이 되었다. 남부의 토양과 기후가 목화를 재배하는 데 이상적이긴 했지만 한 가지 단점이 있었다. 수확 후 가공하는 데 시간이 너무 많이 걸렸고 수반되는 노동은 수익성을 떨어뜨렸다는 것이었다. 목화 섬유에서 씨를 제거하는 장치인 조면기가 Eli Whitney에 의해 개발되기 전까지는, 1파운드의 실을 만드는 데 하루가 걸렸다. 조면기는 하루에 생산되는 실의 양을 엄청나게 증가시켰다. 이 새로운 기술로 단 하루에 50파운드의 실을 생산하는 것이 가능했다. Whitney는 그의 조면기를 몇몇 친구에게 보여주었다. 그들은 그 기계가 얼마나 효율적인지 보자 그들의 벌판에 녹색 씨 목화를 심었다. 곧, 그 기계에 대해 엄청난 수요가 생겼고 목화 산업은 급격히 인기를 얻었다.

다른 많은 요소들이 목화 산업의 폭발적인 성장에 기여하였다. [3A/D]값싼 노동력의 풍부한 제공으로 인해 연중 내내 생산이 가능했다. 게다가, 목화 산업에 종사하는 노동자들에게는 아주 최소한의 기술만이 요구되었다. 이러한 미국 목화 산업의 성장은 영국에 막대한 영향을 끼쳤다. 예를 들어, 1830년에 목화 산업은 영국 수출의 약 절반을 차지했다. 그러나, 그들은 대부분 원재료를 미국에 의존했다. 조면기와 남미의 목화 농장이 없었다면 영국 노동 인구의 상

당한 비율이 새로운 직업을 찾아야 했을 것이다. [4]'The London Economist'는 실제로 미국 목화 산업의 실패가 발생한다면 영국에서 수백만 명의 사람들이 악영향을 받게 될 거라고 말했다.

1. 지문의 단어 drawback은 의미상 -와 가장 가깝다.

   (A) 큰 실수   (B) 반박
   (C) 경향   (D) 단점

2. 아래 문장 중 어떤 것이 지문 속의 음영된 문장의 핵심 정보를 가장 잘 표현하고 있는가? 오답은 문장의 의미를 현저히 왜곡하거나 핵심 정보를 빠뜨리고 있다.

   (A) Eli Whitney가 목화 섬유를 수확하는 조면기를 발명하기 전까지 목화 생산은 매우 비효율적이었다.
   (B) Eli Whitney가 조면기로 불리는 목화 섬유와 씨를 분리할 수 있는 기계를 개발했다.
   (C) 조면기는 생산 중에 목화 섬유에서 씨를 제거함으로써 목화의 질을 성공적으로 향상시켰다.
   (D) Eli Whitney의 발명품은 1파운드의 실을 만드는 데 걸리는 시간을 하루로 단축했다.

3. 지문에 의하면, 다음 중 미국 목화 생산의 급격한 증가에 대한 요소로써 언급되지 않은 것은?

   (A) 비싸지 않은 노동력   (B) Whitney의 기계
   (C) 좋은 날씨   (D) 연중 계속되는 생산

4. 지문에 의하면, 'The London Economist'의 논평에서 무엇이 추론 가능한가?

   (A) 미국의 목화 산업은 때때로 자연재해로부터 고통받았다.
   (B) 미국의 목화는 영국의 목화보다 훨씬 쌌다.
   (C) 미국의 목화가 없다면 영국의 경제는 파괴됐을 것이다.
   (D) 영국은 미국과의 목화 무역에 반대했다.

   p.246

04   1. (B)   2. (A)   3. (C)   4. (B)

[4C]Isaac Newton경이 광학에 대해 관심을 갖기 시작했을 때는 단지 학생이었다. 영국 물리학자 Robert Boyle과 Robert Hooke의 광학과 빛에 대한 저술을 읽은 후 1664년에 그의 흥미는 고무되었다. 이후 2년에 걸쳐, Newton은 자칭 자기 일생의 발명에 대한 전성기로 접어들었다. 이 시기 동안 그는 'Principia'라고 알려진 '자연 철학의 수학적 법칙'을 집필하였을 뿐만 아니라 유리 프리즘에 의해 굴절될 때의 빛에 대한 실험을 수행하였다. 전설에 의하면, Newton은 군 박람회에서 삼각형 모양의 유리를 보았다. 그는 그것들을 샀고 집에 가져와서 그것들로 실험을 했다. 만약 이 이야기가 사실이라면 군 박람회에 간 Newton의 여행이 과학의 역사를 바꾸도록 도운 셈이다.

Newton의 실험은 당시로서는 새로운 것이었다. 당시의 과학자들은 빛을 프리즘에 통과시킴으로써 만들어지는 색깔은 빛 자체가 아니라 유리로부터 온다고 믿었다. 예를 들어, Descartes는 그 물질 혹은 매개체가 빛을 스펙트럼의 여러 다른 색깔들로 변화시킨다고 믿었다. 그는 백색광 자체는 순수하고 바뀔 수 없는 것이라고 생각했다. 그러나 Descartes는 그의 주장을 뒷받침하기 위한 과학적 실험을 한 적은 없다. 반면에, Isaac Newton은 빛에 대해 매우 정교한 실험을 실시하였다. [2]그 실험은 빛에 대한 이전의 개념에 대한 도전이었다. [4D]Newton은 검은 종이 한 장에 구멍을 내고 이 구멍을 통해 빛을 통과시킨 후 그 빛이 프리즘을 통과하도록 하였다. 그래서 그는 백색광이 실제로 무지개나 스펙트럼에서의 다양한 색깔을 띤 광선들이 결합된 것이라는 사실을 발견했다. Newton은 분산된 빛을 또 다른 프리즘에 통과시킴으로써 한 단계 더 나아갔다. 이때, 그 빛은 원래의 형태로 한데 모아졌다. [4A]Newton은 '광학'이라는 제목을 붙인 책에서 그의 실험 결과들을 논했다. 이 책은 오늘날 여전히 대학 물리학 수업에서 사용되고 있다.

1. 지문의 단어 conducted는 의미상 –와 가장 가깝다.

(A) 제거했다 (B) 실시했다
(C) 추구했다 (D) 전달했다

2. 지문에 의하면, Newton의 빛에 관한 실험은

(A) 이전의 이론에 의문을 제기했다
(B) 방사능의 발견을 이끌었다
(C) 무지개 색깔에 관해 규정지었다
(D) 다른 과학자들에 의해 반박되었다

3. 지문의 단어 converged는 의미상 –와 가장 가깝다.

(A) 발산하였다 (B) 정렬하였다
(C) 만났다 (D) 투과하였다

4. 지문에 의하면, 다음 중 Isaac Newton경에 관해 사실이 아닌 것은?

(A) 그의 '광학'이라는 책은 수업 자료로 쓰여진다.
(B) 그의 성과는 Robert Boyle과 Robert Hooke에게 영향을 줬다.
(C) 그는 학생일 때 광학에 대해 관심을 갖게 되었다.
(D) 그는 검은 종이를 이용하여 빛을 실험하였다.

p.248

05 1. (C) 2. (B) 3. (C) 4. (A) 5. (A)
    6. Biological Theory: (C), (E)
       Behavioral Theory: (A), (B), (G)

많은 사람들이 2개 국어 또는 3개 국어를 말하지만 폴리글로트(다국어를 말하는 사람들)로 알려진 사람들이 있는데, 그들은 여러 언어에 대한 고도의 능숙함을 보이며, 6개나 그 이상의 언어를 말하는 능력을 가진 사람들은 하이퍼폴리글로트(아주 여러 개의 언어를 말하는 사람들)로 불린다. [2]최근에, 과학계 내에서 특정한 사람들의 광범위한 언어 능력이 생물학적인 요소 또는 행태적인 요소에 귀착될 수 있는가를 둘러싸고 상당한 논쟁이 있어 왔다.

이 현상을 설명하는 한 가지 이론은 폴리글로트와 하이퍼폴리글로트는 한두 가지 이상의 언어를 배울 수 없는 사람들과는 생물학적으로 다르다는 것이다. 몇몇 실험이 이들의 대뇌 피질, 특히 음성 정보의 처리와 관련된 부분인 두정엽에서 독특한 모양과 구조를 갖고 있다는 것을 증명했다. 게다가, 이 뇌의 구성 부분들을 이어주는 백질의 양이 훨씬 많다. 이것이 시사하는 것은 [6C]특정 사람들이 언어 습득에 관한 유전적인 경향을 가지며, 그것이 그들에게 이 활동에 관여할 때 다른 사람들을 능가하는 타고난 이점을 준다는 것이다. [6E]이 이론은 전문 적성 검사가 어린이의 장래 언어 능력에 관해 예측할 수 있다는 것을 보여주고 있다는 사실에 의해 더욱 강화된다.

유전적인 특징이 개인의 능력에 영향을 줄 수 있다는 것이 일반적으로 수용되지만, 최근 연구는 생리학과 능력 간의 직접적인 상호 관련성에 이의를 제기해 왔다. [6A]사람이 뇌의 특정 부분을 더 자주 사용할 때 이 기관 구조의 변형이 일어날 수도 있다는 것이 제기되었다. 그래서, 폴리글로트와 하이퍼폴리글로트에서 발견되는 신체적 차이점은 그들의 지속적인 언어 습득의 원인이라기 보다는 결과일 수 있다. 게다가, [6B]언어학자들은 일단 한 개인이 두 개나 그 이상의 언어를 습득하면 그 이후에 뒤따르는 것들을 배우는 것은 훨씬 쉬워진다는 점을 지적한다. 이것은 왜냐하면 개인이 언어의 근본 구성 요소와 그것들이 서로 관련되는 방식을 더 잘 이해하기 때문이다. [6G]이것은 누구든 기꺼이 다국어를 쓰기 위해 요구되는 노력을 한다면 다국어를 쓰는 것이 가능하다는 것을 의미한다.

1. 지문의 단어 proficiency는 의미상 –와 가장 가깝다.

(A) 적합 (B) 적응
(C) 능력 (D) 풍부

2. 왜 작가는 1단락에서 considerable debate를 언급하는가?

(A) 배울 수 있는 언어의 수에 대한 논쟁이 있다는 것을 보이기 위해
(B) 언어 능력이 어디에서 비롯되는지 연구원들이 확신하지 못한다는 것을 강조하기 위해
(C) 언급되는 대상이 논란의 여지가 있다는 것을 설명하기 위해
(D) 과학자들이 어떤 문제들에 대해 거의 합의에 이르지 못한다는 것을 보이기 위해

3. 지문의 단어 inclination은 의미상 –와 가장 가깝다.

(A) 손실 (B) 수정
(C) 경향 (D) 상관관계

4. 아래 문장 중 어떤 것이 지문 속의 음영된 문장의 핵심 정보를 가장 잘 표현하고 있는가? 오답은 문장의 의미를 현저히 왜곡하거나 핵심 정보를 빠뜨리고 있다.

  (A) 많은 사람들이 믿는 유전적인 신체적 특징과 개인 능력의 직접적인 연관성에 대해 연구들이 의구심을 제기해 왔다.
  (B) 많은 사람들이 믿는 특정한 사람들의 능력에 대한 DNA의 영향이 최근의 과학적 연구에 의해 증명되었다.
  (C) 신체적 특징과 재능 사이의 관계를 이해하기 위한 필요성은 새로운 연구 분야를 열었다.
  (D) 연구원들이 생리학과 개인의 능력의 관계에 대해 인정을 하지만, 이 관계의 본질에 대해 아직 의문의 여지가 있다.

5. 지문의 단어 they는 −을 가리킨다.

  (A) 구성 요소   (B) 언어학자
  (C) 언어   (D) 차이점

6. 지시: 보기에서 적절한 구를 골라서 관련된 이론에 알맞게 짝지어라. 이 문제는 3점이다.
   속하는 자리에 선택 항목을 끌어다 놓아라. 선택 항목을 삭제하려면 그 위에 클릭하라. 전체 지문을 다시 보려면 View Text 아이콘을 클릭하라.

  (A) 뇌의 발달은 뇌가 어떻게 사용되는지에 기인한다.
  (B) 한번 사람들이 2개 국어를 하게 되면 더 많은 언어를 배우는 것이 쉽게 된다.
  (C) 타고난 특징이 어떤 사람들에게 어학상의 이점을 준다.
  (D) 뇌의 백질은 소리를 처리한다.
  (E) 검사를 통해 미래의 언어 능력을 예측할 수 있다.
  (F) 대부분의 사람들은 언어의 기본적인 구성 요소를 이해하지 못한다.
  (G) 모든 사람은 여러 개의 언어를 숙달할 수 있는 가능성을 가지고 있다.

* 각 문제에 대한 정답단서는 지문해석에 파란색으로 표시되어 있습니다.

p.254

[1] 1. (B)   2. (B)   3. (A)   4. (C)   5. (B)
     6. (C)   7. (B)   8. (A)   9. 2nd
     10. (A)-3단락, (C)-2단락, (D)-4단락

하와이의 외래종

¹그것의 역사의 대부분 동안, 하와이 제도는 사람과의 접촉으로부터 완전히 보호받았고, 새로운 종들의 유입은 극히 드물었다. 그러나, 이것은 대략 1200년과 1600년 전 사이에 폴리네시아 사람들이 도착했을 때 달라졌다. 그들은 그 제도를 식민지로 만들었고, 식용 작물과 가축 같은 외래종을 데려왔다. 이후에, 유럽과 아시아 국가들로부터 각기 그들 고유의 식물과 동물을 대동한 이주민들의 급증이 그 제도에 더 많은 외래 생물들을 데려왔다. 시간이 지나면서, 이러한 생물들 중 대다수가 하와이에서 성공적으로 번식하기 시작했다. 그것들 중 일부는 침입종이 되었고, 그들의 빠른 확산은 여러 가지 파괴적인 결과로 이어졌다.

예를 들어, 하와이에 사람들이 처음 도착했을 때, 그곳에는 140종 정도의 토착 조류가 있었고, ³그것들 중 다수가 고유종이었는데, 이는 그들이 세계의 다른 어떤 곳에서도 발견되지 않았음을 뜻한다. 그러나 그러한 본래 거주종의 절반 이상이 지금은 멸종되었고, 이는 부분적으로 외래종 때문이다. ⁴ᴬ원래 애완동물로 데려왔던 고양이들이 탈출하여, 포유류 포식자 없이 진화했던 토착 조류들을 쉽게 먹이로 삼았다. ⁴ᴮ화물선으로 건너온 쥐들은 새의 알을 먹어 치웠고, 과일과 곤충 같은 식량 자원을 두고 새들과 경쟁했다. 그리고 ⁴ᴰ의도치 않은 모기의 유입은 조류 말라리아와 조류 수두 바이러스 확산의 결과를 낳았는데, 섬의 조류들은 이에 대해 자연 면역력이 없었다.

⁵다른 문제점은 하와이에 초식성인 토착 포유류가 없었으므로, 토착 식물들이 그것들을 막기 위한 가시 돌기나 가시를 발달시키지 않았다는 사실에서 기인했다. 결과적으로, 발굽이 있는 외래 동물들은 하와이 숲의 무방비한 식물들을 착취할 수 있었다. 이러한 동물들은 한때 사육되고 가둬져 있었지만, 그들은 난폭해져 점점 더 많은 수가 숲에 들어갔다. 이는 야생 염소가 무차별적으로 하층 식물들을 먹어 치우는 한편, 야생 돼지가 광범위한 자취를 남기며 하층 식물의 뿌리를 섭취하기 위해 그것들을 뽑아 파괴하면서 궁극적으로 숲 생태계의 자연적인 균형을 교란시켰다. 함께 작용하여, 이러한 활동들은 숲의 재생에 필수적인 성장을 막았다.

더욱이, 침입종의 유입은 하와이 거주민들에게 수백만 달러의 경제적 손실을 가져왔다. 이것의 주요한 원인 중 하나는 대만 흰개미이다. ⁸이 가공할 해충은 중국과 하와이 왕국 사이에 상당한 무역이 이루어졌던 19세기 동안 도착한 수송품 중 분재에서 비롯되었다고 여겨진다. 호놀룰루의 해안가에서 처음 발견된 이 흰개미들은 하와이의 섬 중 적어도 6개에 도달했고, 그것들의 끈질긴 공격은 광범위한 재산 피해를 유발했다. 잘 날지 못하는 흰개미들은 바람에 의해 건물의 지붕으로 이동한다. 거기에서, 그것들은 내벽으로 내려가는데 도중에 만나는 어떤 나무라도 먹어 치운다.

1. 다음 중 어느 것이 1단락에서 하와이 제도에 관하여 추론 가능한가?

   (A) 새로운 종은 인간의 도움 없이는 하와이 제도를 식민지로 만들 수 없었을 것이다.
   (B) 폴리네시아 사람들의 도착 이전에는 하와이 제도에 거주민이 없었다.
   (C) 이주민들은 하와이의 독특한 식물과 동물로 인해 하와이 제도에 이끌렸다.
   (D) 유럽인들과 아시아인들의 이주 전에는 외래종이 없었다.

   1단락은 화살표 [➡]로 표시되어 있다.

2. 지문의 단어 swift는 의미상 ~와 가장 가깝다.

   (A) 오래 끄는   (B) 빠른
   (C) 시기적절한   (D) 점진적인

3. 2단락은 하와이의 토착 조류에 관해 무엇을 말하는가?

   (A) 그 조류들 중 다수가 하와이 제도에 유일했다.
   (B) 그중 100종이 넘는 조류가 멸종했다.
   (C) 종의 총 수는 대략 오늘날의 절반이었다.
   (D) 그 조류들은 전 세계의 다양한 장소들로부터 제도로 이동했다.

   2단락은 화살표 [➡]로 표시되어 있다.

4. 다음 중 2단락에서 토착종 멸종의 요인으로 언급되지 않은 것은?

   (A) 고양이
   (B) 쥐
   (C) 새
   (D) 모기

5. 3단락에 의하면, 왜 하와이의 토착 식물들은 보호용 가시 돌기나 가시를 가지고 있지 않았는가?

   (A) 토착 식물들은 자연적 포식자의 부재 속에 진화했다.
   (B) 자연적으로 발생한 식물을 먹는 포유류가 없었다.
   (C) 가시 돌기와 가시는 토착 초식 동물에 대해 효과적이지

않았을 것이다.

(D) 현지 기후가 이러한 종류의 적응에 적합하지 않았다.

3단락은 화살표 [➡]로 표시되어 있다.

6. 지문의 단어 exploit은 의미상 -와 가장 가깝다.

(A) ~을 없애다   (B) ~을 가까이 하지 않다
(C) ~을 이용하다   (D) ~을 다 쓰다

7. 지문의 단어 them은 -을 가리킨다.

(A) 염소   (B) 식물
(C) 돼지   (D) 망

8. 왜 작가는 지문에서 a potted plant를 언급하는가?

(A) 대만 흰개미가 어떻게 하와이에 처음 도착했는지 설명하기 위해
(B) 중국과 하와이 간의 무역 규모를 강조하기 위해
(C) 대만 흰개미가 건물에 들어가는 일반적인 방법을 언급하기 위해
(D) 흔히 볼 수 있는 해충이 분재 화초에 미치는 영향을 설명하기 위해

9. 다음 문장이 지문에 삽입될 수 있는 곳을 나타내는 4개의 네모박스[■]를 보아라.

이러한 동물들은 한때 사육되고 가둬져 있었지만, 그들은 난폭해져 점점 더 많은 수가 숲에 들어갔다.

어디가 가장 적절한가?

해당 네모박스[■]를 클릭하여 제시된 문장을 지문에 삽입하라.

10. 지시: 지문의 요약을 위한 도입 문장이 아래에 주어져 있다. 지문의 가장 중요한 내용을 나타내는 3개의 보기를 골라 지문 요약을 완성하라. 어떤 문장들은 지문에 언급되지 않은 내용이나 지문의 세부 내용을 나타내고 있으므로 지문 요약에 포함되지 않는다. 이 문제는 2점이다.

속하는 자리에 선택 항목을 끌어다 놓아라. 선택 항목을 삭제하려면 그 위에 클릭하라. 전체 지문을 다시 보려면 View Text 아이콘을 클릭하라.

하와이에 외래종이 도입된 후에, 그들은 급증하였고 그들의 존재는 파괴적인 영향을 가져왔다.

(A) 발굴이 있는 포유류의 도입과 더불어 하와이 숲에 해로운 영향이 생겼다.
(B) 많은 외래종이 사람에게는 유익했지만, 그 비용은 이익을 능가했다.
(C) 하와이 토착종의 멸종은 특정 외래종의 활동에 의한 것으로 여겨질 수 있다.
(D) 상당한 양의 경제적 손해가 특정 침입종의 존재로부터 비롯되었다.

(E) 그것의 도입 이후, 외래 침입종인 대만 흰개미는 하와이의 섬 중 적어도 6개에 빠르게 퍼졌다.

(F) 토착종은 포유류 포식자 없이 진화했으므로, 그들은 쉬운 먹잇감이 되어 멸종되었다.

VOCABULARY

exotic [igzátik] a. 외래의
shelter from ~로부터 보호하다
extremely [ikstrí:mli] ad. 극히
colonize [kálənàiz] v. 식민지로 만들다
livestock [láivstàk] n. 가축
subsequently [sʌ́bsikwəntli] ad. 이후에
immigrant [ímigrənt] n. 이주민
nonnative [nànnéitiv] a. 외래의, 토종이 아닌
reproduce [rì:prədjú:s] v. 번식하다
invasive [invéisiv] a. 침입하는
dispersal [dispə́:rsəl] n. 확산
indigenous [indídʒənəs] a. 토착의
endemic [endémik] a. (동·식물이) 그 지방 고유의
extinct [ikstíŋkt] a. 멸종한
make prey of ~을 먹이로 삼다
mammalian [məméiliən] a. 포유류의
predator [prédətər] n. 포식자
cargo ship 화물선
inadvertent [ìnədvə́:rtnt] a. 의도치 않은
avian [éiviən] a. 조류의
poxvirus [páksvàiərəs] n. 수두 바이러스
immunity [imjú:nəti] n. 면역력
stem from ~에서 기인하다
herbivorous [həːrbívərəs] a. 초식성의
spine [spain] n. 가시 돌기
thorn [θɔːrn] n. 가시
hoofed [huft] a. 발굽이 있는
exploit [iksplɔ́it] v. 착취하다
defenseless [difénslis] a. 무방비의
disrupt [disrʌ́pt] v. 교란시키다
feral [fíərəl] a. 야생의
goat [gout] n. 염소
indiscriminately [ìndiskrímənətli] ad. 무차별적으로
understory plant 하층 식물
regeneration [ridʒènəréiʃən] n. 재생
culprit [kʌ́lprit] n. 원인
Formosan [fɔːrmóusən] a. 대만의
termite [tə́ːrmait] n. 흰개미
formidable [fɔ́ːrmidəbl] a. 가공할
potted plant 분재
waterfront [wɔ́ːtərfrʌ̀nt] n. 해안가
find one's way 도달하다
relentless [riléntlis] a. 끈질긴, 끊임없는
work one's way 나아가다

p. 258

하성 삼각주

삼각주는 수로가 바다 혹은 다른 넓은 저수지로 흘러 들어가는 강의 입구에 지형을 형성하기 위한 충분한 양의 퇴적물이 쌓이도록 강과 해안의 작용이 결합할 때 생긴다. 강이 정체 수역에 진입하면, 그것은 더 이상 수로에 갇혀 있지 않으므로 해류가 확장되고 유속이 느려진다. 느려진 유속은 정지해 있는 퇴적물이 흩어져 바닥에 쌓이게 만드는데, 큰 입자는 강의 입구 근처에 퇴적되고 작은 입자는 더 나아가 저수지 쪽에 쌓인다. [12]점진적으로, 지속된 퇴적물은 일반적으로 그리스 문자 Δ처럼 생긴 독특한 지형을 형성하고, 여기에서 그 명칭이 유래했다.

하성 삼각주는 강과 바다가 만나는 다소 평평한 육지 환경인 삼각주 평야와 같은 각기 다른 지역들을 포괄한다. 삼각주 평야는 바다를 향해 사방으로 퍼지는 작은 하천망들로 특징지어진다. [13]그것은 해양의 영향이 없는 상부 삼각주 평야와 염수를 함유하는 하부 삼각주 평야로 세분화될 수 있다. 강의 입구로부터 더 멀리에 있는 삼각주 전면은 삼각주 퇴적물이 해수면에서 해저로 흘러 내려가는 연안에서 발견된다. 그것은 빠른 퇴적의 장소이며, 삼각주 평야에 비해 가파른 경사로 인해 불안정할 수 있다. 이 너머의, 더 깊은 전위 삼각주에는 가장 고운 알갱이들이 마침내 진흙으로 퇴적된다.

삼각주의 다양한 부분을 인식하는 것 외에도, 과학자들은 그것들의 구조적 외관에 가장 큰 영향을 미치는 힘에 기반해 삼각주를 분류한다. 강의 작용이 강한 삼각주는 낮은 파동 에너지와 약한 조수를 가진 보호 수역으로 흘러 들어가는 강에 의해 형성된다. 대부분의 경우, 그것들은 기존 해안선에서 멀리까지 확장된다. 주로 해저의 파도나 조수에 의해 형성되는 삼각주는 파도의 작용이 강한 삼각주와 조수의 작용이 강한 삼각주로 알려져 있다. [16]전자에서는, 부서지는 파도가 퇴적물의 즉각적인 재이동을 일으키고, 그것은 해안선을 따라 해변과 모래톱으로 퇴적된다. 후자에서는, 만조의 작용이 일부 퇴적물을 강의 입구 쪽으로 밀어내는 한편, 간조는 조류의 방향과 일직선인 수로를 형성하면서 나머지를 바다로 보낸다. 아마도 세상에서 이것의 가장 좋은 예는 남아시아의 갠지스-브라마푸트라 하성 삼각주이며, 이것은 조석력에 의해 강하게 결정지어진다.

궁극적으로, [17]삼각주는 수중 환경이 상당히 완만한 경사로 이루어진 곳과 조수와 파도가 너무 약해서 모든 퇴적물을 이동시킬 수 없는 곳에서만 나타날 수 있다. 그러므로, 아마존과 같은 몇몇 아주 큰 강들은 삼각주를 전혀 형성하지 않는다. 그러나, 조건이 맞는 곳에서는 광대한 지형이 발달할 수 있다. 예를 들어, 미시시피 강 삼각주는 약 이백만 명의 사람들과 엄청난 양의 다양한 생물의 서식지인 12,000제곱킬로미터의 지역에 걸쳐 있다.

11. 아래 문장 중 어떤 것이 지문 속의 음영된 문장의 핵심 정보를 가장 잘 표현하고 있는가? 오답은 문장의 의미를 현저히 왜곡하거나 핵심 정보를 빠뜨리고 있다.

(A) 강이 넓은 수역으로 진입하는 곳에서, 침전물 퇴적이 지형을 형성할 정도로 많을 때 삼각주가 생긴다.
(B) 만약 퇴적된 침전물의 양이 충분히 많으면, 수로는 저수지로 진입할 수 없게 되어 지형을 형성할 것이다.
(C) 바다 같이 넓은 수역에서 온 침전물이 강의 입구 근처에 퇴적될 때 삼각주 형성이 일어난다.
(D) 강이 바다나 다른 넓은 저수지로 흘러 들어가는 곳에서, 침전물은 상당한 양으로 강의 입구 근처에 퇴적된다.

12. 왜 작가는 1단락에서 the Greek letter Δ를 언급하는가?

(A) 특정 지형이 어떻게 이름을 갖게 되었는지 설명하기 위해
(B) 입자의 크기와 확산 간의 관계를 보여주기 위해
(C) 특유의 지형이 원래 언제 발견되었는지 밝히기 위해
(D) 침전물이 어떻게 독특한 모양으로 퇴적될 수 있는지 설명하기 위해

1단락은 화살표 [➡]로 표시되어 있다.

13. 상부 삼각주 평야에 관하여 무엇이 추론 가능한가?

(A) 그것의 대다수는 해저에 위치한다.
(B) 그것의 수로는 전적으로 담수로 구성되어 있다.
(C) 그것의 퇴적 속도는 강의 입구 근처에서 가장 빠르다.
(D) 그것이 함유한 물이 해양 생물을 유지시킨다.

14. 지문의 구 relative to는 의미상 ~와 가장 가깝다.

(A) ~에 비해   (B) ~와 비슷하게
(C) ~와 관련 있는   (D) ~와 연결된

15. 지문의 단어 they는 ~을 가리킨다.

(A) 강의 작용이 강한 삼각주
(B) 강
(C) 보호 수역
(D) 약한 조수

16. 다음 중 파도의 작용이 강한 삼각주의 특징은?

(A) 멀리 바다 쪽으로의 퇴적물의 확산
(B) 강의 입구 쪽으로 퇴적물을 밀어내는 것
(C) 해안선을 따른 지형의 형성
(D) 조수와 일직선인 수로를 형성하는 것

17. 4단락에서 아마존 강에 관하여 무엇이 추론 가능한가?

(A) 그것의 해류는 너무 빨라서 입구가 삼각주를 형성할 수 없다.

(B) 그것의 삼각주는 독특한 환경적 조건 하에 형성된다.
(C) 그것은 바다에 도달하기 전에 대부분의 침전물을 퇴적한다.
(D) 그것은 강한 파도나 조수와 함께 수역으로 흘러 들어간다.

4단락은 화살표 [➡]로 표시되어 있다.

18. 지문의 단어 tremendous는 의미상 -와 가장 가깝다.

(A) 엄청난   (B) 놀라운
(C) 특정한   (D) 비례적인

19. 다음 문장이 지문에 삽입될 수 있는 곳을 나타내는 4개의 네모 박스[■]를 보아라.
아마도 세상에서 이것의 가장 좋은 예는 남아시아의 갠지스-브라마푸트라 하성 삼각주이며, 이것은 조석력에 의해 강하게 결정지어진다.
어디가 가장 적절한가?
해당 네모박스[■]를 클릭하여 제시된 문장을 지문에 삽입하라.

20. 지시: 지문의 요약을 위한 도입 문장이 아래에 주어져 있다. 지문의 가장 중요한 내용을 나타내는 3개의 보기를 골라 지문 요약을 완성하라. 어떤 문장들은 지문에 언급되지 않은 내용이나 지문의 세부 내용을 나타내고 있으므로 지문 요약에 포함되지 않는다. 이 문제는 2점이다.
속하는 자리에 선택 항목을 끌어다 놓아라. 선택 항목을 삭제하려면 그 위에 클릭하라. 전체 지문을 다시 보려면 View Text 아이콘을 클릭하라.
하성 삼각주는 강의 입구 근처에 발달한 독특한 지형이다.

(A) 삼각주가 형성되려면 특정한 조건이 필요하므로, 어떤 강들은 삼각주가 전혀 없는 반면 다른 강들은 상당한 삼각주를 보유한다.
(B) 주로 파도에 의해 형성되는 삼각주는 주로 조수에 의해 형성되는 것들에 비해 다른 외양을 지닌다.
(C) 다양한 유형의 삼각주가 존재하고, 그 분류는 그것들의 구조에 영향을 미치는 지배적인 힘에 의해 결정된다.
(D) 하성 삼각주에는 서로 다른 부분이 있으며, 그것들은 각자 고유한 식별 가능한 특징을 지니고 있다.
(E) 삼각주 전면은 가파른 경사를 가지고 있으므로, 그곳은 퇴적이 가장 빠르게 일어나는 장소이다.
(F) 세계의 하성 삼각주들이 몇몇 눈에 띄는 차이점들을 가지고 있다고 할지라도, 그것들 전부는 일부 공통적인 특징을 지닌다.

VOCABULARY

coastal [kóustəl] a. 해안의
deposit [dipázit] v. 쌓이게 하다, 퇴적하다; n. 퇴적물
sediment [sédəmənt] n. 퇴적물, 침전물
landform [lǽndfɔ̀ːrm] n. 지형
waterway [wɔ́ːtərwèi] n. (강 따위의) 수로
reservoir [rézərvwàːr] n. 저수지
standing body of water 정체 수역
confine [kənfáin] v. 가두다, 국한시키다
channel [tʃǽnl] n. 수로
current [kə́ːrənt] n. 해류
velocity [vəlásəti] n. 속도
suspend [səspénd] v. 정지하다
separate [sépərèit] v. 흩어지다
dump [dʌmp] v. 쌓아 남겨 두다
sustained [səstéind] a. 지속된
encompass [inkʌ́mpəs] v. 포괄하다
plain [plein] n. 평야, 평원
level [lévəl] a. 평평한
terrestrial [təréstriəl] a. 육지의
stream [striːm] n. 하천
radiate [réidièit] v. 사방으로 퍼지다
subdivide [sʌ́bdivàid] v. 세분화하다
offshore [ɔ̀ːfʃɔ́ːr] ad. 연안에서
slope [sloup] v. 내려가다; n. 경사
sea level 해수면
seafloor [síːflɔ̀ːr] n. 해저
abrupt [əbrʌ́pt] a. 가파른
ultimately [ʌ́ltəmətli] ad. 궁극적으로, 마침내
prodelta [pròudéltə] n. 전위 삼각주
discharge [distʃáːrdʒ] v. (강이) 흘러들다
protected water 보호 수역
tide [taid] n. 조수
shoreline [ʃɔ́ːrlàin] n. 해안선
sandbar [sǽndbàːr] n. 모래톱
align [əláin] v. 일직선으로 하다
materialize [mətíəriəlàiz] v. 나타나다
tremendous [triméndəs] a. 엄청난

MEMO

MEMO

MEMO

HACKERS

TOEFL
READING
BASIC

본 교재 인강· 지문녹음 MP3· 단어암기장 및 단어암기 MP3 **해커스인강(HackersIngang.com)**

토플 보카 외우기 · 토플 스피킹/라이팅 첨삭 게시판 · 토플 공부전략 강의 · 토플 자료 및 유학 정보 **고우해커스(goHackers.com)**

해커스 어학연구소

1위 해커스어학원
260만이 선택한 해커스 토플

단기간 고득점 잡는 해커스만의 체계화된 관리 시스템

01

토플 무료 배치고사

현재 실력과 목표 점수에 딱 맞는
학습을 위한 무료 반배치고사 진행!

02

월 2회

토플 Trial Test

월 2회 실전처럼 모의테스트 가능한
TRIAL test 응시기회 제공!

03

1:1 개별 첨삭시스템

채점표를 기반으로 약점파악 및 피드백,
1:1 개인별 맞춤 첨삭 진행!

해커스 빡센 관리 받고
1달 만에 토플 고득점 졸업 go ▶